온전한 연결

온전한 연결

지은이 | 최성은
초판 발행 | 2022. 5. 25
등록번호 | 제1988-000080호
등록된 곳 | 서울특별시 용산구 서빙고로65길 38
발행처 | 사단법인 두란노서원
영업부 | 2078-3352   FAX | 080-749-3705
출판부 | 2078-3331

책값은 뒤표지에 있습니다.
ISBN 978-89-531-4229-9 03230

독자의 의견을 기다립니다.
tpress@duranno.com   www.duranno.com

두란노서원은 바울 사도가 3차 전도여행 때 에베소에서 성령 받은 제자들을 따로 세워 하나님의 말씀으로 양육하던 장
소입니다. 사도행전 19장 8~20절의 정신에 따라 첫째 목회자를 돕는 사역과 평신도를 훈련시키는 사역, 둘째 세계선교
(TIM)와 문서선교 (단행본·잡지) 사역, 셋째 예수문화 및 경배와 찬양 사역, 그리고 가정·상담 사역 등을 감당하고 있습니다.
1980년 12월 22일에 창립된 두란노서원은 주님 오실 때까지 이 사역들을 계속할 것입니다.

나와 교회를 든든하게 세우는 행복한 공동체

온 전 한

Are you connected?

연 결

최성은 지음

두란노

목차

지난 2년 반 동안 우리는 소위 사회적 격리의 세월을 살아왔습니다. 그리고 이제 그 격리를 뛰어넘을 연결과 회복을 사모하고 있습니다. 그런 의미에서 최성은 목사님의 《온전한 연결》은 시의 적절한 처방입니다. 코로나로 인한 격리로 고통의 세월을 보낸 우리를 끌어안고 다시 연결을 시도하는 것이 바로 이 책의 본질입니다.

하나님과의 연결, 이웃과의 연결, 그리고 공동체와의 연결을 기다리는 모든 분에게 이 책은 더운 여름날의 시원한 해갈의 생수가 될 것입니다. 이 책으로 온전한 연결의 치유를 경험하게 되기를 기도하고 기대합니다. 그리고 온전한 연결의 소식들이 이 땅에 가득했으면 하는 바람을 첨부합니다.

이동원_지구촌 목회리더십센터 대표

코로나19 팬데믹으로 세상은 아날로그에서 디지털 세계로 급격히 전환되었습니다. 이에 따라 사람들은 더욱 심각한 외로움과 소외감으로 고통을 호소하고 있습니다. 사람들은 친밀감을 그리워하고 만남의 현장을 더욱더 갈망하기 시작했습니다. 최성은 목사님의 《온전한 연결》은 하나님 나라를 실제로 경험할 수 있는 교회 공동체가 바로 우리가 그토록 열망하는 친밀감의 현장이라고 말하고 있습니다.

예수님은 열두 제자를 부르시고, 함께 먹고 자며 그들을 공동체의 리더로 세우시며, 진정한 사귐이 무엇인지, 연결됨이 무엇인지, 공동체 됨이 무엇인지를 보여 주셨습니다. 그리고 그 제자들을 통해 교회가 세워졌습니다. 이것은 단순한 이론이 아닙니다. 지구촌교회에서 일어나는 실제적인 경험이기에 놀랍고 소중한 메시지입니다. 이 책에서 우리는 암울해 보이는 현실에서 우리의 마음을 새롭게 일으켜 주는 희망의 메시지를 듣게 됩니다.

유기성_선한목자교회 담임목사

한국교회가 성장하고 성숙할 수 있는 잠재력 중 하나가 교회의 본질인 공동체성입니다. 예수님의 지상 사역도 열두 명의 제자를 택하시고 공동체를 형성하는 데서부터 시작되었습니다. 애석한 점은 한국교회가 숫자상으로는 성장했으나 성경 말씀이 조명하는 공동체성과는 거리가 멀어 보인다는 것입니다.

최성은 목사님은 이번 코로나 팬데믹 상황에서도 교회가 공동체성을 어떻게 강화했고, 그 결과 어떤 기적적인 역사들이 나타났는가를 14편의 설교문과 1편의 코로나 팬데믹 중에 열린 셀컨퍼런스를 통해 구체적으로 설명하고 있습니다. 평생 두고 묵상할 내용들로 가득 찬 이 책을 한국교회와 성도들에게 적극 추천합니다.

이태웅_글로벌리더십포커스 원장

코로나로 촉발된 뉴노멀 시대를 살면서 물리적인 단절과 영적 고립으로 성도들의 믿음과 영성이 많이 무너졌습니다. 이런 시대에 희망이 되어야 할 교회가 회복해야 할 가장 중요한 단어는 연결입니다. 공동체입니다. 따뜻한 지성과 깊은 영성을 겸비한 리더이자, 건강한 신학자요 실천적 목회자인 최성은 목사님이 이 시대에 꼭 필요한 책을 출판하였습니다. 이 책은 목회자는 물론 새로운 회복을 원하는 성도들이 꼭 읽어야 할 필독서입니다.

안희묵_(멀티)꿈의교회 대표목사

코로나19 팬데믹은 철저한 관계 단절을 강요했습니다. 이 암울한 상황에서도 주님이 머리이신 교회는 교회 안의 또 하나의 교회인 소그룹 사역을 통해 대안을 찾아 움직였고 소망을 발견해 갔습니다. 최성은 목사님은 날줄과 씨줄로 연결된 지구촌교회의 소그룹 현장을 보여 줌으로써 그 소망의 실체를 증거합니다. 공허한 이론이 아니라 튼실한 성경적 학문적 바탕 위에 실제로 보고, 느끼고, 확신한 것들이 정리된 이 책에서 소그룹 사역의 중요성과 방향성을 확인할 수 있습니다.

이상화_서현교회 담임목사, 한국소그룹목회연구원 대표

코로나19가 시작된 후 두 부류의 목회자를 만나게 됩니다. 자신의 교회에 대해 불안해하고 걱정하는 목회자와 오히려 미래를 긍정적으로 자신 있게 바라보는 목회자입니다. 이 두 그룹을 구분하는 결정적인 요인 중 하나가 바로 교회의 공동체성입니다. 우리 연구소 조사 결과 소그룹 활동자가 비활동자보다 교회에 대한 '강한 소속감'을 2배나 높게 갖고 있으며, 모든 신앙 지표가 2-3배 높게 나타나고 있습니다. 특히 전도 활동은 4배나 차이를 보입니다. 이 책은 교회가 소그룹을 도입하고 적용하는데 큰 도움을 주는 가이드라인입니다. 이 책을 통해 한국교회가 소그룹으로 회복되고

온전한 연결

다시 성장하는 기회가 되길 바랍니다.

지용근_목회데이터연구소 대표

주일의 예배만으로 '하나님의 가족됨'을 소유하지 못한 성도들은 팬데믹 시대에 외로움과 고립감으로 매우 힘들어했습니다. 반면 셀 모임으로 연결된 성도들은 위기의 시대에 서로를 격려했고, 영적 성장에 대해 상호 책임을 지려 했으며, 온라인 모임에도 임재하신 그리스도를 함께 의지했습니다.

사랑하는 동역자 최성은 목사님의 교회를 향한 치열한 고민과 대답은 제 평생에 붙들었던 목회 철학(성경적 관점)과 맞닿아 있습니다. 이 책이 전하는 '온전히 연결된 공동체'(대안적 공동체)는 세상을 향한 분명한 증언이 되고, 새로운 시대의 뚜렷한 목회적 해법이 될 것입니다.

Many Christians who only worshiped in a large group had a difficult time with loneliness and isolation in the Pandemic era. On the other hand, those who were connected through small groups could encourage each other in times of crisis, share mutual responsibility for spiritual growth and rely on Christ by feeling His presence even in online gatherings.

My beloved partner, Rev. David Sung Eun Choi's passionate dedication and approaches toward the church are in line with the pastoral philosophy that I have held in my life. The "Fully Connected Community"(or Alternative Community) delivered by this book will be a clear testimony to the world and a tangible pastoral solution to the new era.

릭 워렌_새들백교회 담임목사

왜 연결되어야 하는가?

우리에게 왜 관계성이 필요하냐고 물어본다면, 그것이 인간의 본질이기 때문이라고 말하고 싶습니다. 사람은 누구나 다 외로움과 절대 고독을 갖고 있습니다. 그러나 인간이 이 고독감을 채우기 위해서 시도하는 가장 결정적인 실수는, 헨리 나우웬도《헨리 나우웬의 공동체》에서 이야기했지만, 하나님에게서만 찾을 수 있는 사귐의 기쁨을 사람들에게서 찾으려고 한다는 점입니다. 그럴 때 우리는 반복되는 실망감과 좌절감을 맛보게 됩니다.

동시에 역설적이게도 사람이 사람에게서만 찾을 수 있는 기쁨이 있습니다. 하나님께서 그것을 못 채워 주신다는 것이 아니라, 하나님은 아담과 하와를 창조하시고 그들에게 그들 공동체만의 기쁨을 선물로 주셨습니다. 하나님의 존재 방식도 성부와 성자와 성령이라는 삼위일체라는 공동체로 존재하십니다. 때문에 하나님은 하나님의 형상대로 지은 인간이 서로가 서로를 존중하며, 그 안에서 사랑으로 연결되어 행복과 기쁨을 누리는 것으로 영광받기를 원하십니다.

하나님은 인간을 바라보실 때 이 두 가지의 사귐을 매우 중요시하십니다. 하나님만이 채워 주실 수 있는 신과의 사귐의 기쁨, 그리고 그것이 확장된 가족 공동체와 교회 공동체 속에서 사귐의 기쁨, 이 두 가지는 우리의 관계성에 건강한 균형을 가져다줍니다.

우리는 코로나 팬데믹 상황에서 여러 형태의 공동체들이 단절되는 것을 피부로 경험했습니다. 팬데믹이 닥치자 작든 크든 세상의 모든 공동체가 시험대에 올랐습니다. 특별히 매주 예배를 중심으로 주일 현장을 엄격하게 지키던 교회들에 타격이 컸습니다. 동시에 교회 내 여러 형태의 소그룹 모임도 모이기를 힘쓸 수 없었습니다.

하지만 교회는 신비하고 오묘한 유기체적인 공동체입니다. 다무너질 것 같은 상황에서도 교회는 특별히 극소수로 모일지라도 소그룹 모임을 통하여 다시 살아나기 시작했습니다. 가상 공간에서 줌 모임으로 혹은 규정에 맞게 소그룹을 또다시 쪼개어 3명으로 4명으로 그 명맥을 이어 갔습니다.

교회 공동체가 팬데믹으로 인해 심각한 타격을 입은 것은 사실이지만, 하나님은 또 다른 일을 준비하고 계심을 느낍니다.

전염병이라는 극한 상황에서 사람들이 절망을 경험하면서 관계성을 더욱더 갈망하기 시작했다는 데서 하나님의 계획하심을 느낍니다. 사람들이 친밀감을 그리워하고 현장을 그리워하는 목마름을 간절하게 갖기 시작한 것입니다.

　가나안 성도 중에서도 교회를 찾기 시작했습니다. 본 교회 성
도들도 제한된 인원밖에 현장에 나올 수 없는 상황인 줄 잘 알면
서도 오히려 반대로 아이를 둘러업고, 노부모를 모시고, 휠체어를
타고, 자녀들과 온 가족이 교회를 방문하고 등록하는 이들이 줄을
이었습니다. 그야말로 공동체에 목마른 영혼들이었습니다.

　이 위기가 우리에게 초대교회의 원형을 회복하고 온전한 성경
적인 공동체성을 회복하는 기회가 되리라 간절히 소망해 봅니다.
목장, 가정교회, 셀, 구역, 순, D12(두날개), G12(셀그룹), 다락방 등
여러 모양의 소그룹 원형은 예수님께서 보여 주신 12제자 비전에
있다고 믿습니다. 단순히 모든 사람이 함께 모여 예배하는 대예배
식의 기독교가 아니라, 초대 교회처럼 곳곳에 흩어져 있으면서도
기독교 신앙을 유지하는, 바로 12제자 비전의 공동체성에 교회 생
명력의 비결이 있다고 생각합니다.

　우리는 공동체에 대한 이야기를 계속해야 합니다. 성경적으로,
신학적으로, 사회학적으로, 문화 인류학적으로, 관계적으로… 다
방면으로 해야 합니다. 단순히 교회가 어떻게 성장하고 부흥하는
가가 아니라, 어떻게 성경적인 대안 공동체를 만들어 가는가, 그

부흥이 정말 성경적인가, 그것은 정말 하나님이 인정하시는 공동체인가, 하는 질문 말입니다.

그리고 그 대안 공동체를 통하여 영혼들이 변화되고, 지역 사회에 섬김이 되고, 예수 그리스도의 복음이 증거되고, 소외된 영혼들에게 깊숙이 다가가고, 특별히 영적 목마름과 외로움과 고난에 힘겨워하는 이웃들에게 소망이 되는지, 늘 우리는 반복적으로 질문하고, 점검하고, 반성하고, 새롭게 해야 합니다.

신학자 로버트 웨버(Robert E. Webber)는 《복음주의 회복: 내일을 위한 어제의 신앙》에서 공동체에 관해 이렇게 말했습니다.

"교회는 세상 가운데서 하나님의 일하심을 드러내는 가장 중요한 실제다. 우리는 교회의 의미를 기억하면서 세속 사회에 대한 대안적 공동체를 만든다. 하나님 나라를 실제로 경험하게 하는 이 새로운 공동체는 사람들을 믿음 안에서 성장시킨다. 그런 의미에서 세상 가운데 있는 교회의 존재는 새로운 변증이 될 것이다."

그렇습니다. 로버트 웨버가 이야기한 대로 성경적으로 신학적으로 교회 공동체는 하나님께서 세상에 만드신 대안 공동체입니다. 이것은 확실히 교회 공동체를 논할 때마다 근본적으로 우리에게 격려와 소망이 되는 이야기입니다. 그러나 크리스틴 폴(Christine

D. Pohl)이 《공동체로 산다는 것》에서 지적한 것처럼, 이런 주장이 넘쳐 나면서도 실제적으로 어떻게 대안적 공동체를 만들어 나갈 것인가에 대한 제안이 불충분하다는 것은 우리가 깊이 숙고해야 할 날카로운 충고입니다.

특별히 이 책에 수록된 14편의 설교와 1편의 셀컨퍼런스 강의는 팬데믹으로 가장 힘들었던 시기에 보고, 느끼고, 확신한 것들을 성도들과 함께 나눈 말씀들입니다. 단순한 설교와 묵상이 아니라, 팬데믹 가운데 고통받는 성도들의 눈물과 좌절과 절망과 동시에 공동체를 재고하고 그리워하는 가운데 깨달은 소망과 승리와 기도와 몸부림이 담겨 있습니다. 소그룹 사역을 통해 성경적 공동체성을 회복하길 원하는 모든 교회가 쉽게 적용할 수 있는 실천 방안들과 이를 위해 현재의 공동체성을 진단할 수 있는 질문들도 각 장에 담았습니다.

21세기의 팬데믹이 끝나 가는 이 시점에 우리는 또 다른 풍랑을 대비하기 위해 질문하고 성찰해야 합니다. 저는 예수님께서 12제자를 부르시고, 함께 먹고, 자고, 울고, 웃고, 가르치고, 배우고, 그들을 공동체의 리더로 세우시며, 함께 살아가신 거기에 우리의 질문이 있고 답이 있다고 확신합니다.

주님은 혼자 달리시지 않았습니다. 혼자 교회를 세우시지도 않았습니다. 주님은 12명을 부르셨습니다. 그리고 진정한 사귐이 무엇인지, 연결됨이 무엇인지, 공동체됨이 무엇인지를 보여 주셨습니다. 그리고 그 제자들을 통해 교회를 세우셨습니다. 아무쪼록 이 책이 그 고민들에 작은 도움이 되기를 소망합니다.

팬데믹 상황에서 함께 울고, 함께 웃고, 함께 기도하며 지내 온 지구촌교회 모든 성도님들과 12제자 비전을 전수해 주신 이동원 목사님 그리고 지금도 여전히 그래도 교회가 소망이라고 믿고 함께 고민하며 이 길을 걷는 모든 동역자들께 감사한 마음을 전합니다.

지구촌교회 목양실에서
최성은 목사

당 신 은

연결되어

있 나 요 ?

1장

우리를 가슴 뛰게 하는 공동체

행 2:46-47

날마다 마음을 같이하여 성전에 모이기를 힘쓰고 집에서 떡을 떼며 기쁨과 순전한 마음으로 음식을 먹고 하나님을 찬미하며 또 온 백성에게 칭송을 받으니 주께서 구원받는 사람을 날마다 더하게 하시니라 코로나 시대, 더불어 함께하는 것에 대한 의미가 점점 퇴색되어 가고 있습니다. 이에 오랫동안 공동체에 관한 말씀을 준비해 왔고, 이제 이 시대적 필요에 발맞추어 '공동체'에 관한 성경적·신학적 이야기를 나누고자 합니다.

인간은 살아가면서 여러 가지 문제들과 마주하게 됩니다. 지금 우리 앞에 '코로나'라는 장애물이 서 있는 것처럼 말입니다. 그런데 오랜 시간 동안 인류가 감당해 온 문제들이 있습니다. 고독, 죄, 영적 성장이 그것입니다. 오랫동안 인류 역사 속에서 존재해 온 이 세 가지 문제를 통해서 '예수 마을 공동체' 즉 사도행전 2장에서 보여 주는 새로운 공동체의 가치와 그 의미를 되짚어 보겠습니다.

인류 역사와 함께한 세 가지 문제

고독

조지 갤럽(George Gallup)은 미국의 통계학자로서 굉장히 공신력 있는 통계 전문가입니다. 그는 통계 분야에서 전 세계적으로 가장 많은 업적을 남긴 권위 있는 학자입니다. 그런 그가 수많은 통계학을 통해 얻은 경험을 바탕으로 미국 사회를 향해 한마디 말을 남겼습니다. "미국인들은 이 세상에서 가장 외로운 사람들이다." 이 짧막한 한마디에서 우리는 여러 행간을 읽을 수 있습니다. 전 세계의 부 중 50%가 집중된 나라, 미국. 그런데 정작 거기에서 살고 있는 사람들은 '풍요 속의 빈곤'이라는 말처럼 상대적 박탈감과 외로움을 느끼고 있습니다. 미국은 상당히 개인주의가 발달한 나라입니다. 이런 사회적 환경이 상당한 물질과 경제적 안정을 구축했음에도 불구하고 사람들은 고독과 외로움에서 해방되지 못하고 있는 겁니다.

하나님께서는 세상을 6일 동안 창조하셨습니다. 첫째 날에 하나님은 빛을 창조하신 후 빛을 낮이라 부르시고 밤을 어두움이라고 명하시며 '보시기에 좋았다'고 하셨습니다(창 1:4). 둘째 날에는 하늘을 창조하셨는데 그때에도 하나님은 '보시기에 좋았더라'고 하셨습니다(창 1:10). 이 하나님의 말씀은 여섯째 날까지 새로운 것을 창조하실 때마다 반복됩니다. 그리고 마지막 날, 인간을 창조하시고 하나님은 정말 기뻐하셨습니다. 그래서 성경은 이제까지와는 달리 "하나님이 지으신 그 모든 것을 보시니 보시기에 심히 좋았더라"(창 1:31)고 기록하고 있습니다. 하나님의 기쁨은 인간을 창조하셨을 때 최상이 되었던 것입니다. 어떻게 보면 인간의 창조를 마치신 후에 지난 5일 동안의 창조를 정리하면서 '심히 좋다'라고 말씀하신 것이죠. 성경 한 장에 하나님이 이렇게 기뻐하셨다는 말씀이 7번이나 기록된 장은 창세기 1장이 유일합니다.

그런데 창세기 2장으로 넘어가면 하나님께서 처음으로 '보시기에 좋지 아니하니'(18절)라는 표현을 하십니다. 하나님께서는 최초의 인간 아담, 그가 혼자 있는 것이 좋지 않으실 정도로 불쌍하게 여기신 것입니다. 우리는 여기에 주목해야 합니다.

계속해서 '모든 것이 좋다' 하셨던 하나님께서 왜 '좋지 않다' 라는 표현을 쓰셨을까요?

세계 문학의 고전으로 뽑히는 《팡세》에서 파스칼은 "인간에게는 어떤 것으로도 채워질 수 없는 절대 고독이 있는데, 하나님만이 그것을 채우실 수 있다"는 아포리즘을 남겼습니다. 이 말은 아무리 강조해도 지나침이 없습니다. 이것이 인간이 하나님을 만나야 하는 이유입니다. 그러나 하나님께서 우리에게 또 한 가지 원하시는 부분이 있습니다. 그것은 하나님이 채우시는 부분이 있다고 하더라도 인간이 채워야 하는 영역이 존재한다는 사실입니다.

베스트셀러 작가인 존 오트버그(John Ortberg)는 "모든 인간 속에 하나님 형상에 대한 공허감이 존재하는 것처럼, 인간관계에 대한 그 내면의 욕구를 다른 어떤 대체물도 인간 대신 채워 줄 수 없다"라고 했습니다.

하나님께서 '좋지 않다'고 하신 이유가 여기에 있습니다. 바로 이 사실, 즉 혼자 있는 것이 좋지 않다는 것을 인간에게 알리기 위함이었습니다. 그래서 하나님께서는 아담이 잠들었을 때, 그의 갈비뼈를 취해서 여자를 만드셨습니다. 그리고 그 여자에게 '아담을 돕는 배필'이라는 임무를 주셨습니다. 이때 이것은 서로의 역할에 대해 말씀하신 것이지 여자가 남자에 비해 열등하다는 뜻으로 말씀하신 것이 절대 아닙니다. 아담과 하와는 그렇게 가정을 이루었고 자녀들을 낳았습니다. 더 큰 공동체를 이룬 것이죠. 하나님께서는 이렇듯 그분의 계획하심과 실천을 성경을 통해서 우리에게 알게 하십니다. 하나님은 원래부터 공동체를 원하셨습니다. 이것은 하나님의 존재 방식에서도 나타납니다. 그분은 성부, 성자, 성령 하나님으로 공동체를 이루셨습니다.

인간을 창조하시고 아담에게 주신 명령은 "생육하고 번성하여 땅에 충만하라, 땅을 정복하라, 바다의 물고기와 하늘의 새와 땅에 움직이는 모든 생물을 다스리라"(창 1:28)였습니다. 이명령 때문에 하나님은 인간이 홀로 있는 것이 아니라, 하나님처럼 공동체로 존재하게 하신 것입니다. 이것은 또한 사람이 사람과 더불어 공동체로 존재할 때 건강하다는 것을 가르쳐 주신 사건입니다. 그런데 문제가 생겼습니다. 그것은 아담이 하나님 앞에 불순종하여 그 결과로 인간에게 죄가 들어온 것입니다.

죄

아담으로 인하여 죄가 '가정'이라는 인간 최초의 공동체에 발생했습니다. 사람이 사람으로 더불어 살아야 하는데, 죄가 들어오자 더불어 사는 인간의 삶에 문제가 생기게 되었습니다. 아내는 남편을 존중하고, 남편은 아내를 생명처럼 여겨야 하는 것이 창조 질서였으나 죄가 들어오자 "이는 내 뼈 중의 뼈요, 살 중의 살"(창 2:23)이라며 아내를 존중하던 아담이 상황에 따라 갈비뼈를 업신여기고 내던지는 일이 일어난 것입니다.

아담은 자신이 결정하여 짓게 된 죄를 뻔뻔하게도 하나님이 만들어 주신 여자로 인하여 발생한 것이라며 책임을 전가합니다. 여자도 이 책임을 뱀에게 돌립니다. 아담과 하와의 이런 모습은 자녀들에게 영향을 미쳤습니다. 가인이 동생 아벨을 살해한 이유가 무엇 때문이었습니까? 하나님께서 동생 아벨의 제사는 받으시고 자신의 제사는 받지 않으시자 마음에 분노와 시기, 질투심이라는 죄가 일어났기 때문입니다. 이처럼 인간이 죄로 인하여 하나님과의 관계가 무너진 뒤에 나타나는 두드러진 영적 상태는 '자존감은 낮아지고, 교만함은 올라가는 것'입니다. 이것의 원리는 간단합니다. 죄가 들어오니까 내가 하나님의 자녀라는 정체성에 의심이 생기고, 자꾸 비교하게 되니까 자존감이 낮아지는 것입니다. 그러나 동시에 그런 문제들의 돌파구를 자기 자신 안에서 찾으려다 보니까 상대적으로 마음은 더 교만해질 수밖에 없습니다.

죄는 또한 전염성이 있어서, 공동체 안에서 상처를 주고받게 됩니다. 처음에는 내가 상처를 받게 되지만 성장하면서 가해자가 되곤 합니다. 가정은 내가 가장 먼저 사랑을 받은 곳이기도 하고, 가장 먼저 상처를 받은 곳이기도 합니다. 학교에 다니고 직장을 다니면서도 상처를 주고받게 됩니다. 그렇다 보니 자기방어를 위해서 자연스레 이기적인 마음도 커지게 됩니다. 더 이상 상처받지 않아야 하니까요. 그래서 사람에 대한 방어벽을 쌓기 시작하고 사람에 대한 두려움도 생기게 됩니다. 그렇게 사회생활에 대한 기술을 쌓으며 육신의 발전을 도모할 수는 있겠지만, 육에 속한 사람이라 내면의 상태는 '어른아이'일

것입니다. 겉모습은 어른이지만 내면의 세계는 아직도 어린아이의 상태로 살아가는 것이죠.

하나님께서 인간을 창조하신 목적은 첫째, 하나님과 교제하며 그 안에서 기쁨을 얻게 하려는 것이고, 둘째는 인간에게 다른 인간을 주심으로 인간 차원에서의 기쁨을 누리도록 하기 위함입니다. 그래서 예수님이 말씀하신 모든 계명을 요약하면 '하나님을 전심으로 사랑하고, 이와 같이 네 이웃을 네 몸과 같이 사랑하라'가 되는 것입니다. 이 모든 것에 하나님의 말씀이 축약되어 있습니다. 하나님이 채워 주시는 부분이 있고, 하나님이 창조하신 인간이 채우는 것이 있습니다. 이 사이에서 생긴 문제는 먼저, 죄로 인해 인간과 하나님과의 관계가 단절된 후 인간이 갖게 된 고독입니다. 또한 죄의 문제와 끊임없이 힘겹게 씨름해야 하는 현실이 또 하나의 문제로 떠오릅니다.

영적 성장

이 현실적 문제 앞에서 그리스도인들은 자유로울까요? 예수님을 믿고 구원을 받은 후 우리의 상태는 죽음에서 생명으로, 지옥에서 천국으로, 절망에서 소망으로 바뀌었습니다. 그러나 구원받은 그리스도인이라도 반드시 기억해야 하는 사실이 있습니다. 그것은 바로 우리가 아직 이 땅에 살고 있기 때문에 고독과 죄의 문제는 계속해서 싸워 나가야 하는 과제라는 것입니다. 우리가 이 땅에서 살고 있는 한 계속해서 이 문제와 씨름해야 합니다. 영적 거장인 사도 바울도 그의 인생 마지막에 이런 고백을 했습니다.

> 나는 선한 싸움을 싸우고 나의 달려갈 길을 마치고 믿음을 지켰으
> 니 딤후 4:7

이와 같은 그의 고백은 천하의 사도 바울도 영적으로 싸워 왔다는 것을 얘기하고 있습니다.

목회를 하다 보면, 하나님의 긍휼하심으로 구원은 받았지만 영적으로는 여전히 어린아이의 상태에 머물러 있는 그리스도 인이 적지 않음을 보게 됩니다. 안타깝게도 구원받은 이후 영 적으로 전혀 성장하지 않은 사람들이죠. 사도 바울은 히브리서 5장에서 영적 수준이 어린아이에서 더 자라지 않는 성도에 대 해 책망하는 말을 합니다. 즉 시간이 오래 지나도 지혜나 분별 력이 없고 단단한 말씀을 먹지 못하며 늘 신앙의 초보 상태에 머물러 있다는 겁니다.

지금까지 인류와 함께 성장한 문제를 정리하면 이렇습니다. 사람에게 죄가 들어옴으로 하나님과의 가장 친밀한 관계는 단 절되었고 최초의 공동체인 가정이 파괴되었으며 주변 사람들 과도 관계가 어그러졌습니다. 그래서 함께 지내야 할 사람들을 피하게 되고, 상처로 인한 두려움과 이기심, 더 나아가 분노가 깊어졌습니다. 이렇게 누군가를 향한 부정적인 감정들이 마음 가운데 쌓이면 방어기제들이 생겨 친밀한 관계로 나아갈 수 없 게 됩니다. 그런데 신기한 것은 이런 마음의 반대편, 곧 마음속

깊은 곳에서는 친밀한 관계를 갈망하고 있다는 것입니다. 그러므로 인간관계로 인한 절망 가운데 있다면 놓치지 말아야 할 것이 있습니다. 바로 인간의 마음에는 상처받는 것이 두렵지만 친밀한 관계를 맺음으로 사랑과 인정을 받고 싶어 하는 양가감정이 존재한다는 사실입니다. 사랑하고 인정받고 싶은 감정마저 포기하게 될 때 생을 마감하고 싶은 욕구에 시달리게 됩니다. 여전히 사랑과 인정에 대한 욕구가 있는 한 살아야 할 이유를 놓지 않고 있는 겁니다.

이 사실을 깨닫는 것이 신앙생활에서 매우 중요합니다. 왜냐하면 하나님은 눈에 보이지 않지만, 사람은 눈에 보이는 존재이기 때문입니다. 깊이 생각해 보면, 하나님께서는 우리가 기도할 때나 홀로 말씀을 읽는 중에 힘과 위로를 주십니다. 그러나 하나님은 많은 순간에 하나님의 형상을 닮은 사람을 통해 일하시고, 그 사람들을 통해 격려하십니다. 이것은 눈에 보이지 않는 하나님은 무시하고, 눈에 보이는 사람을 의지하라는 뜻이 아닙니다. 하나님이 일하시는 방법, 즉 고독과 죄와 영적 성장 문제를 해결하시는 하나님의 방법을 알아야 한다는 뜻입니다. 하나님께서는 이 문제를 인간 스스로 해결할 수 없음을 아시기에 대안을 마련해 주셨습니다.

세 가지 문제에 대한 하나님의 대안

하나님은 나를 창조하시고 분명한 목적을 가지고 나와 같은 인간들을 내 주변에 두셨습니다. 그 목적은 우리와 친밀한 사랑의 관계를 가지는 것입니다. 조금 더 풀어서 이야기하자면, 하나님은 인간의 죄와 그로 인해 드리워진 고독의 문제 그리고 어린아이 상태에 머물러 있는 영적 미성숙의 문제를 해결하기 위해 새로운 공동체를 준비해 주셨습니다.

문제 해결의 키, 교회 공동체

하나님은 그 새로운 공동체를 세우기 위해 공동체를 이끌어 갈 한 분을 이 땅에 보내기로 작정하셨습니다. 죄로 말미암아 사람들끼리 끊임없이 상처를 주고받고 서로 멸시하며 살인까지 서슴지 않는 인류를 구원하기 위해, 하나님의 아들을 이 땅에 보내신 것입니다(요 1:14). 이와 같은 하나님의 방법은 상당히 역설적이지만 문제의 근본을 파고드는 해결책이었습니다. 즉 인간이 인간에 대해 가진 상처와 죄의 문제를 해결하는 것. 다시 말해 인간의 모습으로 오신 하나님의 아들을 통해 해결하려는 하나님의 결단. 이것이 바로 '말씀이 육신이 되어 우리 가운데 거하신다'는 말씀의 실체입니다.

그 예수님은 사역을 시작하면서 12명을 택하여 그분의 제자로 삼으셨습니다. 그들은 아주 평범했으며 사회적으로 신분이 낮고 배척당하는 이들도 있었습니다. 예수님은 그런 이들을 택하여 새로 태동하게 될 하나님 나라 공동체를 꿈꾸면서 3년 동안 이 작은 공동체에 집중하셨습니다. 그들을 가르치셨고 함께 식사도 하셨으며 함께 웃고 우셨습니다. 열두 명의 제자들 중

특히 베드로와 야고보, 요한을 조금 더 특별하게 훈련시키셨는데, 이들이 나중에 예수님이 승천하신 후 공동체의 지도자가되었습니다. 이밖에 예수님 주변에는 70명의 제자들이 더 있었습니다. 한편, 예수님이 부활 승천하신 뒤 마가의 다락방에는 120여 명이 모여 있었습니다. 이들은 베드로와 야고보, 요한을 비롯한 열두 제자들과 50명의 성도 그리고 그 주변에서 예수님과 관계를 가졌던 제자들입니다. 그러나 이 모든 무리의 중심에는 예수님이 가장 먼저 부르시고 훈련시키신 제자들이 있었습니다.

마가의 다락방에 모인 120명의 제자들은 오순절에 이르자 예수님이 말씀하신 '성령의 능력'을 받았습니다.

이 성령 강림 사건은 요엘이 하나님께 받은 환상이 800여 년이 지나 이루어진 놀라운 역사였습니다(욜 2장). 이때 제자들은 하나님의 영이 충만하게 임한 상태에서 방언을 하였습니다. 이 방언의 특징은 천국 방언이 아니라 오순절을 지키기 위해 각지에서 모여든 디아스포라 유대인들이 알아들을 수 있는 각 지방의 언어였다는 것입니다. 학식이 높지 않고 평범하다고 알려진 예수의 제자들이 신기하게도 그날, 하루아침에 유창하게 적어도 16개국의 언어로 말을 하게 된 것이죠. 이때 각처에서 온 디아스포라 유대인들이 자신들이 자라난 곳의 언어들로 기도하는 그들 주변으로 모여들었습니다.

성령으로 충만해진 베드로가 그들에게 설교를 하기 시작합니다. 그 설교의 핵심은 '너희가 십자가에 못 박은 나사렛 예수는 바로 하나님이 보내신 하나님의 아들이며 유대인들이 그토록 기다리던 메시아시다'입니다(행 2장). 그러자 놀라운 일이 벌어졌습니다. 베드로의 불같은 설교를 들은 무리가 돌을 들고 멸시하는 것이 아니라 자신의 죄를 회개하고 그 자리에서 세례(침례)를 받은 역사가 일어난 것이죠. 무려 그 수가 3천 명이나 되었습니다. 사도행전 2장 42-47절 말씀은 그날 세례(침례)를 받은 사람들을 중심으로 예루살렘에 새로운 형태의 공동체가 태어난 것을 기록하고 있습니다. 바로 '교회'의 탄생입니다. 비록 본문에는 '교회'라는 단어가 한 번도 등장하지 않지만 이 새로운 형태의 공동체가 교회라는 것을 알 수 있습니다.

교회 공동체, 그 독특성

> 그들이 사도의 가르침을 받아 서로 교제하고 떡을 떼며 오로지 기도하기를 힘쓰니라 행 2:42

> **They devoted themselves** to the apostles' teaching and to the fellowship, to the breaking of bread and to prayer NIV

우리말 성경으로는 이 말씀의 진의를 정확하게 알 수 없습니다. 우리말로 '힘쓰다'를 헬라어로는 '프로스카르 테레오'라고 하는데, 이 단어는 '변함없이 계속해서 어떤 것에 몰두하다'라는 뜻입니다. 영어 성경은 "They devoted themselves"라고 번역했는데, 이는 '온 힘을 쏟아부었다'로 해석할 수 있습니다. 초대 교회 성도들이 "사도의 가르침을 받아 서로 교제하고 떡을 떼며 오로지 기도하는 것"에 온 힘을 쏟아부었다는 것입니다. 이처럼 42절 말씀을 통해서 또 한 가지 알 수 있는 사실이 있습니다. 그것은 예수를 구세주로 영접하고 회개한 사람들이 오로지 4가지 일에 힘썼다는 것입니다. 그게 무엇입니까?

첫째, 사도의 가르침을 받았습니다. 둘째, 교제했습니다. 셋째, 떡을 떼었습니다. 이는 곧 예수님을 기념하는 주의 만찬을 준행했다는 의미입니다. 마지막으로는 기도했습니다. 이렇게 이들이 온 마음을 쏟아부어서 이 4가지 일에 집중하자 어떤 일이 벌어졌습니까?

첫째, 예수님이 승천하여 그들을 떠나가셨음에도 불구하고 사도들을 통하여 하나님의 놀라운 기적과 이사가 나타나게 되었습니다. 그리고 그런 하나님의 능력을 경험한 사람들은 하나님을 두려워하게 되었습니다. 신앙생활에서 하나님을 경외하는 것은 매우 중요합니다. 하나님을 존중하고 두려워하는 마음이 필요합니다. 사랑하기 때문에 존중하는 그 두려움이 공동체 내에서 새로이 생겨나야 합니다.

둘째, 한마음이 되어 서로를 돌보기 시작했습니다. 심지어 자신의 재산을 팔아서 사도들에게 주어 물질이 필요한 사람들에게 나누게 하였습니다. 누군가 강요한 것도 아닌데 예수 그리스도의 사랑이 임하자 자발적으로 자신의 것을 나누기 시작한 것입니다. 즉 예수 마을 공동체는 사회적으로도 그들이 가

온전한 연결

지고 있던 물질을 이웃을 위해 쓰기 시작한 것입니다. 그러자 예루살렘 사람들이 이 새로운 공동체를 향해 한결같이 칭찬하기 시작했고, 하나님께서 예수를 믿는 자들을 날마다 더해 주셨습니다.

이와 같은 초대 교회의 부흥에서 우리가 반드시 기억해야 할 것이 있습니다. 부흥의 결과인 수적인 증가에만 주목해서는 안 되고 부흥을 견인한 원인에 주목해야 하는 것입니다. 그것은 바로 그리스도인의 변화된 삶입니다. 변화된 삶이 하나님의 마음을 기쁘게 하였고 그로 인해 사람들이 예수 그리스도를 믿는 그리스도인에게 관심을 가지게 되는 동시에 자연스럽게 예수를 믿게 되었습니다. 즉 부흥을 견인한 것은 예수님을 믿는 사람들에게 생겨난 엄청나고도 실제적인 '삶의 변화'입니다. 내가 전에 알고 있던 친구, 내가 알던 아버지와 어머니가 아니었습니다. 엄청난 삶의 혁명이 일어난 것입니다. 그 삶의 혁명은 다음과 같습니다.

> 날마다 마음을 같이하여 성전에 모이기를 힘쓰고 집에서 떡을 떼며 기쁨과 순전한 마음으로 음식을 먹고 하나님을 찬미하며
>
> 행 2:46-47

'집에서 떡을 떼며'에서 '집'은 헬라어로 '오이코스'입니다. 이 단어는 집을 단순한 건축물이 아닌 그 이상의 의미로 확장시킵니다. 당시에는 가장 평범하고 잘 알려진 단어였는데, 가

정, 가계, 확장된 가족이나 친교 단체를 뜻합니다. 우리는 '집에 서 떡을 떼며'라는 말씀에서 예루살렘 최초의 예수 마을 공동 체의 특징을 알 수 있습니다. 그들은 대그룹으로 성전에서 모 여 예배를 드리고, 가정에서 소그룹으로 모여 주의 만찬을 나 누고 교제했습니다. 여기에 생명력이 있습니다.

교회 공동체, 그 신비함

예수 마을 공동체는 함께 모여 예배를 드리는 대그룹 모임 과 가정에서 교제하는 소그룹 모임을 포기하지 않고 지속했습 니다. 예수님의 제자 됨을 지속하기 위해서 그들은 대그룹으로 모여 사도들의 말씀을 들었을 뿐만 아니라, 말씀을 함께 나누 고 교제하기 위해서 소그룹으로 따로 가정에서 모이는 일을 생 명처럼 여겼습니다. 이후에 유대교인이 그리스도인을 핍박하 고, 예루살렘이 멸망한 후 로마 제국이 더욱 거세게 박해했을 때도 그들, 예수 마을 공동체는 비록 성전에서 모이는 대그룹 활동은 못했어도 소그룹으로 모이기를 힘써 끈끈한 생명력을 유지했습니다. 이것은 핍박을 받은 그 시대는 물론이고 팬데믹 현실을 살아가는 이 세대에게도 매우 중요한 메시지입니다.

중국이 1949년에 공산화되고, 1966년 문화대혁명으로 모든 선교사들을 추방했을 때, 세계는 이제 중국의 기독교는 멸절 될 것으로 내다봤습니다. 그러나 결과는 예상 밖이었습니다. 중국은 1998년에 내부적으로 기독교 인구를 조사했는데, 그 결 과 약 9천만 명의 그리스도인이 중국에 건재하고 있음을 확인할 수 있었습니다. 더 놀라운 사실은, 중국 정부에 등록되어 교회 건물도 있던 삼자교회의 성도는 1천만 명인 데 반해, 온갖 핍박을 받으며 지하로 스며들어 소그룹으로 모이던 가정 교회 성도는 무려 9천만 명에 가까웠다는 것입니다. 이 사실을 어떻게 설명할 수 있을까요? 당시 중국의 전체 인구는 약 12억 명이었습니다. 그중에서 기독교 인구가 1억에 가까웠다는 것은 어떤 의미일까요?

바로 하나님의 선교는 하나님이 이끌어 가신다는 것입니다. 거센 핍박을 받고도 기독교가 살아남을 수 있었던 이유는 무엇일까요? 어마어마한 복음 전도 때문이었을까요? 멋들어진 성전도 없었고 잘 만들어진 프로그램이나 신학교도 없었습니다. 그러나 소그룹에 임한 하나님의 성령의 역사를 통하여 엄청난 일들이 이루어졌습니다. 그 비결은 예루살렘 초대 교회의 부흥의 원인과 동일합니다. 바로 '소그룹에서 하나님의 말씀과 자신들의 삶을 나누는 것', 이 짧은 명제는 기독교 2천 년 역사 가운데 핍박이 있던 곳에서 어김없이 발견되는 사실입니다.

제가 미국 남침례교 신학교에서 수학할 때, 박사 과정 지도 교수였던 톰 레이너(Thom S. Rainer)는 대예배만 참석하는 사람과 소그룹에 참여하는 사람을 구분하여 5년 동안 연구를 진행했습니다. 그 결과는 놀라웠습니다. 대예배만 참석하는 교인들에 비해 소그룹에 속한 교인들이 5년 후에도 여전히 활발하게 활동하고 있었는데, 그 수가 무려 5배나 높았습니다. 또한 소그룹에 속한 사람들이 5년 후에도 교회에 남게 될 확률은 86%인데 반해, 대예배만 참석하는 사람들은 5년 후 16%밖에 남지 않았습니다. 이에 레이너 박사는 《I will 제가 하겠습니다: 행동으로 옮기는 그리스도인의 9가지 특징》이라는 책을 통해 소그룹의 중요성 4가지를 다음과 같이 이야기했습니다.

> 첫째, 교회의 건강은 교회 안의 소그룹과 관계가 있다. 만약 당신이 어떤 소그룹에도 소속되어 있지 않다면, 그것은 주님의 몸 건강에 아무런 기여도 하고 있지 않는 것과 같다. 또한 영적 성장도 이루어지지 않을 것이다.
>
> 둘째, 교회의 소그룹은 교회의 뒷문을 닫도록 도와준다. 실제로 소그룹에 속한 사람은 그렇지 않은 사람보다 교회에 남고, 봉사할 가능성이 다섯 배나 높다. 뿐만 아니라 자신의 삶을 나눌 가능성과 신앙이 성장할 가능성 및 다른 사람을 예수님께 인도할 가능성도 다섯 배나 높다.
>
> 셋째, 성도라면 교회의 소그룹 일원이 되어야 한다. 당신이 소그룹에 속해 있지 않다면, 방관자이거나 혹은 더 비판적일 수 있고, 교회를 떠날 가능성이 더 높다.
>
> 넷째, 모든 소그룹에 속한 사람은 다른 사람들을 소그룹 모임에 초청해야 한다. 소그룹의 궁극적 목표는 영혼 구원이기 때문이다.

이와 같은 톰 레이너 박사의 통찰에 비추어 볼 때, 교회가 건강함을 잃지 않는 이유 중 하나도 바로 소그룹입니다. 예수 마을 공동체로 모였기에 근력이 튼튼한 교회가 될 수 있습니다.

교회 공동체, 그 연합성

교회론을 다루고 있는 에베소서 말씀은 사도행전의 현상적인 이야기들을 신학적으로 잘 요약하고 있습니다.

> 너희는 사도들과 선지자들의 터 위에 세우심을 입은 자라 그리스도 예수께서 친히 모퉁잇돌이 되셨느니라 그의 안에서 건물마다 서로 연결하여 주 안에서 성전이 되어 가고 너희도 성령 안에서 하나님이 거하실 처소가 되기 위하여 그리스도 예수 안에서 함께 지어져 가느니라 엡 2:20-22

이 말씀은 다음과 같이 해석할 수 있습니다.

· 성도는 예수님이 모퉁잇돌 되신 교회의 터 위에 세우심을 받은 존재다.
· 나는 그 예수님의 몸 안에서 연결되어 주님의 성전이 되어 간다.
· 나는 성령 안에서 하나님이 거하실 처소다(이로써 교회라는 개념이 달라진다. 예배당은 건물이고 내가 곧 교회라는 말씀을 주님께서 하신 것이다).
· 나는 그리스도 예수 안에서 함께 지어져 가는 존재다.

이 개념을 조금 더 쉽게 접근해 보겠습니다. 이 에베소서의 말씀이 뜻하는 것은 '교회'입니다. 이 교회의 반석은 예수님이시고, 나는 그 예수님의 한 몸으로서 다른 사람들과 함께 연결되어 하나님이 거하실 성전, 즉 교회가 되어 간다는 의미입니다. 그러므로 이 교회는 생명이 없는 외형의 건물을 뜻하는 것이 아닙니다. 바로 나 같은 사람 하나하나가 모인 공동체를 뜻합니다. 그리고 그 예수님의 몸이 공동체에 속하기 위해서는 반드시 그 몸을 건강하게 하는 소그룹에 속하여 다른 지체들과 연결되어야 합니다. 그래야 교회가 되어 가기 때문입니다.

하나님은 인간의 죄로 말미암아 파괴된 가정과 관계 및 공동체를 치유하고 구원하는 방법으로 새로운 가족 공동체를 제시하셨습니다. 그것은 곧 하나님의 아들이신 예수 그리스도의 피 값, 즉 그의 몸을 통해 생성된 예수 마을 공동체인 교회입니다. 에베소서 말씀은 우리 각 사람이 교회 공동체와 계속해서 연결되고 지어져 감으로써 하나님의 교회를 이루라고 합니다.

사도행전 2장 42-47절은 아주 짧으면서도 '교회란 무엇인가'를 보여 주는 완벽한 구절입니다. 이 예수 마을 공동체의 핵심은 바로 가정에서 함께 모였다는 것입니다. 그러므로 우리에게는 단순히 교회를 다니는 책임만 있는 게 아니라 나로 인해 사람들을 연결시키고, 그로 인해 하나님의 교회를 든든히 지어가는 책임도 있습니다. 이것이 바로 예수님의 제자, 즉 성도의 역할이기 때문입니다.

예수 마을 공동체에 속해 있지 않다면 아직 예수님 몸의 공동체가 아닙니다. 예수 마을 모임인 목장 공동체에 속하여 서로 연결되고 함께 지어져 가야 합니다. 그래야 성령 안에서 하나님께서 우리 가운데 임재하십니다. 그렇게 내가 곧 교회가 되어 가야 합니다. 우리는 이 일에 부름받은 자들입니다. 우리는 이 일 때문에 가슴이 뛰어야 합니다. 왜냐하면 우리가 곧 예수님의 영광스러운 몸의 한 부분이기 때문입니다.

1만 명이 넘던 예루살렘 교회의 성도들은 단 한 번도 다 함께 모여 본 적이 없습니다. 그럴 만한 성전도 없었고, 그럴 만한 시스템도 없었습니다. 그러나 그들은 어느 시대, 어느 공동체보다 강했습니다. 흩어져 있었지만 하나 되었고, 고난 가운데 있었지만 서로 돌아보았습니다. 비록 대그룹으로 모이지는 못했지만, 모두가 떡을 떼며 주님을 기억하고 예배에 힘썼습니다. 이것은 예수 마을 공동체, 즉 오이코스로 모였기 때문에 가능했습니다.

오늘 우리는 코로나 한복판에서 함께 모이기 힘든 환경 가운데 살아가고 있습니다. 과거 초대 교회가 그런 것처럼 각자 삶의 위치에서 애틋한 마음으로 소그룹을 향한 열정을 키워야 합니다. 이것이 지금 세대에게 주시는 하나님의 시대적 메시지입니다.

교회, 이것은 인류의 역사와 함께한 '고독, 죄, 영적 성장'이라는 문제를 해결하기 위해 하나님께서 설계하신 독특하고 신비한 공동체로서 함께 말씀 안에서 지어져 가는 존재다.

공동체를 위한 기도

살아 계신 하나님, 우리 공동체 내에 어떤 사람도 외롭지 않도록 주께서 함께하여 주옵소서. 죄 문제 때문에 절망하지 않을 수 있도록 주께서 붙들어 주옵소서. 그리고 부족하지만 예수 그리스도의 성품을 닮아 가는 영적 성장의 기쁨을 누리게 하옵소서. 그래서 하나님의 아들이신 예수 그리스도의 피 값과 그분의 몸, 그분의 눈물로 세워진 이 공동체를 소중히 여기며 함께 예배하며 말씀으로 서로 격려하고 나아가 이 세상을 변화시킬 만한 능력이 있는 예수 마을 공동체가 되게 하여 주옵소서. 이 모든 일을 계획하시고 교회를 세우신 성부와 성자와 성령의 이름으로 축복하며 기도합니다. 아멘.

적용 질문

1. 인간이 당면한 3가지 문제 중 나를 가장 힘들게 하는 문제는 무엇인가요?

_____

_____

2. 나의 영적 성장을 위해 지금도 꾸준히 싸워 나가는 영역이 있나요?

_____

_____

3. 목장 교회를 통해 의미 있는 돌봄과 섬김의 은혜를 경험해 보았나요?

_____

_____

4. 건강한 목장 공동체를 위해 나에게 필요한 것은 무엇이라고 생각나요?

_____

_____

2장

공동체의 원형은 12제자다

마 4:19-20

말씀하시되 나를 따라오라 내가 너
희를 사람을 낚는 어부가 되게 하리
라 하시니 그들이 곧 그물을 버려두
고 예수를 따르니라

성경을 읽고 신앙생활을 하면서 예수님이 12명의 제자를 택하신 이유를 생각해 본 적이 있나요? 예수님은 왜 더 많은 사람을 부르시지 않고 12명만 제자로 삼아 자신의 모든 것을 쏟아부으셨을까요? 이것에 대한 성경적 답은 코로나 시즌을 지나가고 있는 우리에게 강력한 소망이 될 것입니다.

태초부터 시작된 공동체들

하나님은 최초의 인간인 아담을 창조하셨습니다. 창조를 마치신 후에는 대단히 기뻐하셨죠. 그러나 그가 혼자 있는 것을 안타까워하셨습니다. 그래서 돕는 배필인 여자를 창조하셨고, 이로써 인류 최초의 가정이 탄생했습니다. 이처럼 하나님이 이 세상 가운데 만드신 최초의 공동체는 바로 가정입니다.

그런데 가정 이전에 이미 공동체가 있었습니다. 그 공동체는 하나님 아버지, 그분의 아들이신 예수님, 그리고 영이신 성령 하나님이 이룬 공동체입니다. 하나님은 이렇듯 세 분이면서 완벽한 조화를 이루며 하나로 존재하십니다. 우리는 이것을 '삼위일체'라고 부릅니다. 이러한 하나님의 존재 방식은 인간을 창조하실 때 하신 말씀, "우리의 형상을 따라 우리의 모양대로 우리가 사람을 만들고"(창 1:26)에서 확인할 수 있습니다.

인간이 혼자서 존재할 수 없는 이유도 여기에 있습니다. 삼위일체라는 공동체적 존재 방식을 가진 하나님의 형상에 따라 창조되었기 때문입니다. '군중 속의 고독'을 느끼거나 친밀한 관계에 대한 그리움이 존재하는 이유도 이 때문이겠죠. 이 친밀함에 대한 그리움 때문에 사람은 누구나 공동체나 소그룹을 선택할 때 다음과 같은 것들을 염두하고 스스로에게 질문합니다.

첫째, 소속감입니다. '나는 여기에 속해 있는가?'라고 질문하며 '내가 여기에 속할 것인가?'를 결정합니다. 둘째, 존재감입니다. 이 명제에 대한 질문은 '나는 여기서 어떤 존재인가'이며 '사람들이 나를 받아 주고 인정해 주는가?'를 확인합니다. 셋째, 사명감입니다. '나는 여기서 무엇을 하고 있는가'를 확인하는 것입니다.

이와 같은 명제와 질문은 가정에서도 마찬가지입니다. 특히 청소년들은 가정 안에서 자신의 어떠함을 확인하기 위해 이런 물음 앞에 민감하게 반응합니다. 학교나 직장도 이에 해당합니다. 사람은 '소속감, 존재감, 사명감'에 따라 자신의 시간과 물질, 에너지를 투자하며 만족감을 찾습니다.

영어로 공동체를 뜻하는 'Community'라는 단어의 어원은 라틴어 'Communitas'입니다. 이것은 '같음, 같다'라는 뜻인데 이 단어는 또한 'Communis' 즉 '같이, 모두에게 공유되는'이라는 단어에서 유래한 것입니다. 그러므로 공동체라는 말은 '같은 정체성'을 가진 사람이 '같은 목적'을 가지고 '함께 추구하는 모임'이라는 의미를 갖습니다.

교회는 예수님의 십자가 보혈과 부활의 능력 가운데 세워진 공동체입니다. 그래서 교회는 예수님을 사랑하는 사람들이 모

온전한 연결

여서 예수님 때문에 서로 사랑하고 그 예수님의 사랑을 증거하는 역할을 하는 공동체입니다. 여기에도 '소속감, 존재감, 사명감'이라는 명제를 적용할 수 있습니다. 내가 예수님의 피 값으로 죄를 용서받고 예수님을 사랑하면 강하게 속해 있는 것이고, 내가 교회의 성도들을 사랑하고 섬기면 그게 존재감이며, 또 내가 그런 기쁨을 주신 예수님을 세상에 나가서 전하면 교회 공동체 안에서 사명을 갖게 된 것입니다.

초대 교회는 한 번도 다 함께 큰 건물에서 모인 적이 없습니다. 데살로니가나 예루살렘 등 각 지역에서 공동체성을 가지고 교회로서 존재한 것이죠. 이렇게 볼 때 초대 교회는 셀그룹의 전형입니다. 가정이나 큰 집에서 모여 서로 친밀한 관계를 맺었기 때문이죠. 이런 상황 가운데서도 초대 교회에는 큰 능력이 있었습니다. 396년 로마의 테오도시우스 황제에 의해서 로마의 국교가 되기까지 기독교는 무려 300년 이상 온갖 핍박과 고난과 이단의 위협에 시달렸습니다. 그럼에도 불구하고 초대 교회는 어느 시대보다도 강력하게 하나님 나라를 선포했습니다.

그런데 기독교가 국교화되면서 신앙이 관념화되기 시작했습니다. 스스로가 선택하는 신앙이 아니라 로마에 태어나면서 그리스도인이 되자 오히려 사람들은 문화적인 종교인이 되기 시작했습니다. 사람이 공동체를 선택하기 위해서는 적어도 '소속감, 존재감, 사명감'에 관한 질문에 진지하게 답할 수 있어야 합니다. 그런데 국교가 되어 버린 기독교는 여기에 답할 이유

가 없게 된 거죠. 이런 환경에서는 기독교 공동체에서만 누릴
수 있는 관계에 대한 특별함과 애틋한 기쁨이 희미해집니다.

깨어짐과 하나 됨

인간이 죄를 지으면서 여러 관계가 깨졌습니다. 제일 먼저
파괴된 것이 하나님과의 관계입니다. 그리고 가정과 인간관계
가 깨졌습니다. 그러나 영적으로 회복되면 관계의 회복도 일어
납니다. 예수님을 만나면 하나님과의 관계가 회복되고, 가정의
관계가 회복되면 주변 사람들과도 관계가 회복됩니다. 사람이
인생을 살면서 제일 필요한 것이 관계입니다. 동시에 가장 힘
들어하는 것도 관계입니다.

이렇듯 사람이 관계에 몰두하는 이유는 하나님과의 궁극적
인 관계가 무너졌기 때문입니다. 사람이 서로를 두려워하고 불
신하는 이유도 하나님과의 관계가 무너졌기 때문입니다. 하나
님과의 관계가 무너지고 서로를 두려워하게 된 사람들이 형성
한 것이 바로 도시와 민족입니다. 죄를 지은 인간은 이렇게 같
은 목적을 가진 공동체를 만들었지만 그 안에서 서로를 괴롭힙
니다. 그 안에서 끼리끼리 문화가 형성되어 다른 사람을 배척
합니다.

그렇게 큰 무리가 모여서 하나님을 배척하기도 했지요. 바
로 바벨탑 사건입니다. 하나가 되긴 했지만 선한 목적을 위해
서 하나가 된 것이 아니기에 하나님처럼 되고자 하는 교만한

마음을 갖게 된 것입니다. 이 바벨탑은 하나님께서 아브라함을 부르시기 전까지 인류사에 이정표를 찍은 반역 사건입니다.

이러한 깨어짐의 역사를 거듭하던 인류에게 하나님께서는 예수님을 보내셨습니다. 그 예수님은 그의 택하신 제자들에게 '하나 됨'을 명령하셨습니다. 그러나 예수님의 제자들이 미성숙했을 때는 하나로 부르신 뜻을 이해하지 못하고 서로 시기하고 질투하며 누가 더 큰 자인가를 두고 다투었습니다.

그런 제자들에게 예수님은 "너희가 서로 사랑하면 이로써 모든 사람이 너희가 내 제자인 줄 알리라"(요 13:35)고 충고하셨습니다. 이 충고에는 교회의 하나 됨이라는 본질이 들어 있습니다. 예수님이 중심이 된 예수 마을 공동체의 본질은 서로 사랑하는 것입니다. 교회 안에서는 주 안에서 하나 되어 서로 사랑하고, 밖으로는 그 주님의 사랑을 증거하는 것, 이것이 바로 교회 됨의 본질입니다.

코로나 팬데믹 시대를 거치면서 사람들이 그 어느 때보다 더 외로움을 호소합니다. 혼자 집에 있는 시간이 늘어나고 혼밥, 혼영 등 혼자 하는 것이 더 많아졌습니다. 이로 인해 우울증에 걸리거나 자살자의 수도 늘어 가고 있습니다. 사람들을 만나지 못하니 우울해집니다. 관계는 시간의 투자요 인격을 대하는 것인데 온라인상에서 메시지나 콘텐츠 등을 주고받으니 외로운 것입니다. 그러면서 점점 소극적인 사람이 되어 갑니다. 어느 공동체든 나를 인정해 주는 곳에 참여하고 싶지만, 그것마저 실패하고 두렵습니다.

우리나라는 분노 사회, 불신 사회로 치닫고 있습니다. 교회 역시 더 큰 영적인 시험대에 놓여 있습니다. 이렇게 개인은 원자화되고 사회는 불안하며 교회마저 안정적이지 않은 것 같은 이 시대, 우리는 무엇을 바라봐야 할까요? 또한 어디에서 해답을 찾아야 할까요?

모든 것을 예수님께 대입해 봐야 합니다. 예수님이라면 어떻게 하셨을까? 예수님이라면 이런 위기 상황을 어떻게 대처하셨을까? 성경은 무엇이라고 이야기하고 있을까? 위기의 순간마다 예수님이 보여 주신 모범을 묵상하고 그것을 삶에서 실천해야 합니다. 예수님만이 우리에게 유일한 대안이십니다. 우리는 이제 예수님이 제시한 대안, '12제자 비전'에 귀 기울여야 합니다.

제자를 부르시는 과정

예수님은 이 땅에서 사역을 시작하시며 열두 명의 제자를 부르셨습니다. 그들은 사회적으로 보잘것없는 어부들이 대부분이었습니다. 그나마 12명 중 직업이 확실하게 알려진 사람은 반 정도밖에 안 됩니다. 물론 직업이 괜찮은 제자도 있었습니다. 하지만 그는 사회적으로 왕따를 당하는 세리장 마태였습니다. 그러니까 예수님의 제자들은 대개 내세울 것 없는 소외된 사람들이었습니다. 예수님이 이런 사람들에게 관심을 가지고 그들을 사용하셨다는 것이 우리에게 큰 위로가 됩니다. 이제 그들을 부르시는 과정을 살펴보겠습니다.

주목하여 보시다

그 역사적인 첫 구절은 이렇습니다.

> 갈릴리 해변에 다니시다가 두 형제 곧 베드로라 하는 시몬과 그의
> 형제 안드레가 바다에 그물 던지는 것을 보시니 그들은 어부라
>
> 마 4:18

예수님이 베드로와 그의 형제 안드레를 만나는 이 장면에서 가슴이 뭉클해지는 단어가 등장합니다. '보시니'입니다. 예수님은 해변을 거닐다 베드로와 안드레가 그물을 내려 물고기를 잡으려는 상황을 보셨습니다. 마태복음 4장 21절에도 동일하게 그물을 깁고 있는 세베대의 아들 야고보와 요한을 '보셨다'고 기록되어 있습니다. 그런데 이 두 구절에서 사용된 '보시니'는 단순히 '보다'라는 의미가 아닙니다. 예수님은 그들에게 주목하셨습니다. 즉 예수님은 그들 삶의 모든 정황을 다 보셨습니다. 유대 사회에서 별 볼일 없는 사람이었을 뿐만 아니라 스스로도 미래에 대한 소망이 없는 그들을 주목하여 보신 것입니다. 그렇게 주목하여 그들의 모든 것을 다 보셨음에도 불구하고 그들을 제자로 삼으셨습니다.

예수님이 우리를 찾아오실 때도 마찬가지입니다. 예수님이 우리를 찾아오실 때는 우리가 세상의 정상에 서 있을 때가 아

닙니다. 우리가 가장 큰 성공을 거두었을 때도 아닙니다. 소망이 없다고 느끼고 모든 것이 실패라고 느끼는 바로 그때, 가장 가까운 곳에서 우리를 주목하십니다.

신약성경에는 '보시고'라는 표현이 자주 등장합니다. 그중에서 '가까이 오사 성을 보시고 우시며'(눅 19:41)라는 말씀에서는 멸망할 예루살렘 성을 미리 보고 우신 것입니다. 그러니까 예수님이 보신다고 했을 때는 그냥 보는 것이 아니라 '꿰뚫어 보신다'는 것을 알 수 있습니다. 이처럼 예수님은 나의 미래는 물론 과거, 현재의 연약함까지 다 아십니다. 무엇보다 모든 죄를 다 아십니다. 그렇게 꿰뚫어 보아 다 아시면서도 우리에게 다가오시는 겁니다. 우리가 죄인 되었을 때에 그의 아들을 보내신 그 사랑으로 말이죠. 우리가 밤새도록 바다에 그물을 내려도 아무것도 잡지 못하고 있을 바로 그때, 사랑으로 우리를 찾아오십니다.

부르시다

> 거기서 더 가시다가 다른 두 형제 곧 세베대의 아들 야고보와 그
> 의 형제 요한이 그의 아버지 세베대와 함께 배에서 그물 깁는 것
> 을 보시고 부르시니 마 4:21

예수님이 보시고, 부르셨습니다. 소속감을 갖게 하신 것입니다. 사실 베드로와 안드레는 일전에도 예수님을 만난 적이 있

습니다. 요한복음 1장에서 세례 요한(침례 요한)의 제자였던 안드레는 예수님을 만났고 자기 형제 베드로에게 예수님을 소개했습니다. 그들을 두 번째로 만나신 것이기에 아마도 그들의 이름을 불러 주셨을 것입니다.

이 부르심은 공동체나 소그룹을 선택할 때 염두에 두는 명제 중 하나인 소속감과 관련이 있습니다. 즉 '나는 여기에 속해 있는가, 나는 여기에 속할 것인가?'의 문제입니다. 그런데 주님께서 여기에 속하라고 부르십니다. 그분의 몸에, 하나님의 나라에 속하라고 부르십니다. 예수님이 불러 주신 제자들은 속할 곳이 없는 사람들이었습니다. 그래서 어쩌면 따르기가 쉬웠을지도 모릅니다. 버릴 것도 별로 없는 사람들이었기에 더 그랬을지도 모르겠습니다.

하나님이 저를 불러 주셨을 때도 저는 아무 곳에도 속하지 않은 사람이었습니다. 고아 같은 너를 불러 주신다는 말씀이 딱인 그런 상황이었습니다. 주변에 필요한 것들이 다 있고 많은 사람이 있었지만 사랑으로 불러 주시는 분은 하나님뿐이었습니다.

나를 따르라

세 번째로 우리 귀에 들어오는 구절은 '나를 따르라'입니다. 예수님은 우리의 상황을 다 보고 우리의 상황이 어떠함을 아셨음에도 우리를 부르셨을 뿐만 아니라 우리에게 그분을 따를 것을 요청하십니다.

이것은 프러포즈입니다. 예수님이 '내가 너를 사랑한다'라고 고백하시는 것입니다. 마치 연인이 사랑을 고백하며 나와 함께 살자고 하는 것과 같습니다. 이런 측면에서 '나를 따르라'는 엄청난 주님의 선언입니다. 이 선언은 우리의 존재감과 관계있습니다. '나는 어떤 존재인가'는 본질적으로 '사람들이 나를 받아주고 인정해 주는가'를 고민하는 질문입니다.

그 고민 앞에 예수님은 분명하게 '나를 따르라'고 말씀하십니다. 우리가 삶의 방향을 찾지 못하고 내가 누구인지 몰라 방황할 때, 확신에 찬 음성으로 분명하게 말씀하십니다. "나를 따르라!" 그래서 우리는 'We are the followers of Jesus Christ'입니다. '예수님을 따르는 자들, 그리스도인'이 우리의 존재감이자 정체성입니다. 그러나 여기서 끝이 아닙니다. 예수님의 마지막 선언이 남아 있습니다.

사람을 낚는 어부가 되게 하리라

예수님은 마지막으로 어부들에게 이렇게 선언하시며 사명감을 갖게 하십니다.

내가 너희를 사람을 낚는 어부가 되게 하리라 하시니 마 4:19

이것은 제자들에게 너무나 소중한 초청이었습니다. 평생 배를 타며 고기를 잡아 생계를 유지하던 어부들을 이제는 물고기를 잡던 기술로 사람을 구원하는 복음의 전도자로 만들어 주시겠다는 선언이기 때문입니다. 이것은 우연이 아닙니다. 무엇인가 과거에 경험했던 것, 그것이 비록 상처와 실패라 하더라도 주님께서는 그것을 다시 주워서 우리에게 주십니다. 그리고 그것을 사역할 수 있는 도구로 만들어 주십니다. 이와 같이 고기를 낚던 사람들에게 '너희는 사람을 낚을 것이다'라는 말은 하나님만 하실 수 있는 선언입니다. 왜냐하면 하나님이 그들을 만드셨고 그들의 주인이시기 때문입니다. 예수님은 어부들에게 이 위대한 영혼 구원에 대한 사명을 심어 주려고 애쓰셨습니다. '나는 여기서 무엇을 하고 있는가'를 확인시켜 주시고자 한 것입니다.

12제자의 비전이 답인 이유

예수님은 이처럼 특별히 택한 열두 제자들에게 소속감과 존재감, 사명감을 심어 주려고 3년 동안 모든 것을 쏟아부으셨습니다. 우리는 여기에 주목해야 합니다. 왜 12명을 부르셨고, 그들에게 모든 것을 쏟아부으셨을까요? 생각해 보십시오. 거대한 것을 생각하고 멋진 꿈을 그리며 방대한 비전에 대해 이야기하는 것이 일반적인데 예수님은 하나님 나라를 만드시는 일에 고작 열두 명을 부르셨습니다. 세상을 하나님 나라로 만든다면서 예수님은 왜 열두 명만 부르셨을까요? 우리는 여기서 굉장히 중요한 사실을 깨닫게 됩니다.

예수님은 이 열두 명으로 소그룹 공동체를 만드시고, 소속 감, 존재감, 사명감에 관해 훈련시키셨습니다. 그런데 왜 열두 명일까요? 물론 영적인 의미가 있습니다. 구약의 12지파를 영적으로 새롭게 한다는 의미가 있습니다. 사회적 의미도 있습니다. 많은 성경학자나 사회학자들에 따르면, 가장 효과적인 소그룹 인원은 12명을 넘지 않는 것입니다. 그래야 서로가 친밀하게 교제하고 관심을 가지며 리더 된 자도 효과적으로 리더십을 발휘할 수 있기 때문입니다. 그런 점에서 소그룹의 첫 번째 키는 '친밀함'입니다.

그리고 이 친밀함을 통하여 신뢰가 생기고 그 신뢰를 바탕으로 나눔이 일어납니다. 이 나눔의 단계는 자신의 삶을 오픈하는 것에서부터 시작합니다. 하나님의 말씀을 통해 자신의 삶 가운데 드러난 죄와 허물을 나누는 것이죠. 그렇게 치부를 드러내도 여전히 함께하시는 하나님의 은혜를 나누며 함께 성장해 갑니다. 그러므로 우리는 여전히 담대하게 그 은혜를 나눌 수 있습니다.

하나님 나라는 자신을 의인으로 여기는 자보다는 자기가 죄인임을 아는 사람이 사랑받는 곳입니다. 이것이 하나님 나라의 공동체입니다. 거듭 이야기하지만, 기독교 공동체의 가장 위대한 점은 서로의 죄를 고백할 수 있다는 것입니다. 거기에서 인생의 행복은 ~한 척해서가 아니라 십자가 앞에서 발견할 수 있음을 깨닫게 됩니다.

초대 교회가 생겨나자 유대교에서 하지 않던 예식 두 가지가 새로 제정되었습니다. 세례(침례)식과 성찬식입니다. 세례(침례)식은 예수님을 믿는 증거로서 많은 사람들 앞에서 나의 죄가 예수의 보혈로 사해졌으며 이제는 예수님을 주님으로 모시고 살겠다는 공개적인 고백입니다. 성찬식은 예수님을 믿는 성도가 모여서 죄를 고백하며 예수의 살과 피를 기념하는 것입니다. 이 두 가지 예식에는 공통점이 있습니다. 죄를 고백하는 것과 그것을 통해 하나님과의 관계를 회복하는 것입니다. 더 나아가 이웃과의 관계를 회복하는 것입니다. 여기에 기독교 공동체의 비밀이 있습니다. 여기에 우리의 소속감, 존재감, 사명감이 다 들어 있습니다. 서로의 허물과 죄, 아픔을 나누는 소그룹만큼 친밀한 관계는 세상에 없습니다.

기독교 소그룹은 서로의 허물과 죄를 예수님의 보혈로 사하는 역할을 감당합니다. 거기에는 영혼들의 깊숙한 심령에 있는 아픔을 치료하시는 성령님의 임재가 나타납니다. 예수님은 제자들에게 이것을 행할 수 있는 공동체를 만들어 주신 것입니다. 그리고 거기에서 존재감과 소속감, 사명감을 확인하게 하셨습니다. 세상이 아닌 예수께 속한 존재, 영혼을 구원하는 사명을 가진 자들로 말이죠. 그리고 그 능력으로 세상에 나갈 때 세상이 예수의 제자 됨을 인정해 줄 것이라고 하셨습니다. 예수님은 그렇게 어디에도 속할 수 없고 존재감도 낮은 이들을 부르시고 따르게 하셔서 인류 역사를 구원하는 하나님 나라 사역에 동참하게 하셨습니다.

코로나 팬데믹 상황에서 예수님이 보여 주신 12제자의 비전이 답인 이유는 이 땅을 살아가는 사람들이 외로움과 두려움, 절망에 찌들어 있기 때문입니다. 어느 때보다 두려움과 외로움에 사무쳐 있습니다. 서로 간의 신뢰감도 많이 잃어버린 상태입니다. 그런 우리에게 주님께서 주신 이 말씀을 기억해야 합니다. 우리가 가장 연약할 때 우리를 보셨고, 우리가 가장 죄 가운데 있을 때 우리를 부르셨으며, 우리가 가장 실패 가운데 있을 때 우리를 따르라고 하시는 그 음성을 기억해야 합니다. 그럴 때 열두 제자처럼 우리도 세상을 변화시킬 수 있습니다. 이것이 오늘날 우리에게 12제자 비전을 주신 이유입니다.

　　예수님이 보잘것없는 어부들을 주목하여 보시고 부르신 후 사람을 낚는 어부라는 사명을 주신 것처럼 주님은 코로나 시즌이라는 위기 가운데서 우리를 보시고 부르시며 사명을 깨닫게 하신다.

온전한 여정

공동체를 위한 기도

살아 계신 하나님, 하나님이 세우신 교회에 속해 있게 하심을 감사
드립니다. 부족하지만 교회 안에서 주님을 따를 수 있는 존재감을
주신 것도 감사합니다. 무엇보다 하나님 나라를 위하여 일할 수 있
는 사명감을 주셔서 감사합니다. 이제 그 사명을 가지고 한 영혼
한 영혼에게 다가가기 원하오니 용기와 지혜를 더하여 주옵소서.
이 땅에 속한 수많은 교회들이 12제자 비전을 세워 가므로 이 땅을
고치시는 하나님의 놀라운 역사가 이 위기 가운데 일어나고 교회
들을 붙들어 주시길 바랍니다. 예수 그리스도의 이름으로 축복하
며 기도합니다. 아멘.

적용 질문

1. 예수님이 나를 제자로 불러 주셨음을 처음 느낀 순간은 언제인 가요?

_____

_____

2. 목장 교회 가족으로서 깊은 소속감과 존재감을 느끼고 있나요?

_____

_____

3. 사람을 낚는 어부로서 사명을 감당하기 위해 어떤 노력을 하고 있나요?

_____

_____

3장

교회가 추구해야 할
공동체

막 1:38-39

이르시되 우리가 다른 가까운 마을
들로 가자 거기서도 전도하리니 내
가 이를 위하여 왔노라 하시고 이에
온 갈릴리에 다니시며 그들의 여러
회당에서 전도하시고 또 귀신들을
내쫓으시더라

최근 하버드대학교 존 마크 램지어(John Mark Ramseyer) 교수가 쓴 논문이 공분을 사고 있습니다. 일제시대 때 위안부는 강제성 없는 매춘부 계약이었다는 내용 때문입니다. 그는 전범 기업으로부터 후원을 받는 학자로서 역사를 왜곡하여 많은 사람들에게 돌이킬 수 없는 상처를 주었습니다. 우리나라는 1910년에 일본으로부터 나라를 빼앗겼고 1945년에 해방을 맞기까지 수많은 치욕과 고통을 겪었습니다.

하지만 우리 민족의 고통은 일제시대 훨씬 이전부터 시작되었습니다. 19세기 말, 수많은 나라가 이미 근대사회로 진입하고 있던 그때에도 구한말 조선은 정치적, 경제적으로 병들어 국력이 약해지고 주변 강대국들에 의해 사분오열되는 위기 앞에 있었습니다. 이때 많은 이들이 먹을 것을 찾아 이 나라, 저 나라로 떠나갔습니다. 그들이 고려인, 재일교포, 재미교포들입니다. 그들은 돈을 벌기 위해 하와이의 사탕수수밭과 멕시코와 쿠바 농장에서 노예처럼 일했습니다. 이렇게 흩어진 사람들을 헬라어로 '디아스포라'라고 합니다. 우리 민족은 유대인 다음으로 전 세계로 흩어진 디아스포라 숫자가 많은데 700만 명 정도로 추정됩니다. 그들은 수백 년 동안 타지에서 살면서도 한민족이라는 정체성을 잃지 않았습니다.

그런데 무엇이 이들로 하여금 한민족이라는 정체성을 잃지 않게 한 걸까요? 그 답은 바로 '공동체'에 있습니다. 그들은 항상 모여서 살고 있습니다. 한국 내 사람들보다 훨씬 더 강한 공동체성을 가지고 각 나라에서 살아가고 있습니다. 유대인들도

2천 년 동안 주권과 영토 없이 살았지만 그들의 정체성을 유지했습니다. 그 이유 역시 그들이 유대인이라는 정체성을 붙들고 있었기 때문입니다.

인간은 위기를 만나면 내가 누구인가를 고민하게 됩니다. 현재 인류는 코로나로 인해 언택트 시대를 살아가고 있습니다. 우리나라 최대 명절인 설과 추석에도 온 가족이 모이기 힘든 상황입니다. 가족 간에도 언택트하고 있습니다. 모두가 이러한 상황을 위기라고 느끼고 있습니다. 그리스도인은 이 위기에 민감해야 합니다. 왜냐하면 이 위기를 통하여 우리가 누구인지 그 정체성을 바로 확립해야 하기 때문입니다.

하나님께서는 이스라엘 백성에게 그들이 누구인가를 알려주기 원하셨습니다. 그래서 주전 586년에 예루살렘이 파괴된 후 거의 600년 만에 그들에게 새로운 공동체를 만들어 주셨습니다. 그 공동체가 바로 '교회'입니다. 교회의 시작은 예수님이 열두 명을 택하시고 그들을 제자로 삼으신 데서 찾을 수 있습니다. 예수님은 그렇게 열두 명으로 이루어진 소그룹에 모든 것을 투자하셨습니다. 지구촌교회는 이러한 예수님의 모범을 따라 모이는 소그룹이 있습니다. 바로 '목장 모임'입니다. 6명에서 12명이 모이는데 이 목장 모임을 이끄는 사역의 원리는 예수님으로부터 배운 것입니다.

공동체의 세 가지 사역 원리

예수님은 12제자 모임을 통해 세 가지를 강조하셨습니다. 그것은 '돌봄'과 '나눔' 그리고 '전도'입니다. 이 세 가지 사역 원리를 기초로 목장 모임의 성격과 특성 등을 파악해 보겠습니다.

돌봄(Caring for)

마가복음 1장에는 예수님이 제자들을 부르시는 장면이 간략하게 언급되어 있습니다. 그렇게 제자들을 부르신 후 예수님은 가버나움에서 곧바로 사역을 시작하셨습니다. 예수님의 사역 중 주된 것은 사람을 돌보는 것이었는데, 이는 사복음서 모두에서 증언하고 있습니다.

이후 예수님은 갈릴리 지역을 다니며 귀신 들린 사람을 치료하고 환우들을 고치는 사역을 하셨습니다. 이 과정에서 열병에 걸린 수제자 베드로의 장모를 치료하셨습니다. 그러자 갈릴리 전역에 이런 예수님의 능력이 빠르게 소문나기 시작했고, 그 소문을 듣고 몰려온 사람들에 관한 이야기가 마가복음 1장 하반부에 나옵니다.

> 저물어 해 질 때에 모든 병자와 귀신 들린 자를 예수께 데려오니
> 온 동네가 그 문 앞에 모였더라 막 1:32-33

지금도 마찬가지지만, 하나님을 전혀 모르는 사람들은 영적

Part 1 당신은 연결되어 있나요?

으로나 육적으로 굶주려 있습니다. 특별히 영적으로 더욱 굶주려 있습니다. 그래서 그들은 이런 소문에 민감합니다. 당시에는 병원도 없고 의학도 발달하지 못했기에 팔레스타인 땅 한복판인 갈릴리에서 이런 예수님에 관한 소문은 사람들에게 한 줄기 희망이었습니다. 사람들은 소문을 듣고 아픈 사람, 귀신 들린 사람을 데리고 예수님이 묵으시는 집 앞에 결집했습니다. 마가복음 본문은 이 절박한 상황을 "온 동네가 그 문 앞에 모였더라"(막 1:33)라고 표현하고 있습니다. 예수님은 그들의 마음을 아시고 그날의 피곤함을 뒤로하고 늦은 밤까지 몰려온 사람들을 돌보셨습니다(막 1:34). 이날 예수님은 마치 인격이 훌륭한 명의가 각종 환자들을 외면하지 않고 돌보듯이 모여든 사람들을 극진하게 돌보셨습니다. "새벽 아직도 밝기 전에"(막 1:35)라는 말씀으로 미루어 보아 아마도 예수님은 사람들을 돌보시느라 밤을 새운 것 같습니다.

제가 목회를 하면서 가장 큰 보람을 느꼈을 때가 개척해서 성도들을 섬겼을 때입니다. 상대적으로 지금보다는 규모가 작은 교회였기에 성도들의 삶 구석구석을 돌보며 한 영혼 한 영혼을 돌아볼 수 있었습니다. 이렇게 성도의 영과 육의 건강을 돌아보는 기쁨은 그 어느 것과도 바꿀 수 없는 기쁨입니다. 영혼을 돌보고 예수님께로 인도하는 일은 목숨을 바쳐서 해야 할 일입니다. 인생에서 가장 값진 일이기 때문입니다.

누구보다 이 일에 열심이시던 예수님은 모든 부류의 사람들에게 관심이 있으셨습니다. 대중은 물론 소그룹 그리고 그보다 규모가 작은 한 영혼에게도 말이죠. 예수님은 사람들의 굶주림과 영적, 육적인 필요를 결코 외면하지 않으셨습니다. 그렇게 예수님은 밤새도록 영혼을 돌보셨습니다. 예루살렘 초대 교회가 자신의 재산도 팔고 필요에 따라 서로의 소유를 나누어 쓸 수 있었던 이유는 여기에 있습니다. 예수님의 정신을 바탕으로 생겨난 교회였기 때문입니다. 한마디로 초대 교회는 예수님의 가르침과 사역을 본받아 그대로 따라 한 것입니다.

지구촌교회의 목장 모임도 이러한 예수님의 가르침과 사역을 본받아 작은 교회로서 서로의 필요에 민감하도록 구성되었습니다. 그러므로 목장 모임 안에서는 서로가 예수님의 사랑을 가지고 최대한 함께 고민하고 기도하며 적극적으로 도와야 합니다. 목회자든, 중직자든, 성도든 하나님의 사랑을 깨닫고 오래전에 예수님을 구세주로 영접했음에도 불구하고 돌보는 영혼이 단 한 사람도 없다면 그것은 아예 처음부터 예수님을 만난 게 아닐 가능성이 큽니다. 내 안에 예수님이 계시다면 돌보아야 할 영혼을 그냥 내버려 두시지 않을 것이기 때문입니다.

예수님은 이렇게 바쁜 사역 중에도 12제자를 돌보는 일을 결코 게을리하지 않으셨습니다. 시간이 지남에 따라 그들을 엄중하게 책망도 하시고 무섭게 꾸짖기도 하셨지만, 그것은 사랑의 한 표현이요, 제자로 길러내기 위한 예수님의 돌보심이었습니다. 성경은 예수님이 죽음에 가까워지고 있을 때도 끝까지 제자들을 사랑하셨다고 증언합니다.

나눔(Sharing with)

신앙생활을 하면서 우리가 늘 잊지 말아야 하는 사실이 있습니다. 그것은 '예수님의 어떠하심'입니다. 예수님은 하나님의 아들로서 하나님의 능력을 갖고 계시지만, 한편으로 인간의 몸을 입고 이 땅에 오신 분입니다. 인간이 느끼는 모든 것을 느끼고 경험하셨습니다. 기쁨은 물론이요 아픔과 슬픔, 육신의 고통도 느끼셨고 경험하셨습니다.

히브리서 기자는 "그러므로 우리에게 큰 대제사장이 계시니 승천하신 이 곧 하나님의 아들 예수시라 우리가 믿는 도리를 굳게 잡을지어다 우리에게 있는 대제사장은 우리의 연약함을 동정하지 못하실 이가 아니요 모든 일에 우리와 똑같이 시험을 받으신 이로되 죄는 없으시니라"(히 4:14-15)라고 증언합니다. 예수님은 인간이 겪을 수 있는 극한까지도 경험하신 분입니다. 피곤함, 배고픔, 슬픔, 외로움, 고독, 심지어 배신감까지 경험하셨습니다. 그리고 가장 극한의 고통인 십자가 처형도 당하셨습니다. 우리는 성경의 기록을 통해 예수님의 마지막 순간이 얼마나 처절했는가를 확인할 수 있습니다. 우리는 성경 곳곳에서 연약한 육신을 입고 계신 예수님을 확인할 수 있습니다.

죄 없으신 하나님의 아들이 인간이 느낄 수 있는 모든 것을 체험하셨기에 십자가에서의 죽음을 앞둔 날 밤 "아버지여 아버지께는 모든 것이 가능하오니 이 잔을 내게서 옮기시옵소서"(막 14:36)라고 기도하셨습니다. 역설적으로 본다면, 저는 예수님의 이 점 때문에 예수님을 신뢰하고 사랑하게 되었습니다.

인간의 아픔을 공감할 수 있는 하나님, 인간의 처지를 이해할 수 있는 하나님, 그래서 의지할 수 있는 하나님이기 때문입니다. 특별히 예수님이 남기신 십자가에서의 마지막 칠언, "나의 하나님, 나의 하나님 어찌하여 나를 버리셨나이까"(막 15:34)는 귀를 의심하게 합니다. 아이러니하게도 이와 같은 연약한 예수님의 모습에서 우리는 위로를 받습니다.

그렇다면 예수님은 이런 육신의 연약함을 가지고 이 땅에 계실 때, 어떻게 그 문제를 해결하셨을까요?

> 새벽 아직도 밝기 전에 예수께서 일어나 나가 한적한 곳으로 가사 거기서 기도하시더니 막 1:35

이 말씀을 보면 예수님은 그날 몰려든 병자들을 돌보시느라 거의 밤을 새우신 것이 분명합니다. 여기서 우리는 영적, 육적으로 지친 예수님의 재충전 방법을 알 수 있습니다. 바로 하나님 아버지께로 나가는 것입니다. '아직 밝기 전에' 나가서 기도하시며 새 힘을 간구하셨습니다. 밤을 새는 사역으로 지친 예수님은 분명히 이렇게 간구하셨을 것 같습니다.

"아버지, 오늘도 아버지의 뜻을 따라 사역했습니다. 수많은 사람이 이렇게 몰려오는데, 인간의 육신을 입고 있으니 몹시 피곤합니다. 영을 쏟아부으니 지칩니다. 그러나 아버지와 약속한 것처럼, 인간들을 위해서 사역할 때만큼은 제가 저를 위해서는 능력을 사용하지 않겠습니다. 그러니 아버지, 아버지께서 아버지의 능력으로 저를 채워 주십시오. 오늘도 다시 일할 수 있게 일용할 양식을 주시옵고, 시험에 들지 않게 하시며 다만 악에서 구하옵소서. 하늘의 뜻이 이루어지게 하옵소서! 하나님만 영광받으시길 원합니다!"

사역으로 인해 지치고 힘들 때마다 하나님 아버지께 이런 기도를 자주 드리셨을 예수님을 감히 상상해 봅니다. 예수님이 가르쳐 주신 주기도문을 통해 예수님의 기도를 상상해 볼 수 있습니다. 이처럼 예수님은 지치고 힘들 때, 재충전의 방법으로 하나님 앞에 나아가 자신이 처한 환경을 철저하게 나누셨습니다. 이와 같은 기도의 방법은 시편에서도 발견됩니다. 시편 기자는 예수님처럼 자신의 상황을 시시콜콜 하나님께 다 아뢰었습니다. 기도는 이처럼 하나님과의 친밀한 교제요, 나눔입니다. 이때 기쁨과 영광만 나누는 것이 아니라 아프고 힘든 상황도 하나님과 나누어야 합니다.

예수님은 제자들에게 자신의 상황을 숨김없이 나누셨습니다. 많은 사람에게 둘러싸여 있다가도 그들을 물리시고 제자들에게 말씀의 깊은 뜻을 설명하고 가르치시며 그들에게 집중하셨습니다. 그러고 나서는 하나님 아버지 앞에 나아가 모든 상황을 나누셨습니다. 우리는 이와 같은 예수님의 행보를 거울삼아 팬데믹 상황에서 교회가 나아갈 사역의 방향을 정할 수 있습니다. 그것은 공예배와 개인 예배를 통해서 하나님을 만나고, 나의 삶을 나누며, 나와 같은 지체들을 만나서 삶을 나누는 것입니다. 신앙생활은 이 두 가지 나눔, 즉 하나님과의 나눔과 사람들과의 나눔이 균형 있게 조화될 때 건강해지기 때문입니다.

이 나눔에서 예수님이 가르쳐 주신 중요한 교훈 한 가지가 있습니다. 그것은 바로 항상 하나님의 말씀이 바탕되어야 한다는 것입니다. 나눔은 나눔 자체로 의미가 있습니다. 그러나 기쁨과 아픔을 나눈 다음에는 반드시 하나님의 말씀을 채워 넣어야 합니다. 더러는 자신의 신세를 나누는 단계까지 가는 사람이 있습니다. 그러나 거기서 멈추지 말고 하나님의 말씀으로 삶을 채우는 훈련을 해야 합니다. 그래야 치유와 회복이 일어납니다. 삶을 나누지 못하면 점점 자기 생각으로 똘똘 뭉치고 굳어져서 교만한 자가 될 수 있습니다. 삶을 나눌 때 하나님께서 그 삶에 개입하십니다. 공동체는 이렇게 삶을 나누고 말씀으로 채우는 일에 집중해야 합니다.

그런데 나눔에는 중요한 원리가 있습니다. 자신의 희로애락을 나누다 보면 물질과 은혜도 더불어 나누게 된다는 것입니다. 목장 모임은 그렇게 삶을 나누고 말씀으로 채움받으며 서로 돕고 훈련하는 믿음의 현장입니다.

전도(Reaching out)

이른 아침에 제자들이 예수님을 찾습니다. 예수님이 기도하시는 사이에 소문을 듣고 찾아온 사람들 때문이었습니다(막 1:36-37). 그런데 이때 예수님은 중대한 결단을 하십니다.

우리가 다른 가까운 마을들로 가자 거기서도 전도하리니 내가 이

를 위하여 왔노라 막 1:38

예수님은 당신이 이 땅에 오신 목적을 분명히 하십니다. 최
근에 생긴 일들로 인해 제자들은 어쩌면 이렇게 생각했을지
도 모릅니다. '그래, 그때 우리가 배를 버리고 예수님을 따르기
를 정말 잘했어. 예수님이 이렇게 대단한 분이신 줄 누가 상상
이나 했겠어? 우리 인생은 이제 편 거야. 자, 빨리 사람들을 줄
세우자!' 그러나 예수님은 제자들의 으스댐을 뒤로하고 사역
의 자리를 옮기십니다. 왜냐하면 아직 예수님을 경험하지 못한
사람들이 다른 촌과 도시에 있기 때문입니다. 그래서 예수님은
"내가 다른 마을들로 가서 전도하겠다. 나는 이것을 위하여 왔
다"라고 분명하게 말씀하신 것입니다. 이는 늘 '여기가 좋사오
니' 하며 안주하기를 원하던 제자들과 대조되는 모습입니다.

어느 공동체에 10년 동안 단 한 사람도 들어오거나 나간 사
람이 없다고 칩시다. 그런 공동체에 누가 새로 들어갈 수 있을
까요? 이미 형성된 그들만의 친분과 문화로 인해 누구도 그 모
임에 새로 들어가기 어렵습니다. 그렇기에 예수님은 그 자리를
박차고 일어나 다른 곳으로 가신 것입니다. 이것이 교회의 본
질입니다. 우리가 은혜를 받아 우리 안에 평안함이 있는 것은
좋은 일입니다. 그러나 우리만의 평안으로 안주하는 것은 다른
이야기입니다. 평안은 어떤 상황에서도 하나님을 의지하는 내
적 능력이고, 안주는 지금 상황에 만족하여 어떤 것에도 움직

이지 않으려는 마음의 강퍅함이기 때문입니다. 그러므로 안주를 평안으로 착각해서는 안 됩니다.

제자들은 늘 몰려드는 군중에게 관심이 있었지만, 예수님은 주님을 모르는 또 다른 영혼들에게 눈을 돌리셨습니다. 이것은 다른 본문에서도 확인할 수 있습니다.

> 예수께서 모든 도시와 마을에 두루 다니사 그들의 회당에서 가르치시며 천국 복음을 전파하시며 모든 병과 모든 약한 것을 고치시니라 무리를 보시고 불쌍히 여기시니 이는 그들이 목자 없는 양과 같이 고생하며 기진함이라 마 9:35-36

예수님은 이처럼 '두루 다니셨고' 무리를 '불쌍히 여기셨'습니다. 예수님은 자신의 시간이 얼마 남지 않았다는 걸 잘 아셨습니다. 그렇기에 그토록 이스라엘 땅을 두루 다니며 복음 증거에 힘쓰신 것입니다. 우리도 이 땅에서 영원하지 않습니다. 영혼을 사랑하고 그들을 주님께로 인도할 수 있는 시간이 얼마 남지 않았습니다.

예수님이 열두 명의 제자를 택하면서 이들에게 약속하신 것이 무엇입니까? "내가 너희로 사람을 낚는 어부가 되게 하리라"(막 1:17)입니다. 예수님은 3년간 소그룹을 통하여 제자들을 훈련하면서 바로 이 약속을 지키셨습니다. 결국 그들을 사람을 낚는 어부가 되게 하셨으니까요. 그리고 그중 열한 명은 모두 또 다른 예수 마을 공동체를 이끄는 사도가 되었습니다. 우리의 목장 모임도 그렇게 되어야 합니다. 나와 같은 제자를 계속해서 키워 내야 합니다.

《목적이 이끄는 삶》의 저자로 유명한 릭 워렌(Rick Warren) 목사는 새들백교회를 개척해서 수만 명이 출석하는 교회로 성장시켰습니다. 이 교회의 성장 동력은 셀그룹입니다. 교회에 정기적으로 출석하는 성도보다 셀그룹에 참석하는 사람의 수가 더 많다고 합니다. 예수 그리스도를 아직 잘 모르기에 교회 출석에는 부담스러운 사람들이 소그룹에 나와 사귐을 가지고 돌봄을 받으며 삶을 나누다가 결국 예수 그리스도를 영접하고 교회에 출석하게 된 겁니다.

교회가 추구해야 할 목장 공동체도 이와 같습니다. 바로 교회에 나오기 힘든 사람들을 모임에 초대하는 하나님의 기름 부으심이 있는 공동체 말입니다. 무엇보다 목장 모임은 예수님이 우리에게 가르쳐 주신 최고의 모범이기에 서로가 사랑을 따라 돌아보고, 서로의 삶과 말씀을 나누며, 그 힘으로 또 다른 형제자매에게 다가가는 하나님의 전략적 교회입니다.

제가 미국에서 사역할 때, 아주 맛있는 붕어빵 가게에 전도하러 간 적이 있습니다. 그런데 그곳에서 제가 도리어 은혜를 받고 돌아왔습니다. 그 가게에는 '붕어빵을 한 번도 안 먹어 본 사람은 있지만, 한 번만 먹어 본 사람은 없다'라는 문구가 적혀 있었습니다. 이 문구를 본 순간, 이것이 바로 복음이라는 생각을 했습니다. 붕어빵 하나를 만드는 데도 저런 철학을 담아 내는데, 하물며 영혼을 구원하는 우리는 어떠해야 하는가를 생각했던 겁니다. 저에게 이런 인사이트를 주었던 그 문구를 목장 모임에 적용해 보는 건 어떨까요? '우리 목장 모임에 한 번도 안 와 본 사람은 있어도, 한 번만 방문한 사람은 없다.' 우리 모임에 한 번 오기만 하면 예수님을 믿게 된다는 철학!

또 한 가지, 어느 오래된 안경 업체의 광고를 본 적이 있습니다. '우리가 아는 것은 안경뿐입니다.' 이 광고 역시 저의 마음을 터치했습니다. 누군가 목장 모임이 어떤 곳이냐고 묻는다면 어떻게 대답해야 할까요? 이 한마디 강렬한 광고 문구처럼 '우리가 아는 것은 오직 영혼을 돌보고 말씀과 삶을 나누며 다른 영혼을 구원하는 일입니다'라고 대답해야 하지 않을까요? 이처럼 목장 모임은 예수님의 사역을 본받아 실행하는 예수 마을 공동체입니다. 그렇습니다. 우리가 할 일은 오직 이것뿐입니다. '오직 영혼을 돌보고 말씀과 삶을 나누며 다른 영혼을 구하는 것!' 이것만이 팬데믹 시대를 지나는 교회의 지혜요, 사명입니다.

예수님이 밤이 새도록 무리를 돌보고 제자들과 삶을 나누며 전도하기 위하여 두루 다니셨던 것처럼, 목장 모임은 삶을 나누고 말씀으로 채우며 서로를 돕고 훈련하는 믿음의 현장이 되어야 한다.

Part 1 당신은 연결되어 있나요?

공동체를 위한 기도

살아 계신 하나님, 코로나 한복판에서 이 땅에 있는 모든 교회들을 새롭게 하시는 하나님의 놀라우신 은혜에 감사드립니다. 다시 한 번 한국교회가 작은 그룹들로 모여서 예수님께서 우리에게 보여 주신 영혼을 돌보고 삶과 말씀을 나누며 그리스도를 증거하는 사역에 초점을 맞출 수 있도록 역사하여 주옵소서. 또한 이 일에 수고하는 모든 사역자를 기억하시고 잘하였다고 칭찬해 주심으로 힘들고 지쳤던 그 마음이 하나님의 은혜로 채워지길 간구합니다. 또 다시 하나님의 교회를 새롭게 하시고 복음을 전하게 하신 놀라우신 예수 그리스도의 이름으로 축복하며 기도했습니다. 아멘.

적용 질문

1. 예수님의 본을 따라 돌봄(Caring for)이 필요한 나의 지체는 누구인
   가요?

   _____

   _____

2. 말씀을 바탕으로 한 나눔(Sharing with)을 통해 회복을 경험한 적이
   있나요?

   _____

   _____

3. 더 많은 사람을 전도(Reaching out)하기 위해 어떤 노력을 하고 있
   나요?

   _____

   _____

4. 내가 속한 목장 교회는 '돌봄, 나눔, 전도'의 균형을 갖춘 공동체
   라고 생각하나요?

   _____

   _____

4장

공동체의 모본,
아둘람 공동체

삼상 22:1-2

그러므로 다윗이 그곳을 떠나 아둘람 굴로 도망하매 그의 형제와 아버지의 온 집이 듣고 그리로 내려가서 그에게 이르렀고 환난당한 모든 자와 빚진 모든 자와 마음이 원통한 자가 다 그에게로 모였고 그는 그들의 우두머리가 되었는데 그와 함께한 자가 사백 명가량이었더라 창세기를 보면 하나님께서 최초로 만드신 것은 남자와 여자로 이루어진 가정 공동체였습니다. 그리고 하나님께서 성부와 성자와 성령, 이 삼위일체로 존재하시는 방식 역시 공동체입니다. 따라서 우리는 공동체라는 단어를 빼놓고 신앙생활을 결코 할 수 없습니다. 그렇다면 공동체란 무엇을 의미할까요?

사전적으로는 공동체를 다음과 같이 설명합니다. '같은 환경을 공유하는 사회 집단으로 보통 같은 관심사를 가진다. 인간의 공동체에서는 믿음, 자원, 기호, 필요, 위험 등 여러 요소들을 공유하며, 참여자의 동질성과 결속성에 영향을 주고받는다.' 이러한 사전적 의미를 바탕으로 교회를 다시 성경적 공동체로서 정의해 보면 다음과 같습니다.

먼저 교회는 '예수님의 몸이자 그 몸을 이루는 사람들이 모인 공동체'입니다. 다음으로는 '예수 그리스도를 구세주로 영접하고, 십자가와 부활을 믿는 사람들의 믿음의 공동체'라고 정의할 수 있습니다. 사전적 정의에서도 동질성을 이야기하였듯이, 교회는 예수 그리스도를 구세주로 영접하고 십자가와 부활의 사건을 믿는, 이러한 요건을 동일하게 갖추고 있는 사람들의 공동체입니다. 현대적으로 교회의 공동체적 정의를 위와 같이 두 가지로 말씀드렸는데, 이것을 조금 더 발전시켜 보겠습니다.

오늘날 사람들이 겪는 큰 어려움 중 하나는 외로움입니다. 가정을 포함한 여러 공동체가 붕괴되고 있습니다. 공동체를 파괴하려는 사탄의 거대한 음모가 가정과 개인과 국가와 민족과 지역 간에도 존재하고 있습니다. 그래서 사람들은 더욱더 외롭게 되고, 나를 있는 그대로 받아 줄 가족과 같은 공동체를 찾고자 합니다. 그런 맥락에서는 교회를 이렇게 정의 내릴 수 있습니다. '하나님의 은혜와 예수님의 십자가 사랑으로 아픔과 슬픔을 함께하는 가족 공동체'라고 말입니다.

우리는, 즉 교회는 하나님의 은혜와 예수님의 십자가 사랑으로 아픔과 슬픔을 함께하는 가족 공동체여야 합니다. 인생을 살다 보면 결국 사람이 남는다는 것을 많이 느낍니다. 따라서 인생의 희로애락을 나눌 가족, 혹은 가족과 같은 공동체가 있다는 것은 인생의 가장 큰 축복이요, 엄청난 에너지의 근원입니다.

우리는 살면서 관계 맺기의 어려움을 많이 겪습니다. 관계는 공동체와 관련됩니다. 사람들과 대화하고 그들과 함께 어려운 문제들을 해결하며 친구를 맺는 모든 행위는 관계성에서 비롯됩니다. 성경은 구속사와 사랑, 은혜, 공의와 같은 주제들을 다룹니다. 특히 공동체에 관한 이야기가 많습니다. 또한 어떻게 하나님과 관계를 맺고 사람들과 관계를 맺는지, 그 좋은 예화들이 무궁무진하게 많습니다. 그러므로 성경에서 좋은 공동체의 예를 찾아 연구하고 묵상하는 것은 우리가 추구하는 공동체를 이해하고 적용하는 것과 개인의 삶에 적용하는 데 큰 유익이 될 것입니다.

성경 66권을 보며 공동체에 관한 내용을 많이 발견할 수 있기를 바랍니다. 그중 특별히 다윗이 이끈 아둘람 공동체를 통해 좋은 공동체의 모습을 함께 살펴보겠습니다.

아둘람 공동체, 그 출발

이스라엘 역사를 살펴보면 라이벌로 여겨지는 관계들이 등장합니다. 다윗과 사울왕이 그 대표적인 관계로 꼽을 수 있습니다. 사울과 다윗의 첫 만남을 기억하십니까? 그들이 처음 만난 장소 역시 오늘날에도 라이벌로 여겨지는 이스라엘과 블레셋(현 팔레스타인) 간의 전쟁의 한복판이었습니다.

당시 이스라엘은 블레셋의 전설적인 장수 골리앗 때문에 고전을 면치 못하고 있었습니다. 그런데 한낱 양치기에 불과한 소년이 이 거대한 장수 골리앗에 맞서게 되는데, 그가 바로 다윗입니다. 다윗은 놀랍게도 거대한 힘의 상징이던 골리앗을 쓰러뜨리고 하루아침에 이스라엘의 대스타요 민족의 영웅이 됩니다. 사울왕도 다윗을 한동안 아꼈습니다만, 사람들이 사울과 다윗을 비교하는 노래, "사울이 죽인 자는 천천이요 다윗은 만만이로다"(삼상 18:7)를 듣고 마음이 바뀝니다. 이 노래를 듣는 순간부터 사울왕은 다윗을 죽이겠다고 작정을 합니다.

인간의 심리에는 시기와 질투가 있습니다. 그런데 이것은 내가 높은 위치에 있을 때, 혹은 내가 더 잘하고 많이 가졌다고 생각했을 때는 잘 나타나지 않습니다. 한편 많이 가지고 많이 누리고 훨씬 재능이 있음에도 불구하고 심리적으로 내가 나를 바라보는 관점이 건강하지 않으면 나의 실제 상황과 전혀 상관 없이 열등감이라는 것이 밑바닥에서부터 올라오게 됩니다.

당시 사울왕과 다윗을 어떻게 견줄 수 있겠습니까? 사울은 왕이었습니다. 다윗이 골리앗을 물리쳤을지언정 사울왕은 이스라엘의 초대 왕으로서 국가의 모든 권력을 가진 실세입니다. 모든 시스템을 장악한 자였습니다. 그런데도 사람들이 부르는 그 노래 하나에 사울의 질투와 시기가 시작됩니다. '다윗이 나보다 더 잘났다고?' 그 소년을 아끼던 사울왕의 마음에 점점 시기와 질투와 분노와 증오가 일어나기 시작합니다. 그리고 그것은 한때 사랑하고 아끼던 다윗을 죽이기로 결심하는 데까지 이릅니다. 나날이 성장해 가는 다윗을 보면서 사울왕의 광기는 날로 더해 갑니다.

마침내 다윗은 사울의 칼날을 피해 이스라엘을 떠나는 신세가 됩니다. 그런데 다윗이 도망 간 장소가 공교롭게도 블레셋의 5대 성읍 중 하나인 아기스왕이 다스리는 가드 성이었습니다. 불과 얼마 전 블레셋과 전쟁할 때 골리앗을 무너뜨렸던 그 블레셋으로 도망간 것입니다. 사무엘상 21장 10절은 이렇게 이야기합니다.

그날에 다윗이 사울을 두려워하여 일어나 도망하여 가드 왕 아기

스에게로 가니 _{삼상 21:10}

아마도 다윗은 사람들이 골리앗을 이겼던 자신을 알아보리라고 생각하지 못한 듯싶습니다. 지금처럼 매체가 발달한 시대도 아니고, 누가 싸움의 현장을 영상으로 기록해 놓은 것도 아니었으니까요.

그러나 그날의 사건은 모든 사람에게 너무나도 인상적이었기에 이스라엘이나 블레셋의 모든 이들 가슴에 각인되어 있었습니다. 상황이 얼마나 급박했으면 다윗이 적국인 블레셋으로 도망했겠습니까? 그러나 그 성에 있던 신하들이 다윗을 대번에 알아보고는 이렇게 말합니다.

> 이는 그 땅의 왕 다윗이 아니니이까 무리가 춤추며 이 사람의 일을 노래하여 이르되 사울이 죽인 자는 천천이요 다윗은 만만이로다 하지 아니하였나이까 한지라 _{삼상 21:11}

이스라엘 백성이 부르는 노래가 블레셋 땅에까지 전해진 것입니다. 사울왕이 미칠 만한 상황이기도 합니다. 다윗은 적국 가드 성의 신하들까지도 단번에 알아볼 만큼 명성이 높았던 사람입니다. 이 예상치 못한 사건 때문에 다윗은 더욱 두려움을 갖게 됩니다.

다윗이 이 말을 그의 마음에 두고 가드 왕 아기스를 심히 두려워 다윗은 그와 함께하시는 하나님을 순간 잊어버리고 죽임을 당할까 심히 두려워 당황스러운 행동을 하게 됩니다. 미친 척하는 연기를 한 것입니다. 다윗은 목숨을 부지하려고 대문짝에 그의 몸을 막 그적거리고 수염에 침을 흘립니다. 천하무적 골리앗을 무찔렀던 다윗, 하나님의 사람 다윗이 이렇게 목숨을 구걸했다는 사실이 우리에게 주는 교훈은 무엇일까요? 바로 인간의 한계입니다. 인간이 아무리 드높아진다 한들 인간일 뿐이며, 영원히 위대하신 분은 오직 하나님 한 분뿐입니다.

이스라엘의 영웅으로 추앙받던 다윗일지라도 하나님을 의지하지 않고 하나님이 함께하시지 않으면 한순간에 나락으로 떨어질 수 있습니다. 우리라고 다르지 않습니다. 다윗의 연기에 속은 아기스왕이 말합니다.

> 내게 미치광이가 부족하여서 너희가 이 자를 데려다가 내 앞에서 미친 짓을 하게 하느냐 이 자가 어찌 내 집에 들어오겠느냐 하니라 삼상 21:15

그러고는 다윗을 쫓아냅니다. 그렇게 해서 다윗은 아기스왕을 속이는 데 성공하고 다시 한번 가까스로 위기에서 탈출합니다. 이후 다윗이 도망간 장소가 바로 아둘람 굴입니다.

그러므로 다윗이 그곳을 떠나 아둘람 굴로 도망하매 그의 형제와
아버지의 온 집이 듣고 그리로 내려가서 그에게 이르렀고   삼상
22:1

여기서 반전이 일어납니다. 블레셋의 수장 앞에서 침 흘리
며 목숨을 구걸하는 인생의 치욕이 지나자 곧바로 다윗이 아둘
람 굴에서 형제와 아버지 등 자기 사람들을 만나게 됩니다.

우리의 삶도 그렇습니다. 누구에게나 인생에서 지울 수 없
는 치욕이 있을 것입니다. 그런데 이 치욕적인 사건은 은혜로
이어집니다. 블레셋 땅을 떠나 아둘람 굴로 도망한 다윗은 이
때부터 본격적인 도망자 생활을 하게 됩니다. 학자들은 다윗의
도피 생활을 무려 10년 이상으로 추정합니다. 사울의 칼날을
피해 도망간 다윗의 소식을 듣고 사람들이 그에게 하나둘 모여
들어 시작된 것이 바로 아둘람 공동체입니다. 이 아둘람 공동
체가 오늘날 셀 교회로서 예수 그리스도의 12제자 비전을 좇
는 우리에게 전하는 교훈은 무엇일까요?

환난당한 사람들에게 열린 공동체

교회라고 명명되지는 않았으나 구약성경에서 교회의 모범
으로 삼을 수 있는 아둘람 공동체의 특징 세 가지를 말씀과 함
께 살펴보겠습니다. 첫 번째 특징은 환난당한 사람들에게 열린
공동체였습니다. 아둘람 공동체는 환난당한 사람들이 환영받

는 곳입니다. 사무엘상 22장 2절은 다윗이 아둘람 굴로 도망한 후 일어난 일에 대해 다음과 같이 설명합니다.

> 환난당한 모든 자와 빚진 모든 자와 마음이 원통한 자가 다 그에게로 모였고 그는 그들의 우두머리가 되었는데 그와 함께한 자가 사백 명가량이었더라 삼상 22:2

아둘람 굴은 다윗이 도망한 가드 성에서 남동쪽으로 약 14km 떨어져 있고 유다와는 베들레헴 사이에 있습니다. 즉 이스라엘과 블레셋 영토의 중간으로, 사울의 영향력이 잘 미치지 않는 광야였습니다. 이 지역에서 석회암 동굴들이 발견되는데, 고고학자들은 그중에서 400명가량이 들어갈 수 있는 동굴을 발견한 후 그곳이 아둘람 굴이었지 않나 추정하고 있습니다.

'아둘람'은 '피난처, 은신처'라는 뜻을 지니고 있습니다. 다윗은 자신의 가족에게 연락하여 먼저 이곳으로 피난시키는데, 이 과정에서 다윗을 추종하는 사람들 일부에게 그 소식이 전해진 것 같습니다. 처음 아둘람 굴에 도착한 뒤 다윗은 그 주변의 황량함 때문에 마음이 무너졌을 것입니다. 사무엘에게 기름 부음을 받고 골리앗을 물리친 후 이스라엘 민족의 영웅이 되었을 때, 다윗은 어떤 생각을 했을까요? 이제 '목동 생활을 벗어나 왕이 되고 좋은 인생길이 열리나 보다' 하는 생각을 하지 않았을까요?

그러나 그가 마주한 것은 아무것도 없는 황폐한 땅이었습니다. '왜 하나님께서는 나를 이런 곳으로 인도하시는가?' 그 마음에 의문이 들지 않았겠습니까? 우리는 어떤 고난을 당하면 마치 그 고난이 쳇바퀴처럼 인생 내내 계속될 것만 같은 공포에 사로잡히곤 합니다. 아마 다윗도 그랬을 것입니다. 하나님은 그런 다윗을 위해 아둘람 굴을 준비해 놓으셨습니다. 다윗이 상상조차 못한 귀중한 선물을 그곳에 두셨습니다.

함께 마음을 나누다

귀중한 하나님의 선물은 바로 다윗과 함께 마음을 나누는 공동체였습니다. 사람들이 하나둘씩 다윗에게 몰려들기 시작했습니다. 성경은 그 사람들을 '환난당한 자, 빚진 자, 마음이 원통한 자'라고 설명합니다(삼상 22:2). 이때 환난당한 자는 사울의 학정으로 인해 정치적으로 고통받는 자를, 빚진 자는 사울의 잘못된 정책으로 인해 고리대금업자들에게 빌린 자를, 마음이 원통한 자는 사울이 다스리는 이스라엘에 살면서 억울한 일을 당한 자를 말합니다. 정치적이건 경제적이건 영적이건 환난당한 자, 빚진 자, 마음이 원통한 자들이 다윗의 소식을 듣고 하나둘씩 모이기 시작한 것입니다.

소외된 자들이 모이다

다윗의 아둘람 공동체에는 아무것도 가진 것 없이 이스라엘 진영에서 살 수 없었던 소외된 사람들이 모였습니다. 참 신기한 것은 소외된 사람들이 모인 이 아둘람 공동체에서 큰 분란이나 다툼이 없었다는 것입니다. 무언가를 많이 가지고 누리고 살던 이스라엘 진영에서는 서로 다투고 싸우고 질투하고 힘듦이 많았는데, 황야와 같은 아둘람 공동체에서는 분란도 다툼도 없었습니다. 그 이유가 무엇일까요?

가장 큰 이유는 서로 처지가 같았기 때문입니다. 사울의 폭정을 피해 자신의 고향인 고을과 도시를 떠났지만, 이들이 도피한 아둘람은 오히려 안식과 평안을 주는 피난처가 될 수 있었습니다.

안식과 평안의 피난처가 되다

안식과 평안은 신뢰가 있어야 가능합니다. 사무엘상 22장 6절 이하에는 아비아달이라는 사람의 이야기가 나옵니다. 사울을 피해 달아난 다윗은 놉 땅에 있는 성소에서 제사장 아히멜렉으로부터 진설병을 얻어먹었고, 또 골리앗의 칼을 받았습니다. 그때 에돔 사람 도엑이 이 사실을 사울에게 알렸고, 사울은 아히멜렉의 행동에 대해 불같이 화를 내며 그를 소환해 추궁합니다. 그런데 아히멜렉은 사울왕을 두려워하지 않고, 오히려 "다윗은 당신의 신하 중 가장 충성스러운 신하요, 사위인데 왜 그를 도와주었다고 그렇게 역정을 내십니까?"(삼상 22:14-15 참조)라고 따져 묻습니다.

이 말을 들은 사울은 화가 머리끝까지 치밀어 아히멜렉을 죽이라고 명하나 제사장인 그에게 누구도 섣불리 손을 대지 못합니다. 그때 기회주의자인 도엑이 자신의 이익을 위해서 칼로 제사장 85명을 죽입니다. 이때 죽임당한 제사장 아히멜렉의 아들 아비아달이 도망쳐 다윗의 아둘람 공동체를 찾아갑니다.

이처럼 아비아달과 같은 사연 있는 사람들이 모인 공동체가 바로 아둘람 공동체였습니다. 그런 점에서 교회는 아둘람 공동체를 닮았습니다. 교회는 기본적으로 환난당한 사람들이 모인 공동체입니다. 외로움, 소외, 중독, 파산, 이혼, 실패, 정신질환, 궁핍, 실직, 가정폭력 등 세상의 모든 환난과 아픔을 지고 사람들은 교회로 옵니다. 사울이 다스리는 어둠의 세상에서 탈출해 소외된 자들이 모인 곳이 바로 아둘람 공동체였으니 이곳이 곧 교회 아니겠습니까?

아둘람은 이렇듯 환난당한 자들에게 열린 공동체였습니다. 교회 공동체는 사람들에게 아둘람 같은 곳이 되어야 합니다. 교회는 피난처요 안식처라는 고백이 우리에게 있어야 합니다. 교회는 단순한 건물이 아닙니다. 누구나 환난당해 힘들 때면 교회로 달려갈 수 있어야 합니다. 건물이 존재해서가 아닌, 그곳에서 우리가 함께 예배했고, 눈물 흘렸고, 훈련했고, 섬겼고, 서로 부둥켜안으며 교회를 이루었던 곳이기에 달려오는 곳이어야 합니다.

사람들은 어려움을 당했을 때 함께 위로하고 위로받았던 기억을 오랫동안 간직하게 마련입니다. 제 경우에도 고등학교 3학년 때 늦은 밤 교회에 들러 10명 남짓한 교인과 기도했던 기억이 있습니다. 또 미국에 개척한 교회에서 매일 새벽이면 모여 울부짖으며 기도했던 그 기억이 아직까지도 많이 남아 있습니다.

이렇듯 교회는 목장 모임 등과 같은 공동체를 통해 사람들이 힘들 때면 달려갈 수 있도록 피난처와 같은 역할을 해야 합니다. 거룩으로 자신을 위장하고 멋진 척, 흠 없는 척하며 교회에 오는 사람은 예수님의 십자가 능력을 경험하기 어렵습니다. 왜 하나님의 아들이 십자가에 달리는 그런 수치스러운 모습을 우리에게 보여 주셨겠습니까? 우리의 어려움, 우리의 수치도 다 안다고 말씀하시는 것임을 우리는 깨달아야 합니다.

교회 공동체는 아둘람 공동체처럼 환난당한 자, 빚진 자, 마음에 억울함이 있는 자들의 모임입니다. 그렇기에 교회는 주님 안에서 자신의 사정을 솔직히 나누는 모임이 되어야 합니다. 그렇게 환난당한 사람들을 더욱더 품을 수 있는 아둘람 공동체가 되어야 합니다. 그런데 환난당한 사람들이 모이기만 해서는 하나님의 공동체가 성숙해지지 않습니다. 건강해지지 않습니다. 여기에 아둘람 공동체의 두 번째 특징이 있습니다.

아픔까지 나누는 공감 공동체

아둘람 공동체의 두 번째 특징은 아픔까지 나누는 공감 공동체라는 것입니다. 죄가 만연한 세상에서 누구라도 의지와는 상관없이 원통함과 환난과 괴로움을 겪을 수밖에 없습니다. 그래서 하나님이 만드신 대안 공동체인 교회는 세상에서 환난당한 자들이 함께 모여 그것을 나누며 서로 위로하고 치료하고 회복하는 모임이 되어야 합니다.

친밀하게 나누다

그런 면에서 소그룹 공동체는 환난당한 사람들이 좀 더 친밀하게 나눔을 할 수 있는 귀중한 모임입니다. 예수님은 이것을 12제자 비전에서 보여 주셨습니다. 한 통계에 의하면, 새신자가 교회에 등록한 후 예배만 드릴 경우 2~3년 이내에 교회에 나오지 않을 확률이 50% 이상인 데 반해, 목장이나 소그룹으로 인도받으면 정착 비율이 70~80%에 이른다고 합니다.

다윗은 말할 수 없는 원통함을 가지고 자신을 찾아온 아비아달에게 이렇게 말합니다.

> 다윗이 아비아달에게 이르되 그날에 에돔 사람 도엑이 거기 있기로 그가 반드시 사울에게 말할 줄 내가 알았노라 네 아버지 집의 모든 사람 죽은 것이 나의 탓이로다 두려워하지 말고 내게 있으라 내 생명을 찾는 자가 네 생명도 찾는 자니 네가 나와 함께 있으면 안전하리라 하니라 _삼상 22:22-23_

'나의 탓입니다'라는 다윗의 고백을 우리는 일생에 몇 번이나 할까요? 대부분 하지 않을 것입니다. 인간의 본질이 그러합니다. '사랑합니다, 감사합니다, 죄송합니다' 이 세 가지 말은 그리스도인들이 할 수 있는 가장 아름다운 언어라고 생각합니다.

이어서 다윗은 말합니다. "내 생명을 찾는 자가 네 생명도 찾는 자니 나와 함께 있으면 안전하리라." 얼마나 멋진 모습입니까? 자신의 아비를 포함해 85명의 제사장이 살육당한 현장에서 도망친 아비아달에게 다윗의 이 말은 어떻게 다가왔을까요? 당시 다윗에게는 아무것도 없었습니다. 그는 왕도 아니었고 권력도 없었습니다. 그럼에도 다윗은 제사장들의 죽음이 자신의 책임이라고 인정하면서 안전하게 함께 있자고 권했습니다. 아비아달로서는 이 말을 듣는 순간 이미 치유와 회복이 일어날 수밖에 없었을 것입니다.

이처럼 아둘람 공동체는 사울의 압제에서 고통받았던 것들을 함께 나누고 위로하며 소망 가운데 서로를 치유했습니다. 아무것도 가진 것 없는 그들이 두려움과 불안, 좌절, 고통과 실패감을 이겨 낼 수 있는 것은 서로에 대한 친밀감 때문이었습니다. 그리고 그 친밀감은 다윗의 실패에 대한 솔직한 고백에서부터 시작됐습니다. 다윗은 '내 탓이다. 당신들이 이렇게 된 것은 사울이 나를 죽이려고 미치광이가 되어서 일어난 일이다. 그렇기에 당신들이 이렇게 환난당하고 고통받는 것은 내 탓이다'라고 말했습니다. 어려움에 처한 사람들끼리 진솔하게 대화할 때 치유와 회복이 시작됩니다.

인간의 본성은 남 탓하기 좋아합니다. 그러나 다윗처럼 '내 탓입니다'라고 고백한다면, 교회가 '내 탓입니다'라고 고백할 수 있다면, 하나님께서 해결해 주시고 곧바로 부흥의 역사를 일으켜 주실 것입니다. 다윗은 그것을 시작한 것입니다.

다윗은 참 허물이 많은 사람이었습니다. 그러나 그는 하나님 앞에 회개를 잘하는 사람이었습니다. 그래서 하나님 마음에 합한 사람이 되었습니다. 우리는 회개를 잘하는 사람이 되어야 합니다. 또한 교회 공동체는 십자가 앞에서 정직하게 그 수치와 아픔을 나눌 줄 아는 곳이어야 합니다. 그러려면 자신의 모습을 있는 그대로 열어 보일 수 있는, 서로에 대한 안정감과 신뢰가 우리 안에 만들어져야 합니다. 교회 공동체를 이루는 구성원 한 사람 한 사람이 다윗처럼 스스로 아픔을 나눌 수 있어야 합니다. 그럴 때 공동체 안에 주님이 주시는 치유와 회복이 반드시 일어날 줄로 믿습니다. 공동체가 바로 이 역할을 해주는 곳입니다.

하나님과 친밀해지다

다윗이 자신의 모습을 있는 그대로 나누며 회개를 잘할 수 있었던 것은 하나님과 친밀한 관계였기 때문입니다. 시편 142편은 다윗이 아둘람 굴로 피난하면서 하나님께 드린 기도입니다.

> 내가 소리 내어 여호와께 부르짖으며 소리 내어 여호와께 간구하는도다
> 내가 내 원통함을 그의 앞에 토로하며 내 우환을 그의 앞에 진술하는도다
> 내 영이 내 속에서 상할 때에도 주께서 내 길을 아셨나이다

내가 가는 길에 그들이 나를 잡으려고 올무를 숨겼나이다

오른쪽을 살펴보소서 나를 아는 이도 없고 나의 피난처도 없고

내 영혼을 돌보는 이도 없나이다

여호와여 내가 주께 부르짖어 말하기를 주는 나의 피난처시요

살아 있는 사람들의 땅에서 나의 분깃이시라 하였나이다

나의 부르짖음을 들으소서 나는 심히 비천하니이다

나를 핍박하는 자들에게서 나를 건지소서 그들은 나보다 강하니

이다

내 영혼을 옥에서 이끌어 내사 주의 이름을 감사하게 하소서

주께서 나에게 갚아 주시리니 의인들이 나를 두르리이다

시 142편

이 기도에는 다윗의 처절한 절규가 투명하게 담겨 있습니다. 그는 하나님께 그가 당한 처지를 가감 없이 공개하며 부르짖습니다. 사면초가에 빠진 자신의 상황, 비천함을 구구절절 털어놓을 수 있는 것은 그가 하나님과 친밀한 관계였기 때문입니다.

기도가 그런 것입니다. 하나님 앞에 나의 바닥을 드러내는 것입니다. 하나님 앞에 나의 본심을 드러내며 도움을 구하는 것입니다. 그리고 다윗이 기도한 대로 하나님께서는 400명의 사람들을 보내 주셨습니다.

우리가 주목할 것은, 우리의 기도는 우리의 방식대로 응답되지 않고 하나님께서 그의 최선의 방법으로 우리에게 응답하

신다는 것입니다. 다윗은 의인을 구했으나 하나님은 환난당한 자, 빚진 자, 마음에 억울함이 있는 자를 보내셨습니다. 우리의 생각으로는 이해할 수 없으나 모두 하나님의 계획하심이 있었습니다. 하나님이 다윗에게 이런 이들을 보내신 이유가 무엇입니까? 같은 아픔을 가진 사람들이 모여 서로를 이해하고 격려하며 동질성을 지닌 하나의 공동체로 만들어 가시기 위해서였습니다.

동질성으로 서로를 치유하다

아둘람 공동체는 서로를 치유하는 목장 공동체가 되어 갔습니다. 그리스도인들에게는 '회개한 죄인'이라는 동질성이 존재합니다. 아직 회개하지 않은 죄인이지만 비그리스도인들 역시 동일합니다. 죄인 된 우리의 동질성을 찾는다면 얼마나 큰 하나님의 은혜가 부어지겠습니까? 아둘람 공동체는 모두가 죄인이었고, 실패자였고, 낙오자였습니다. 이러한 동질감으로 함께할 때 서로를 이해하고 긍휼히 여기며 받아 줄 수 있습니다. 은혜받는 것이 가능해집니다. 이러한 동질감은 세상 어떤 모임에서도 찾을 수 없습니다. 오직 그리스도인의 공동체에서만 찾을 수 있는 아름다운 모습입니다.

한때 두려움에 침 흘리며 미친 짓을 했던 다윗은 하나님이 보내 주신 사람들에게서 힘을 얻었습니다. 사울에게 온 가족이 몰살당하고 혼자 살아남은 아비아달도 사람들과 치유 공동체를 만들어 가며 지도자로 성장했습니다.

하나님의 비전으로 세상을 치유하는 공동체

아둘람 공동체의 마지막 세 번째 특징은 하나님의 비전을 통해 세상을 치유하는 공동체라는 것입니다.

사울은 이미 하나님의 임재가 떠난 사람이었습니다. 그러한 사울의 통치하에 있던 백성들의 고통은 무엇에 비할 수 있겠습니까? 영적으로 비교하자면 아마도 세상 죄악 가운데 거하고 있는 우리의 삶과 같았을 것입니다. 따라서 우리의 공동체는 앞선 특징에서 살펴보았듯이, 세상 어둠의 주관자인 사탄에게 속했던 인생의 아픔들을 서로 나누고 치유하는 아둘람 공동체가 되어야 합니다. 하지만 서로 나누고 치유하는 것에서 그쳐서는 안 됩니다. 하나님께서 아둘람 공동체로 다윗과 아비아달과 400명이나 되는 사람들을 모으신 이유가 있습니다. 마찬가지로 하나님께서 지금까지 한국교회에 부흥을 주시고, 세상에서 낙오자로 실패자로 상처를 받던 우리를 교회 공동체로 부르신 이유가 있습니다. 단순히 우리를 모아 동질성을 갖게 하시고, 서로 위로하고 격려하고 치료하고 회복하는 것으로 그치게 하시지 않았습니다. 한국교회가 여기에서 안주한다면 하나님께서는 또 다른 어려움을 통해 우리를 깨우길 원하실 것입니다.

다윗 당시에는 에돔 사람 도엑처럼 사울에게 잘 보이기만 하면 한자리 차지하고 편안한 삶을 살 수도 있었습니다. 그런데도 왜 많은 사람이 아둘람 굴에 모였겠습니까? 왜 400명이나 되는 사람들은 눈에 보이는 세상의 능력과 권력을 포기하고 아무것도 없는, 미치광이인 척했던 다윗의 주변에 모여든 것입니까? 그들이 무엇을 보았기에 아둘람 공동체에 모인 것입니까?

동굴은 어둡습니다. 빛이 보이지 않고 살기에도 불편합니다. 어두운 동굴은 보이지 않는 미래를 의미합니다. 영적인 기쁨을 누리고 능력을 일으키는 신앙생활을 할 수 있을지 모르지만, 동굴에서의 삶은 여러 면에서 불편합니다. 그들은 왜 사울에게 쫓기는 도망자에 불과한 다윗을 찾아왔을까요?

답은 하나입니다. 그들은 하나님께서 다윗과 함께 계심을 보았기 때문입니다. 결론부터 말하자면, 아둘람 공동체 구성원들은 후에 다윗이 왕이 되고, 그의 가문에서 예수 그리스도가 탄생하는 그 이스라엘 공동체를 만드는 데 일등공신이 됩니다. 그때의 거지가 경제 장관이 되고, 그때의 실패자가 재력가가 되고, 그때의 도망자가 리더가 되고, 그때의 원통한 자가 전략가가 되고, 그때의 건달이 장수가 됩니다. 죄인이 목자가 되고 목회자가 되는 것, 그러한 은혜의 이치가 아니겠습니까?

하나님 나라 백성은 아둘람 굴에서 시작합니다. 빛이 잘 임하지 않는 곳, 친숙하지 않은 곳, 실패한 사람들만 득실거리는 곳에서 하나님 나라의 백성으로서 삶이 시작됩니다. 하나님이 함께하심, 그 한 가지로 하나님 나라의 백성이 되는 것입니다.

하나님이 주시는 힘으로 목동 다윗이 거인 골리앗을 무너뜨리는 것을 그들은 분명히 보았습니다. 다윗의 돌이 물맷돌이 아님을, 그가 블레셋 사람들에게 "너는 칼과 창과 단창으로 내게 나아오거니와 나는 만군의 여호와의 이름 곧 네가 모욕하는 이스라엘 군대의 하나님의 이름으로 네게 나아가노라"(삼상 17:45) 한 외침을 들었습니다. 다윗의 마음 가운데 하나님께서 함께하시는 것을 보았던 것입니다. 그들은 하나님이 다윗에게 기름 부으셨다는 것을 깨달았습니다. 그리고 앞으로 다윗을 통해서 하나님 나라가 어떻게 펼쳐질지 기대하게 되었습니다. 400인의 환난당한 자, 빚진 자, 마음이 원통한 자는 그런 비전을 보았고, 마침내 마음과 삶의 치유가 그 어둠의 동굴 속에서 이뤄지기 시작했습니다.

비전은 사람을 살리는 힘이 있습니다.

묵시가 없으면 백성이 방자히 행하거니와 잠 29:18

성경은 비전이 없어서, 하나님 말씀의 선포가 없어서 방자하게 행동한다고 말씀합니다. 우리를 살리는 힘은 하나님 말씀의 비전에 있습니다. 교회는 공동체를 통해서 공동의 비전을 바라보아야 합니다. 그리고 인생의 의미와 목적이 회복되어야 합니다. 교회 공동체, 목장 공동체는 바로 그런 곳이어야 합니다.

비전을 회복시키다

교회 공동체는 깨어지고 부스러진 인생에게 새로운 의미와 목표와 비전을 회복시키는 곳입니다. 특히 공동체의 리더가 그

길에 앞장서야 합니다. 더불어 그 비전은 개인의 환경이나 상황에 따라 깨지거나 변질되거나 없어지는 것이 아닌, 영원히 변치 않는 가치를 지녀야 합니다. 그래야 한계를 지닌 인간은 그 영원한 가치를 붙들고 뛰는 가슴으로 따라갈 수 있습니다. 실패자요 낙오자로 주님을 부인했던 제자들이 붙들었던 그 비전, 즉 영원한 하나님 나라에 대한 비전을 품고 그곳을 바라보며 나아갈 수 있게 이끄는 곳이 교회 공동체여야 합니다.

아무것도 아니나 아무것인 교회

아둘람 공동체는 신약시대 교회 공동체를 보여 주는 그림자입니다. 사실 교회는 세상에 비해 연약한 공동체로 보일 때가 많습니다. 아무리 교회가 거대해졌다고 해도 세상이 던지는 돌에 교회는 그저 맞을 수밖에 없습니다. 아무리 많은 사람이 모여도 교회는 군대도 권력 집단도 아니기 때문입니다. 교회는 세상의 눈으로 볼 때 아주 연약한, 아무것도 아닌 것처럼 보일 수 있습니다.

교회에는 상처받은 사람들과 죄인이라 고백하는 사람들이 모여 있습니다. 갈 곳 없이 뿔뿔이 흩어졌던 사람들, 그 아픔을 나누기 위해 모인 사람들이 교회입니다. 그런데 하나님은 그곳에 은혜와 능력을 부어 주기를 원하십니다. 하나님께서 패가망신했던 이스라엘을 아둘람 굴에서 어떻게 다시 일으키셨는지를 알고 나면 하나님의 일하심이 어떠하다는 것을 깨닫게 됩니다.

작지만 영향력 있는 공동체

우리의 비전은 세상에 대한 복수가 아닙니다. 또한 세상의 가치관으로 세상을 정복하는 것도 아닙니다. 오직 하나님 나라의 관점에서 세상을 보고 그 나라의 복음으로 세상을 섬기며 세상을 변화시키는 것이 우리의 비전입니다. 선으로 악을 이기는 전략입니다. 민족 치유와 세상 변화라는 이 거대한 비전을 작은 아둘람 공동체와 같은 목장 공동체를 통해서 시작하는 것입니다. 그렇게 10명, 12명이 모여서 교회가 되고 그런 교회들이 다 함께 하나님 나라에 속해서 작지만 세상에 영향력을 미치는 공동체! 이는 12제자 비전을 받은 공동체로부터 시작됩니다.

한 영혼에 집중하는 공동체

그렇다면 12제자 비전을 어떻게 이 땅에서 실현할 수 있을까요? 예수님이 그러셨듯이 한 영혼에 집중하는 것입니다. 한 영혼에 집중하여 12제자 비전을 실현하는 곳이 바로 목장 공동체, 즉 소그룹입니다. 그 역할을 감당하는 자는 소그룹의 리더인 목자입니다.

예수님이 이 땅에 오셔서 작은 자들을 택하시고 목장 모임을 만드신 것처럼 우리도 그렇게 해야 합니다. 보잘것없는 12제자를 사도로 세우시고 그들을 통해서 교회 공동체를 이루시며, 결국엔 복음의 능력으로 로마 제국을 무너뜨렸던 것처럼, 하나님은 우리에게 세계 복음화라는 사명과 비전을 주셨습니다.

하나님께서는 아둘람 공동체처럼 상한 자리에 모인 공동체, 그 아픔을 나누는 공동체, 그리고 예수 그리스도 안에서 치유함을 받고 주님의 십자가 부활에 대한 비전을 나눔으로 한 영혼을 치유하는 공동체를 우리에게 주셨습니다.

시편 57편은 142편과 더불어 다윗이 사울의 칼날을 피해서 아굴람 동굴에 있을 때 지은 시입니다. 그런데 다윗은 이 아둘람 굴에서 하나님이 주시는 비전을 마음에 품었습니다. 그는 어두움의 굴에서 이렇게 고백합니다.

> 하나님이여 내 마음이 확정되었고 내 마음이 확정되었사오니
> 내가 노래하고 내가 찬송하리이다
> 내 영광아 깰지어다 비파야, 수금아, 깰지어다
> 내가 새벽을 깨우리로다
> 주여 내가 만민 중에서 주께 감사하오며
> 뭇 나라 중에서 주를 찬송하리이다
> 무릇 주의 인자는 커서 하늘에 미치고
> 주의 진리는 궁창에 이르나이다
> 하나님이여 주는 하늘 위에 높이 들리시며
> 주의 영광이 온 세계 위에 높아지기를 원하나이다
>
> 시 57:7-11

다윗의 이 고백을 킹제임스성경은 'O God, my heart is fixed'

라고 번역하고 있습니다. 하나님 앞에서 마음이 충성스럽게 헌신되고 흔들림이 없다는 다윗의 결연함이 엿보입니다. 빛이 임하지 않는 굴속에서 다윗은 "비파야, 수금아, 깰지어다 내가 새벽을 깨우리로다 주여 내가 만민 중에서 주께 감사하오며 뭇나라 중에서 주를 찬송하리이다"라고 고백하고 있습니다. 그는 하나님께서 자신을 이곳에 보내신 이유를 깨달았던 것입니다. 적어도 이 상황이 10년 동안 지속되었음에도 불구하고 다윗은 하나님 앞에서 자신의 마음을 지켰습니다. 그래서 성경은 다윗에 관해 '하나님 마음에 맞는 사람'이라고 했습니다(행 13:22).

다윗은 이처럼 어둡고 침침한 아둘람 굴에서 하나님이 주신 소망을 보았습니다. 가장 좋을 때나 가장 높은 위치에 올라갔을 때 소망을 본 것이 아닙니다. 환난당한 자들과 함께 아픔을 나눌 때, 이스라엘 민족의 역사를 다시 쓰시는 하나님 나라의 꿈을 꾸게 되었습니다.

공동체를 이끌 목자가 필요하다

우리 모두는 세상에서 사탄의 압제를 받으며 신음하던 존재입니다. 그러나 이제는 세상에서 신음하는 자들을 치유하는 아둘람 공동체의 리더, 다윗과 같은 사람들입니다. 소그룹의 리더들은 환난당하고 원통한 자들을 이끌어서 예수 그리스도의 손을 대신하여 감싸 주고 그들의 이야기를 들어주며 함께 울고 웃으며 기도하는 위로자, 격려자, 치유자입니다. 하나님께서는 각 교회의 리더들, 목자들을 그런 하나님의 도구로 쓰길 원하십니다.

오늘의 나는 누군가의 기도와 헌신, 사랑으로 빚어졌습니다. 우리 모두는 하나님께서 직접 아둘람에서 발굴하시고 광야에서 훈련시키신 후 이 자리까지 오게 한 사람들입니다. 하나님은 그렇게 자신의 모든 것을 아낌없이 우리에게 투자하셨습니다. 그분의 가장 사랑하는 독생자 예수 그리스도를 주시기까지 말입니다. 여기서 끝이 아닙니다. 우리를 위해 말할 수 없는 탄식으로 기도하며 우리의 연약함을 도우십니다(롬 8:26). 이러한 우리의 정체성을 알았다면 이제 이렇게 외쳤으면 좋겠습니다.

"하나님, 제가 목자입니다. 하나님, 제가 아둘람 공동체를 이끌어 가는 목자입니다. 부족하지만 힘 주시면 민족 치유, 세상 변화의 비전을 제가 감당하겠습니다!"

아둘람 공동체는 죄인, 실패자, 낙오자들이 모인 곳이었다. 그러나 하나님 나라 백성의 회복은 서로의 처지를 용납하고 이해하는 데서부터 시작된다. 오늘의 교회는 하나님께서 보이신 이 아둘람 공동체의 모범을 따라 세상은 알 수도, 줄 수도 없는 평안을 누릴 수 있어야 한다.

공동체를 위한 기도

살아 계신 하나님, 환난을 당하거나 사람들로부터 버림을 당해도 찾아갈 수 있는 공동체를 허락하시고 거기까지 인도해 주신 은혜를 감사드립니다. 주께서 축복하고 창조하신 그 공동체를 통해 예수 그리스도께서 행하신 치유와 회복의 사역을 감당하게 하시고 외로움과 고독의 시대를 살아가는 이들을 품는 교회가 되게 하옵소서. 저희의 영혼이 시험에 빠지지 않도록 지켜 주실 것을 간구하며 놀라우신 예수 그리스도의 이름으로 축복하며 기도합니다. 아멘.

적용 질문

1. 내 인생을 숨 막히게 하는 사울왕과 같은 존재가 주변에 있나요?

_____

_____

2. 가장 슬프고 절망스러울 때 생각나는 사람이 있나요?

_____

_____

3. 내가 속한 공동체에서 나의 역할은 무엇이라고 생각하나요?

_____

_____

4. 내가 속한 교회 공동체는 친구나 이웃을 인도할 만한 매력이 있나요?

_____

_____

어 떻 게

연결해야

하 는 가 ?

5장

서로 연결하여
함께 지어져야 한다

히 3:12-14

형제들아 너희는 삼가 혹 너희 중에 누가 믿지 아니하는 악한 마음을 품고 살아 계신 하나님에게서 떨어질까 조심할 것이요 오직 오늘이라 일컫는 동안에 매일 피차 권면하여 너희 중에 누구든지 죄의 유혹으로 완고하게 되지 않도록 하라 우리가 시작할 때에 확신한 것을 끝까지 견고히 잡고 있으면 그리스도와 함께 참여한 자가 되리라 아마도 17년 전쯤이었던 것 같습니다. 미국에서 교회를 개척한 지 2~3년쯤 되어 성도의 수가 늘어나자 소그룹을 진행하게 되었습니다. 사실 한국에서 비교적 규모가 있는 교회를 다니면서 신앙생활을 할 때는 소그룹의 중요성을 인식하지 못했습니다. 개척을 하고 소그룹을 경험하면서 그것의 중요성을 알게 되었습니다. 이때 소그룹에 대한 공부를 다각도로 하게 됐는데, 이 과정에서 마음에 큰 도전이 되는 질문을 받았습니다. 그것은 바로 "신앙생활에 있어 가장 중요한 세 가지 요소는 무엇일까요?"입니다. 사실 이 질문에 대한 답은 여러 가지로 할 수 있습니다. 어떤 이에게는 가장 중요한 신앙생활의 요소가 믿음이라면 어떤 이에게는 소망이나 사랑일 수 있으니까요. 그래서 더더욱 이 질문에 대한 대답을 고르게 되었습니다. 그때 찾은 답이 '3C'입니다.

신앙생활, 3C에서 답을 찾다

확신(Conviction)

신앙생활을 할 때, 내가 믿는 것에 대한 확신이 생기는 순간이 있습니다. 처음에는 구도자의 자세로 말씀을 들어 보고 결단하는 과정을 거치지만, 어느 순간 믿음에 확신이 생깁니다. 이 확신은 예수님이 인생의 주인이라는 확신, 인생을 창조하신 창조주라는 확신, 더 이상 죄의 노예가 아니며 하나님의 자녀

라는 확신입니다. 그래서 내 중심적인 삶이 아닌 예수 그리스
도를 위한 삶 그리고 이웃의 필요를 돌아보는 삶을 살아가겠노
라는 확신을 갖게 됩니다. 이러한 구원에 대한 강한 확신을 통
해 우리는 하나님과의 친밀한 관계가 본격적으로 시작됩니다.
그러는 가운데 구원을 더욱 깊이 이해하게 되고, 그런 구원의
은혜를 주신 예수님을 더욱 사랑하게 되는 것이죠. 그러다 보
면 어느새 그 예수 그리스도의 인격을 닮아 가고 싶은 거룩한
열망이 생기게 됩니다. 이런 신앙의 확신과 열망은 믿음의 실
체를 더욱 분명하게 해줍니다.

하지만 신앙생활은 확신의 단계만으로는 부족합니다. 하나
님의 은혜와 예수님의 사랑을 깨달아 확신이 생긴 사람들은 그
것을 연습하고 실천하는 또 다른 무언가가 필요합니다. 그것이
바로 두 번째 C, 헌신입니다.

헌신(Commitment)

믿음의 확신 가운데 우리는 우리 삶의 목적과 목표를 수정
하고 하나님의 사람들을 위해서 헌신하고 싶은 마음이 싹트게
됩니다. 이러한 마음은 강요에 의해서는 생기지 않습니다. 믿
음의 확신이 서기까지 나를 위해 누군가가 쏟아부었던 사랑을
경험했기에 나도 그 사랑을 실천하고픈 자발적인 섬김의 마음
이기 때문입니다.

구원은 이처럼 우리에게 새로운 마음으로 새로운 인생을 시
작하게 합니다. 하나님께서 나의 과거를 기억하지 않고 용서하

셨으니 더 이상 죄의 노예가 아니요, 타인을 섬기고 헌신하는 자리로 나아가게 됩니다. 또한 죄의 문제와 계속해서 싸우고 있는 모습도 발견하게 됩니다. 그렇게 변화된 가치관으로 하나님의 자녀 된 삶을 살면서 예수 그리스도를 닮은 성품으로 변화되어야 한다는 것도 느끼게 됩니다.

하지만 한 가지, 예기치 못한 벽에 부딪히게 됩니다. 그것은 '교묘하게 싹트는 죄'입니다. 정욕이나 교만 등 어쩐지 교묘하게 위장된 죄가 마음속에서 갈등을 일으킵니다. 무언가 결정해야 할 때도 하나님 우선주의와 내 안의 죄 사이에서 씨름할 때가 많습니다. 믿음의 확신도 있고 헌신하고픈 마음도 일어나는데 여전히 크고 작은 죄의 문제들이 사사건건 괴롭힙니다. 이런 문제가 반복될 때마다 사탄은 우리에게 부정적인 씨앗을 던져 주며 영적 성장을 포기하도록 속삭입니다. 도대체 이런 눈에 보이지 않는 마음의 문제들을 어떻게 해결해야 할까요? 하나님께서는 우리에게 해결의 키를 선물로 주셨습니다. 그것이 바로 다음에서 이야기할 세 번째 C입니다.

공동체 그리고 연결됨(Community & Connection)

이 세 번째 C, 즉 '공동체성과 연결됨'은 하나님께서 주신 선물입니다. 두 개의 단어이지만 따로 떼어놓지 않고 묶어 놓은 이유는, 이 단어들이 같은 의미를 가진 단어라고 생각되기 때문입니다. 그 이유를 차근차근 설명해 보겠습니다.

예수님을 따르는 사람으로서 나의 삶을 다른 사람들에게 오픈하고 그들에게 배우며 때로는 충고와 격려도 받기 원하시나요? 이런 마음의 열정이 지속되고 있나요? 진정한 삶의 변화를 경험하기 위해서는 개인적인 삶이 오픈되어야 합니다. 그래야 영적 성장을 경험할 수 있습니다. 영적인 사역을 오랫동안 해 온 전문가들은 "배우려는 사람은 늘 자신을 오픈한다"고 말합니다. 인간은 외로운 존재이자 철저하게 사회적인 동물입니다. 사람을 창조한 후에 하나님께서 독처하는 것, 다시 말해 혼자 있는 것이 보시기에 좋지 않았다는 말씀에서 창조의 원리를 발견할 수 있습니다. 그러니까 사람은 기본적으로 혼자 있는 것보다 함께 있는 것을 좋아하고, 모든 사람은 자신이 신뢰하는 사람에게 자신을 오픈할 마음이 있습니다. 마음 터놓고 밥 한 끼 할 수 있고 함께 여가를 즐길 수 있는 사람 한두 명씩은 주변에 있기를 원합니다.

그런데 여기서 한 가지 문제가 발생합니다. 그것은 '나는 어떤 사람을 만나며 어떤 사람들이 나에게 영향을 주고 있는가'입니다. 먹는 음식에 따라 몸이 다르게 반응하듯이 내가 만나는 사람의 결에 따라 나의 나 됨도 달라집니다. 그래서 말씀은 이렇게 조언합니다.

> 형제들아 너희는 삼가 혹 너희 중에 누가 믿지 아니하는 악한 마음을 품고 살아 계신 하나님에게서 떨어질까 조심할 것이요
>
> 히 3:12

See to it, brothers, that none of you has a sinful, unbelieving heart
that **turns away from** the living God   NIV

영어 성경은 '하나님을 외면하는 것을 조심하라'고 번역합니다. 우리 주변에는 신앙이 연약해서 하나님으로부터 떨어져나가려는 사람들이 있습니다. 2천 년 전, 초대 교회 공동체에도 이런 문제가 있었고 히브리서는 그들을 격려하기 위해 쓰인 서신서입니다. 히브리서 2장 1절은 히브리서의 저술 목적을 이렇게 밝히고 있습니다.

그러므로 우리는 들은 것에 더욱 유념함으로 우리가 흘러 떠내려가지 않도록 함이 마땅하니라   히 2:1

이 말씀에서 '유념함'을 공동번역성경에서는 '굳게 간직하여'라고 번역했습니다. 그러니까 '우리가 들은 것, 우리의 신앙, 우리의 확신을 굳게 간직해서 흘러 떠내려가지 않도록 하라'는 말씀이지요. NIV에는 'drift away'라는 단어가 발견됩니다. 배가 정박하지 못하고 풍랑이나 바람 부는 대로 표류하는 것을 의미합니다. 히브리서 기자는 이런 표현을 통해 신앙생활을 하다가 표류할 수 있음을 말하고 있습니다. 이와 같은 맥락에서 히브리서 3장 12절 말씀을 메시지성경으로 보면 다음과 같습니다.

그러므로 친구 여러분 조심하십시오. 믿지 않는 악한 마음으로 빈

둥거리지 마십시오. 그런 일은 여러분을 넘어뜨리고 곁길로 빠뜨려서, 살아 계신 하나님으로부터 멀어지게 합니다 히 3:12, 메시지 성경

개역개정의 '형제들아, 떨어질까 염려하라'를 메시지성경 번역을 토대로 문맥상으로 해석하면 '이 일에 대해 서로서로 염려하라' 정도가 될 것 같습니다. 그러니까 이 말씀은 개인에게 하는 충고가 아니라 소그룹이나 공동체 전체에게 당부하는 말씀입니다. 이렇게 해석할 수 있는 근거는 13절입니다.

오직 오늘이라 일컫는 동안에 매일 피차 권면하여 너희 중에 누구든지 죄의 유혹으로 완고하게 되지 않도록 하라 히 3:13

But encourage one another daily, as long as it is called Today, so that none of you may be hardened by sin's deceitfulness NIV

"매일 피차 권면하여"라는 표현은 개인이 아닌 공동체를 향한 말씀입니다. 이 말씀을 통해 몇 가지 더 얻을 수 있는 인사이트가 있습니다. 이것은 오랫동안 교회 생활을 해 왔는데도 신앙이 성장하지 않는 이들을 위한 해답을 제공해 줄 것입니다. 이를 위해 13절의 말씀을 의미별로 끊어 살펴보도록 하겠습니다.

먼저, "오직 오늘이라 일컫는 동안에"는 시간의 긴급성을 말

합니다. 그다음 "매일"은 문자 그대로 'every day'를 말합니다. 하지만 여기서는 '하루'라는 일정한 시간만 뜻하는 것이 아니라 '그만큼 자주 만나서 교제하는 사이' 즉 형제자매가 된 가까운 관계를 의미한다고 할 수 있습니다. 한 걸음 더 나아가면 그리스도 안에서 함께 신앙생활하는 공동체를 의미합니다. 세 번째로 "피차 권면하여"는 서로서로 잘못된 일에 대해서 격려하는 차원에서 이야기하라는 것입니다. 진정한 가족은 서로에게 적절한 조언을 할 수 있습니다. 그 내용은 잘못된 일에 대한 것일 수도 있고 죄에 대한 것일 수도 있습니다. 그렇게 사랑의 마음을 가지고 자발적이고 온유한 사랑의 권면을 서로 하라는 말씀입니다.

그런데 우리나라의 그리스도인들은 권면하는 것이 익숙하지 않습니다. 권면을 하는 사람의 말에는 지혜가 없고, 권면을 받는 사람의 마음에는 오해가 많습니다. 이것은 진정한 사랑이 결여되었고 사랑의 기술이 부족하기 때문입니다. 하지만 성경은 정확하게 서로 권면할 것을 명령하고 있습니다. 왜냐하면 서로에 대한 권면이 우리로 하여금 죄의 길에서 돌아서고 하나님께로 돌아오게 하는 강력한 힘을 가졌기 때문입니다. 이렇게 하는 목적은 "누구든지 죄의 유혹으로 완고하게 되지 않도록" 하기 위함입니다. NIV성경은 이 '죄의 유혹'을 'sin's deceitfulness' 즉 '죄의 속임'으로 번역하고 있습니다. 사탄은 우리에게 속임수를 써서 죄의 유혹에 빠지게 합니다.

특별히 유진 피터슨은 메시지성경에서 13절 말씀을 "하나님께서 주신 오늘이라는 시간 동안 서로 주의하여, 죄로 인해 여러분의 대응 능력이 떨어지지 않도록 하십시오"라고 해석하고 있습니다. 여기서 '대응 능력'이란 영적인 면역 체계를 의미합니다. 사람은 누구나 판단력이나 분별력이 떨어지고 영적 면역 능력과 죄에 대한 대응 능력이 떨어질 때가 있습니다. 이럴 때 가까이서 매일 보며 생활하는 형제자매 같은 분들이 서로 기도해 주고 권면하며 붙들어 주라는 것입니다. '오직 오늘이라는 시간 동안 너무 늦지 않게' 말이죠. 오랫동안 신앙생활을 했지만 변화가 없다면 혹시 주변에 사랑으로 나에게 권면해 주는 사람이 있는가 생각해 보시기 바랍니다.

미국에서 생활하다가 우리나라로 돌아오니 한국 사회에 동호회 모임이 정말 많다는 것을 알게 되었습니다. 취미는 물론 운동과 레저, 학연, 지연, 군대 등 어떤 목적을 가진 사람들이 함께 모이는 것을 보았습니다. 그런데 이런 동호회에는 특징이 하나 있습니다. 선배들이 초보자들을 친절하게 가이드해 준다는 것입니다. 그들의 가이드는 초보자들이 실력이 향상될 때까지 계속됩니다. 영적인 공동체인 교회 역시 그렇습니다. 성도의 믿음이 떨어지지 않도록 서로 권면하며 긴밀한 이야기를 나누어야 합니다. 한 가지 이상의 문제를 가지고 있지 않은 사람은 없으니까요. 그런데 이런 삶의 문제들은 왜 생기나요? 스스로 자기 문제에 집착하여 문제의 답을 보지 못하기 때문입니다. 그렇기 때문에 나보다 더 성숙한 사람들과 연결되어야 합니다. 그래야 고집스럽고 딱딱한 마음이 부드러워져 나의 문제에 매몰되지 않습니다.

성경은 거듭 말합니다. "Do not harden your hearts!"(너희 마음을 강퍅하게 하지 말아라) 그리고 본문도 분명하게 권면합니다. "오직 오늘이라 일컫는 동안에 매일 피차 권면하여 너희 중에 누구든지 죄의 유혹으로 완고하게 되지 않도록 하라"(13절).

이어지는 말씀 14절에서는 서로를 돌아보는 신앙생활의 중요성을 설명하고 있습니다.

> 우리가 시작할 때에 확신한 것을 끝까지 견고히 잡고 있으면 그리스도와 함께 참여한 자가 되리라 히 3:14

이 말씀은 처음에 시작한 것을 끝까지 잡고 있으라고 권면합니다. 표류하거나 하나님으로부터 도망치는 사람들이 생기지 않도록 부단히 서로 붙잡고 돕고 노력해야 합니다. 공동체가 필요한 이유가 여기에 있습니다. 서로가 연결되어 있어야 성숙해지는 신앙의 기쁨을 누릴 수 있기 때문입니다. 이때 소그룹 리더는 서로를 연결하고 사랑으로 권면하는 역할을 하는 이들이기에 신뢰할 만한 사람이 되어야 합니다.

또한 너는 청년의 정욕을 피하고 주를 깨끗한 마음으로 부르는 자들과 함께 의와 믿음과 사랑과 화평을 따르라　딤후 2:22

이 말씀은 바울이 젊은 목회자인 디모데에게 한 권면입니다. 이 권면은 교회 공동체를 이끌어 가는 데 필요한 지침으로 '함께'가 그 핵심이라고 할 수 있습니다. 혼자서는 육신의 정욕을 피하는 것이 불가능합니다. 죄의 문제나 고독의 문제 등 우리 삶을 둘러싼 여러 문제들은 혼자서 감당하기 힘들 때가 많습니다. 기쁨도 함께 나누어야 하지만 삶의 문제도 함께 나누어야 짐을 덜 수 있습니다. 성경은 주님을 깨끗한 마음으로 부르는 자들과 함께 가는 것이 절대적이라고 끊임없이 권면하고 있습니다. 에베소서 2장 21-22절이 그 대표적인 말씀입니다.

그의 안에서 건물마다 서로 연결하여 주 안에서 성전이 되어 가고 너희도 성령 안에서 하나님이 거하실 처소가 되기 위하여 그리스도 예수 안에서 함께 지어져 가느니라　엡 2:21-22

In him the whole building is joined together and rises to become a holy temple in the Lord. And in him you too are being built together to become a dwelling in which God lives by his Spirit

NIV

이 말씀에서도 '함께, 지어져, 가느니라'는 권면을 발견할 수 있습니다. 그러므로 우리의 살길은 오직 '예수 안에서 서로 연결되는 것'입니다. 이 말씀을 코로나 시대를 살아가고 있는 우리에게 적용하기란 쉽지 않습니다. 우리는 코로나 한복판에서 흩어져 있기 때문입니다. 그런데 어떻게 하나가 될 수 있을까요? 이 말씀은 공간을 이야기하는 것이 아닙니다. 물리적인 함께함이 아니라 성령 안에서 연결되어야 함을 이야기하고 있습니다. 우리는 죄와 싸우기 위해 나와 같은 헌신과 믿음을 가진 사람들과 함께 격려하고 권고해야 합니다. 현실적으로 주님 뵐 때까지 우리의 상처가 다 아물겠습니까? 그렇지만 우리가 받은 은혜로 인하여 함께하는 이들의 상처를 이해하고 격려해야 합니다.

사람은 누구나 누군가가 먼저 내게 다가와 주기를 원합니다. 누군가 붙잡아 주기를 원합니다. 세상이 때로는 교회를 비방할 수 있습니다. 그러나 그리스도인은 영적인 눈으로 세상을 바라보며 그들의 외로움과 고독, 삶에 대한 두려움을 껴안을 수 있어야 합니다. 나아가 그들의 절규에 응답하며 영생에 관해 이야기해 주어야 합니다. 그리스도인들을 핍박하던 자였던 사울이 그리스도를 영접한 후 사도가 되었던 것처럼 우리가 세상을 향하여 그리스도를 외칠 때 변화됨을 경험할 수 있습니다.

세미나나 컨퍼런스 등을 통해 청년들을 만나서 설교할 기회가 있을 때마다 저는 굉장히 강력하게 도전합니다. 특별히 죄의 문제, 비전, 삶에 대해서 도전하는데 "Wake up!"이라고 외칩니다. 그런데 이렇게 회개하고 정신을 차려야 한다고 설교하고 나면 마음이 아프더군요. 사랑하고 권면하는 말을 전할 때는 그렇지 않은데, 정신 차리라는 설교를 하고 나면 때로 잠도 잘 이루지 못합니다. 그런 제게 어느 날 청년들이 이런 격려를 해 주었습니다. "목사님, 더 세게 이야기해 주세요. 저 정말 정신 차려야 하거든요. 죄는 죄라고 얘기해 주세요." 이런 말을 여러 번 듣게 되자, 저는 생각을 바꾸었습니다. 사람은 누구나 자신을 붙들어 주고 진심으로 삶의 방향에 대해 조언해 주길 바란다는 것을 알았기 때문입니다.

사람에게는 다 이런 절규가 있습니다. 자신에 대해 잘 알지 못해서 외치지 못할 뿐이지 마음속 심연에는 이런 외침이 있습니다. 죄와 싸워 승리하고자 하는 외침, 제대로 살고자 하는 외침 말이죠. 그래서 하나님께서 '교회'라는 공동체를 주셨습니다. 예수 그리스도 안에서 가족 공동체가 된 교회, 예수님이 중심이 된 예수 마을 공동체, 소그룹인 목장 공동체를 주신 이유가 바로 '힘을 합쳐 죄에 대항하여 승리하고 서로를 섬기기' 위함입니다. 나아가 죄를 지어도 서로 용서하는 법을 배우고 용서하는 영혼의 힘을 키우며, 죄를 지어도 서로 아주 엎드러지지 않도록 격려하며 함께 일어서는 공동체! 이런 공동체를 세상이 어떻게 감당할 수 있겠습니까?

베스트셀러 작가인 팀 켈러(Timothy Keller) 목사는 공동체의 중요성에 대해 "You cannot know God apart from community"라

온전한 연결

고 했습니다. 공동체를 떠나서는 하나님을 알 수 없다는 말이죠. 하나님의 공동체는 예수님의 몸입니다. 그래서 서로서로 긴밀하게 연결되어 있습니다. 이쪽이 아프면 다른 쪽도 함께 아파합니다. 반대로 이쪽 몸에 좋은 일이 생기면 온몸이 기뻐합니다. 이처럼 교회 안에서 멤버십을 갖는다는 것은 교회라는 몸의 한 부분이 되었다는 것입니다.

그렇기에 새로운 사람이 소그룹에 들어온다면 가족으로 받아들이고 그리스도 안에서 함께 피를 나눈 형제자매가 된 기쁨으로 서로 축하해야 합니다. 영적 소그룹이 중요한 이유는 이렇게 가족 이외에 우리 삶을 위해 기도하고 삶을 나누는 신실한 사람들을 평생 친구로 삼을 수 있기 때문입니다. 교만한 사람에게는 친구가 없습니다. 그러나 하나님이 보내신 사람들의 도움을 필요로 하는 겸손한 자는 늘 사람들을 삶으로 초대합니다. 그리스도 안에서 가족이 필요하기 때문입니다. 이 필요를 고백할 때, 하나님께서는 채워 주실 것입니다. 이것이 하나님께서 이 땅에 교회를 세우신 목적이기 때문입니다. 하나님께서는 함께 서로 다독이고 연결되어서 사탄의 권세를 멸할 수 있는 권세를 교회에게 주셨습니다. 우리는 이 권세를 적극 사용해야 합니다.

저는 교회를 개척하고 셀그룹 이름을 '마을 모임'이라고 했습니다. 그리고 그 마을 모임의 리더를 '이장'이라고 했죠. 이렇게 작명을 한 이유는 새신자들을 위한 배려 때문이었습니다. 목자, 혹은 목녀, 구역장이라는 명칭에 생소한 그들을 위해

'이장'이라는 이름을 쓰사 금방 그 의미를 이해하더라고요. 그리고 그 이장들의 모임을 '사랑방 모임'이라고 했습니다. 옛날 시골 마을에서 이장님들이 종을 치면서 "사랑방으로 모이세요!" 하던 모습에서 착안한 것이죠. 옛날, 그 시골의 사랑방에서 아이들부터 시니어까지 시간 가는 줄 모르고 모여 있던 것처럼 '사랑방 모임'도 그렇게 사귐과 연결됨이 이루어지고 있습니다.

위기를 넘어 기회로

코로나 시즌을 지나면서 교회가 깨달은 몇 가지 중요성이 있습니다. 첫째는 대면 모임이 자유롭지 못하면서 목장 모임의 중요성을 알게 되었다는 것입니다. 전에는 너무나 당연해서 알지 못한 것들, 즉 서로 얼굴 보며 밥을 먹고 차를 마시며 말씀의 은혜와 삶을 나누는 것이 얼마나 중요한 것인지 가슴으로 깨닫게 되었습니다. 그러면서 교회 됨이 무엇인지 머리가 아닌 가슴으로 알게 되었습니다. 공동체로 서로 연결되는 것이 얼마나 중요한지 각인된 것이죠. 하나님께서는 그렇게 극심한 코로나 시즌을 통해 단련시키시고 굳세게 하시며 교회들을 세워 나가셨습니다.

또 하나는 온라인으로 예배를 드리면서 교회에 등록한 적지 않은 분들에 대한 배려의 중요성입니다. 수시로 바뀌는 종교시설 수용 인원 가이드라인에 따라 모든 성도가 함께 모여 예배

드릴 수 있는 환경이 안 되다 보니 이분들의 마음과 상황을 제대로 파악하지 못하고 있습니다. 이를 위해 많은 고민을 하고 있습니다만, 이 역시 신앙생활을 회복하고 교회의 본질을 깨닫는 데 있어 중요한 구심점이 되고 있습니다. 교회 공동체로서 서로가 긴밀하게 성령 안에서 연결되어 그리스도의 몸을 세워 나가는 것이 얼마나 소중한 것인가를 뼛속까지 깨닫고 있으니까요. 이러한 깨달음이 있을 때, 지하교회에서 비밀리에 소그룹으로 모여 신앙생활을 하는 우리 동료 그리스도인들에게 부끄럽지 않은 신앙생활을 할 수 있을 것입니다. 우리는 조금 불편할 뿐이지만 더 힘든 상황에서도 신앙생활을 지속해 나가는 그리스도인들이 훨씬 많습니다. 우리는 그들과 성령 안에서 연결된 존재이기에 그들을 위해 한마음으로 기도해야 합니다.

하나님께서 이 세상에 세우신 교회는 단 하나, 즉 예수 그리스도가 교회이시기에 모든 지상의 교회는 그리스도에 연결되어 있습니다. 그러므로 오늘날 이 모양 저 모양으로 각각 다른 곳에서 예배를 드리지만 우리는 시간과 공간, 문화를 뛰어넘어 우리를 하나 되게 하신 성령님 안에서 연결되어 있음을 확신해야 합니다.

신앙생활을 이끄는 견인차는 확신, 헌신, 공동체다. 믿음에 대한 확신은 헌신을, 헌신은 공동체를 세워 가기 때문이며 하나님께서는 '교회'라는 공동체를 허락하시고 우리를 성장시키신다.

공동체를 위한 기도

살아 계신 하나님, 하나님께서 저희의 만남을 태초부터 계획해 주셨음을 믿고 감사드립니다. 저희에게 주신 믿음의 확신을 가지고 서로 하나가 되어서 연결되고, 서로의 삶을 돌보며 신앙이 성숙해가길 원합니다. 특별히 주님과 함께, 그리고 예수 그리스도의 피 값으로 세우신 교회 공동체와 함께 이 사명을 감당하며 삶을 나누고 돌보며 말씀을 전하기를 원합니다. 또한 인생의 모든 것을 투자해도 아깝지 않은 영혼 구원을 위해 나를 붙들어 주신 그 주님의 손을 대신해서 사람들과 연결되어 있겠습니다. 그렇게 살기를 다짐하며 예수 그리스도의 이름으로 축복하며 기도합니다. 아멘.

적용 질문

1. 신앙생활의 중요한 세 가지 요소 중 나에게 가장 부족한 것은 무엇인가요?

   _____

   _____

2. 자주 만나는 사람들은 누구이며, 그들과 어떤 영향을 주고받고 있나요?

   _____

   _____

3. 나의 삶을 다른 사람들에게 오픈하고 배우며 격려받기를 원하고 있나요?

   _____

   _____

4. 공동체(연결됨)를 경험하기 위해 변화되어야 할 점은 무엇인가요?

   _____

   _____

Part 2 어떻게 연결해야 하는가?

6장

사랑으로
연결되어야 한다

요일 4:20-21

누구든지 하나님을 사랑하노라 하고
그 형제를 미워하면 이는 거짓말하
는 자니 보는 바 그 형제를 사랑하지
아니하는 자는 보지 못하는 바 하나
님을 사랑할 수 없느니라 우리가 이
계명을 주께 받았나니 하나님을 사
랑하는 자는 또한 그 형제를 사랑할
지니라

데이비드 브룩스(David Brooks)의 저서 《두 번째 산》은 아마존을 비롯한 〈뉴욕타임스〉와 〈월스트리트저널〉 등 여러 루트를 통해 판매 부수 1위를 한 기념비적인 도서 중 하나입니다. 이 책이 수많은 사람들의 손에 들렸던 이유는 '혼자가 아닌 함께함'의 이야기를 하고 있기 때문입니다.

이 책에서 말하는 첫 번째 산은 '자아의 산'입니다. 우리는 성장하면서 나에 대한 에고(ego), 즉 자아를 가꿔 나갑니다. 이때는 세상이 나를 중심으로 움직이는 것 같습니다. 그렇게 어느만큼 나에 대한 애착을 가지고 자아의 산에 오릅니다. 그러다 그 산을 오르고 내려오는 과정에서 고난과 고통, 환난 등 인생에서 우리가 겪을 수 있는 문제들을 경험하게 됩니다. 이 과정에서 혼자서 사는 세상이 아닌 더불어 사는 세상, 즉 공동체에 대한 필요성을 느끼게 됩니다. 비로소 인생에서 두 번째로 올라야 할 산이 있음을 발견하게 되는 것이죠. 이렇듯 삶이란 결코 혼자가 아니라 함께라는 것을 이야기하는 이 책은 마지막 장에 이르러선 공동체를 언급하면서 개인주의를 넘어 관계주의로 가자는 결론을 내립니다.

미국은 어느 나라보다 개인주의가 강한 나라입니다. 세계적으로 명성이 높은 여론 조사의 대가 조지 갤럽은 가장 외로운 사람들이 사는 나라가 바로 미국이라고 했지요. 이런 면에서 우리는 이 책이 미국에서 베스트셀러가 된 이유를 짐작할 수 있습니다. 개인주의가 가장 강하면서 인권과 자유를 외치는 나라, 미국. 문제는 하나님 없는 인권을 이야기하고 책임 없는 자유를 주장한다는 데 있습니다. 다른 사람을 배려하지 않는 나만의 인권을 이야기하고 책임지지 않는 자유를 외치기에 미국 사회가 병들어 가고 있는 것입니다. 미국 사람들이 소비하는 우울증과 불면증 약값이 웬만한 한 나라의 예산과 맞먹을 정도입니다. 그래서인지 미국인은 참다운 공동체를 그리워하고 있습니다. 따뜻한 사랑이 있는 공동체를 사모하고 있는 것이죠. 이는 매우 역설적입니다. 개인주의가 가장 발달한 나라에서 신과 공동체를 다룬 책이 베스트셀러가 되는 현상, 참 아이러니하지요?

하나님께서 코로나라는 전염병 시대를 맞아 우리로 하여금 공동체에 관한 필요와 생각을 하게 하셨습니다. 특별히 그리스도인들에게 가정과 교회를 다시 생각하게 하셨습니다.

온전한 연결됨의 DNA

신앙생활의 중요한 세 가지 요소는 '확신, 헌신, 공동체와 연결됨'이라고 했습니다. 예수님에 대한 신앙의 확신, 그 확신이 사랑과 은혜를 깨닫도록 하고 그것이 다시 섬기고 싶은 마음으로 이어져 하나님과 사람을 섬기게 됩니다. 그렇게 삶의 헌신이 공동체에 스며들어 가면 이제 이 모든 확신과 헌신을 나누고 붙들어 주는 관계가 필요합니다. 서로가 서로를 연결하는 연결됨이 중요해지는 겁니다. 서로 연결되어야 공동체성이 생겨나기 때문입니다. 그렇게 서로 연결된 공동체, 하나님께서 우리에게 보여 주신 공동체가 바로 '교회'입니다. 이 공동체의 원형이 예수님의 12제자입니다. 그렇다면 성경은 서로를 연결하는 가장 중요한 요소로 무엇을 꼽고 있을까요?

일반적으로 기독교의 가장 중요한 핵심 가치로 사랑을 이구동성으로 꼽습니다. 교회 공동체가 추구해야 하는 핵심 가치 또한 사랑입니다. 그렇다면 기독교의 정체성을 나타내는 가장 중요한 단어가 사랑인 이유는 무엇일까요? 이 질문에 가장 직설적으로 답해 주는 성경이 요한일서입니다. 그중 4장 말씀을 중심으로 사랑에 관한 성경의 관점들을 살펴보겠습니다.

첫째, 하나님의 본질이 사랑이기에 사랑하지 않는 사람은 하나님을 알지 못합니다. 성경은 이를 이렇게 선언합니다.

> 사랑하지 아니하는 자는 하나님을 알지 못하나니 이는 하나님은 사랑이심이라 요일 4:8

이 말씀은 사랑을 깨닫지 못하면 근본적으로 하나님과 깊은 관계성, 즉 하나님과 친밀한 관계가 이루어지지 않는다는 뜻입니다. 그렇다면 '하나님은 사랑이심이라'는 말씀의 진의는 무엇일까요? 왜 하나님의 본질을 사랑이라고 하는 걸까요? 하나님께서 그 사랑을 직접 증명해 주셨기 때문입니다.

둘째, 하나님의 사랑은 립서비스가 아닌 예수 그리스도로 증명되는 실재입니다. 4장 9절이 이것을 증언합니다.

> 하나님의 사랑이 우리에게 이렇게 나타난 바 되었으니 하나님이
> 자기의 독생자를 세상에 보내심은 그로 말미암아 우리를 살리려
> 하심이라 요일 4:9

하나님의 사랑은 립서비스에 불과한 헛된 사랑이 아닙니다. 아들을 이 땅에 내려 보내신 실재적인 사랑입니다. 이 사랑은 흉내 내기 어려운 사랑입니다. 왜냐하면 자신을 배역하고 불순종하며 모욕한 인간들을 도리어 사랑으로 품는 사랑이기 때문입니다. 그 사랑은 하나님이 가장 사랑하시는, 곧 그의 아들 예수 그리스도를 이 땅에 보내 희생제물과 화목제물로 삼으신 것으로 구체화되었습니다. 그러면 우리는 어떻게 이런 사랑을 이해하고 삶 가운데 스며들게 할 수 있을까요?

셋째, 하나님의 사랑은 우리 안에 거하는 사랑입니다. 4장 13절에서 그 사랑을 알려 줍니다.

> 그의 성령을 우리에게 주시므로 우리가 그 안에 거하고 그가 우리
> 안에 거하시는 줄을 아느니라 요일 4:13

믿는 자들에게 주신 성령님을 통해 하나님의 사랑이 우리 안에 거하게 됩니다. 예수님을 믿기 전에 우리는 영적으로 죽어 있는 상태였습니다. 육과 혼이 있고 생각도 할 수 있지만 영은 죽은 상태였습니다. 그런 우리가 그분의 보혈을 통해 새롭게 되어 하나님과 교제하는 영이 살아 있는 존재가 되었습니

다. 바로 예수 그리스도의 영, 하나님의 거룩하신 영이 우리 삶 가운데 임하게 된 것이죠. 하나님과 영적인 채널이 생겨 그분과 교제하는 삶, 바로 '신령과 진정으로 예배하는 삶'입니다. 이런 삶을 사는 자들만이 오직 성령 안에서만 깨닫게 되는 '사랑의 가치'를 이해할 수 있습니다. 세상적인 시각으로는 도무지 이해할 수 없는 기독교의 핵심 가치인 사랑을 깨닫게 되는 것이죠. 그렇다면 우리는 성령을 통해 깨닫게 하신 예수 그리스도의 사랑을 어떻게 삶으로 나타낼 수 있을까요?

넷째, 사랑을 표현할 수 있는 방법은 공동체 안에 있습니다. 4장 20, 21절에서 그 답이 제시됩니다.

> 누구든지 하나님을 사랑하노라 하고 그 형제를 미워하면 이는 거짓말하는 자니 보는 바 그 형제를 사랑하지 아니하는 자는 보지 못하는 바 하나님을 사랑할 수 없느니라 우리가 이 계명을 주께 받았나니 하나님을 사랑하는 자는 또한 그 형제를 사랑할지니라 요일 4:20-21

그렇습니다. 우리 안에 거하는 이 놀라운 사랑이 우리의 공동체 안에서 나타나야 합니다. 모든 부류의 사람을 사랑하고 그들을 돕는 것, 그렇게 그리스도인과 교회가 세상의 빛과 소금의 역할을 감당하는 것은 예수님의 명령이자 매우 중요한 사명입니다. 이 명령과 사명을 감당함에 있어 성경은 우리에게 한 가지 힌트를 제공합니다. 그것은 바로 다음의 말씀, "그러므로 우리는 기회 있는 대로 모든 이에게 착한 일을 하되 더욱 믿음의 가정들에게 할지니라"(갈 6:10)입니다. 세상에서 빛과 소금의 역할을 잘 감당하기 위해서 믿음의 형제자매들에게 우선순위를 두라는 것이죠. 이 말씀은 이기적인 집단이 되라거나 편을 갈라 사람들을 대하라는 뜻이 아닙니다. 예수님이 보여 주신 사랑이 교회와 가정이라는 공동체 안에 존재하게 하라는 말씀이지요.

사랑은 제자 됨의 표식이다

저는 제자훈련의 목적을 '예수님을 사랑하고 자랑하는 것'에 둡니다. 예수님을 사랑하지 않는다면 성경 공부나 제자훈련을 그만두는 것이 훨씬 낫습니다. 지식만 쌓여 사람들을 판단하고 예수님을 사랑하지 않는다면 신앙생활에 문제가 생기게 마련입니다. 그러므로 모든 교회 활동의 목적은 예수님을 사랑하는 것에 있어야 합니다. 하나님의 공동체에서 우리가 하는 모든 것의 핵심은 사랑이어야 합니다. 그 사랑은 영혼을 귀하게 여기는 것으로 귀결되며 '전도'라는 실천으로 나타나게 되지요. 이렇듯 예수님을 중심으로 형성된 예수 마을 공동체의 DNA는 하나님이 보여 주신 사랑으로 가득 차야 합니다. 그렇다면 하나님의 사랑이 교회 공동체 안에 나타나는 것이 중요한 이유는 무엇일까요?

> 새 계명을 너희에게 주노니 서로 사랑하라 내가 너희를 사랑한 것 같이 너희도 서로 사랑하라 너희가 서로 사랑하면 이로써 모든 사람이 너희가 내 제자인 줄 알리라 요 13:34-35

이 말씀은 요한이 요한일서를 쓰기 전에 기록한 예수님의 말씀입니다. 이 말씀에서 '새 계명'은 구약의 어떤 말씀과도 연관이나 인용이 없는 듯합니다. 가장 큰 계명, 즉 하나님을 목숨 다해 사랑하고 이웃을 네 몸과 같이 사랑하라는 말씀은 구약에도 존재합니다(신 6:5). 그러나 요한복음의 이 말씀은 구약에는 없는 내용입니다. 그러면 왜 이토록 하나님의 사랑이 교회 공동체 안에서 중요한 요소가 되는 것일까요?

"너희가 서로 사랑하면 이로써 모든 사람이 너희가 내 제자인 줄 알리라"는 말씀은 이렇게 해석할 수 있습니다. '너희가 서로 사랑하면 이것을 통하여 비로소 모든 사람, 즉 세상이 너희가 내 제자인 줄 알리라.' 그러니까 이 말씀은 하나님 나라 공동체인 교회의 탄생을 염두에 두고 하신 말씀이라고 볼 수 있습니다.

요한복음 13장은 예수님이 십자가에서 돌아가시기 전에 제자들과 함께한 만찬과 세족식에서 탄생한 말씀입니다. 자신의 죽음과 부활을 앞두고 예수님은 제자들에게 이 땅에서 구체적으로 실현될 예수 마을 공동체의 정체성을 알려 주셨습니다. 그 공동체는 형제 사랑에 대한 계명을 지키는 공동체라고 말입니다. 그 이유는 세상이 이 공동체의 특성을 바로 알게 하기 위함입니다. 예수님을 주님이라고 부르는 사람들 간의 사랑을 통하여 이 공동체가 정말 예수님이 중심이 된 모임임을 세상이 알도록 하기 위함이지요. 우리 안의 사랑만이 그 공동체의 특성을 모든 이에게 알리는 단서가 된다는 것이죠.

세상 사람들은 그리스도인이 그리스도가 제시한 십자가 사랑을 나타내는지, 그 사랑의 DNA가 그들 공동체 안에 존재하는지를 눈여겨봅니다. 그런 까닭에 예수님은 오직 사랑으로 예수님의 제자 됨을 알리라고 말씀하신 것입니다. 이를 뒤집어 말하면, 우리가 사랑하지 않으면 세상이 우리를 예수의 제자로 보지 않는다는 것입니다.

그런데 우리는 어디에서 사랑하는 힘을 얻습니까? 그리고 어떻게 사랑의 다른 표현인 용서를 할 수 있습니까? 우리에겐 누군가를 사랑하고 용서할 만한 능력이 없는데 말입니다. 그 능력의 근거는 하나님의 사랑입니다. 하나님께서 사랑해 주셨기에 나도 그리스도의 이름으로 이웃을 사랑하고, 참다운 용서를 할 수 있는 것입니다.

많은 사역보다 사랑이 먼저다

예수님은 요한복음 13장에서 '서로 사랑할 것'을 말씀하신 후에 베드로가 예수님을 배반할 것을 언급하십니다. 그 전엔 최후의 만찬에서 가룟 유다의 배신을 예언하셨지요. 둘 다 누가 들어도 기분 나쁜 예언이지요. 이렇듯 어둠이 닥칠 것을 말씀하시면서 12명의 제자 공동체에 '내 계명을 지키라'고 반복해서 말씀하십니다(요 14:15, 21, 23-24). 이어지는 말씀에서도 '나를 사랑하는 자는 내 계명을 지킬 것'이라고 반복해서 강조하십니다(요 15:10). 특별히 요한복음 14장 21절의 "나의 계명을 지키는 자라야 나를 사랑하는 자니 나를 사랑하는 자는 내 아버지께 사랑을 받을 것이요 나도 그를 사랑하여 그에게 나를 나타내리라"는 말씀에서 우리는 한 가지 진리를 발견할 수 있습니다. 그것은 바로 사랑에 있어 예수님, 하나님, 우리가 연결되어 있다는 것입니다. 이것은 이후 말씀에서도 확인할 수 있습니다.

> 예수께서 대답하여 이르시되 사람이 나를 사랑하면 내 말을 지키리니 내 아버지께서 그를 사랑하실 것이요 우리가 그에게 가서 거처를 그와 함께하리라 나를 사랑하지 아니하는 자는 내 말을 지키지 아니하나니 요 14:23-24

이처럼 성경은 예수님과 아버지 하나님이 아주 밀접하게 연결되어 있음을 거듭 강조합니다. '하나님을 본 자는 나를 보았고, 나를 본 자는 아버지를 보았고, 너희가 내 안에 거하고, 내 말이 너희 안에 거한다' 등의 표현을 통해 계속 이 관계성을 말씀하십니다. 이 관계성에는 '사랑'이란 단어가 존재합니다.

이러한 관계성을 설명하신 후에 포도원 비유를 말씀하십니다. 포도나무와 가지의 관계에 대해 말씀하시지요.

아버지께서 나를 사랑하신 것같이 나도 너희를 사랑하였으니 나
의 사랑 안에 거하라 내가 아버지의 계명을 지켜 그의 사랑 안에
거하는 것같이 너희도 내 계명을 지키면 내 사랑 안에 거하리라

요 15:9-10

이처럼 반복해서 관계의 중요성을 말씀하시는 예수님의 의
도는 무엇일까요? 우리에게 계명을 주신 본질적인 목적을 알
게 하시기 위함입니다. 즉 "내 계명은 곧 내가 너희를 사랑한
것같이 너희도 서로 사랑하라 하는 이것이니라"(요 15:12)고 말
이죠. 이것은 앞서 살펴본 13장의 말씀과 동일한 의미로 '형제
사랑'이라는 단어로 압축할 수 있습니다. 이런 맥락에서 다음
말씀을 살펴보겠습니다.

누구든지 하나님을 사랑하노라 하고 그 형제를 미워하면 이는
거짓말하는 자니 보는 바 그 형제를 사랑하지 아니하는 자는 보
지 못하는 바 하나님을 사랑할 수 없느니라 우리가 이 계명을 주
께 받았나니 하나님을 사랑하는 자는 또한 그 형제를 사랑할지니
라 요일 4:20-21

이 말씀, 곧 '보는 바 그 형제를 사랑하지 않는 자가 어떻게
보이지 않는 하나님을 사랑한다고 이야기할 수 있겠느냐?'는
하나님을 사랑하고 예배드리는 자가 형제를 사랑하지 않으면
앞뒤가 맞지 않는다는 뜻입니다. 또한 "우리가 이 계명을 주께

받았나니"는 요한이 기억하는 예수님의 말씀입니다. 그 계명의 내용은 '하나님을 사랑하는 자는 그 형제를 사랑하는 것'입니다. 여기서 형제란 먼저 그리스도 안에 있는 형제를 말합니다. 멀리 있는 사람을 사랑한다는 건 증명이 잘 되지 않습니다. 멀리 있는 사람에 대한 사랑은 자신의 만족을 위한 외면적 실천일 수 있습니다. 그러나 가까이 있는 사람들, 특히 그리스도 공동체 안에 있는 사람을 사랑하는 것은 사랑에 관한 예수님의 말씀을 실천하는 것입니다. 믿음 안에 있는 형제를 사랑하지 못하는데 어떻게 믿지 않는 세상을 향해서 사랑으로 나아갈 수 있겠습니까?

이와 같은 사랑에 관한 성경의 지침은 요한이 쓴 요한복음, 요한일서를 비롯해 사도 바울의 서신서들에서도 발견됩니다. 이렇듯 신약성경의 수많은 곳에서 반복해서 형제 사랑을 강조하고 있습니다. 복음은 예수님을 자랑하는 것입니다. 그 자랑의 내용은 예수님의 사랑을 증거하는 것입니다. 만약 우리 안에 그런 사랑이 없다면 위선이며 거짓입니다.

입으로는 세상의 정의에 대해 말하면서 단지 남을 정죄하기 바빴던 바리새인과 사두개인들은 예수님의 사랑의 구체적인 실천인 영혼 구원에는 관심이 없었습니다. 그들은 가난한 이웃에 대한 긍휼한 마음과 구제에는 전혀 흥미가 없었습니다. 왜냐하면 그들에게는 애초에 그리스도의 사랑이 없었기 때문입니다.

그리스도의 사랑을 소유한 사람은 세상에 있는 그 어떤 것으로도 나의 죄를 용서받을 수 없으며, 따라서 내 힘으로는 회복이 불가능하다는 것을 압니다. 그는 하나님의 무조건적인 사랑으로만 죄를 탕감받을 수 있다는 것을 깨달아 압니다. 내 죄의 무게를 알 뿐 아니라 그 죄를 모두 용서받았다는 것을 깨달아 아는 사람은 세상을 바라보는 시각이 새로워집니다. 남의 죄, 남의 들보, 공동체의 죄만 보이는 눈이 아니라 하나님의 사랑과 은혜로 세상을 바라보게 되는 것이죠.

미국에서 다민족 교회를 섬기는 피터 스카지로(Peter Scarzzero) 목사는《정서적으로 건강한 교회》라는 책을 썼습니다. 저는 이 책을 통해서 많은 치유를 받았고 목회와 인간관계에 관해 큰 격려와 위로를 받았습니다. 한국 사회는 성장 제일주의와 성공주의를 지향하면서 서로 치열하게 경쟁하는 사회입니다. 가정에서도, 때로 교회에서도, 직장에서도 사람들은 경쟁하느라 정신적으로 지쳐 갑니다. 이 책이 특별히 우리에게 주는 교훈은 우리가 이미 잘 알고 있는 것입니다. '기쁠 때 함께 기뻐하고, 슬플 때 함께 울어 주는 정서적으로 살아 있는 공동체를 세우라'입니다. 우리가 열중하고 있는 많은 사역보다 먼저 함께 울어 줄 수 있는 공동체, 함께 기뻐해 줄 수 있는 공동체를 세워야 합니다. 이것이 바로 정서적으로 건강한 공동체이며 성경적인 사랑의 공동체입니다. 이것이 그리스도의 사랑으로 연결된 공동체의 정체성입니다.

그리스도의 사랑으로 연결된, 그래서 그 사랑을 실천하는 공동체에 대한 이야기 몇 가지를 소개하고자 합니다.

대한민국 피로 회복 이야기

팬데믹 시대를 맞아 문을 닫는 교회가 많아졌습니다. 비대면 예배라는 공동체성의 한계를 경험하면서 많은 교회들이 많은 어려움을 겪었습니다. 이러한 환경 속에서 할 수 있는 무언가를 생각하다가 헌혈을 하기 시작했습니다. 코로나 이후 헌혈자의 숫자가 급감한 것은 모두 아는 사실입니다. 그리스도인들은 피에 대해서는 일가견이 있는 이들입니다. 예수의 피로 회복되고 생명을 얻은 이들이기에 헌혈을 통해 피를 나누기로 결정한 거죠.

지구촌교회는 교역자들을 비롯한 사역자들과 사회복지재단 직원, 청년들과 헌혈을 하기 시작했습니다. 이 헌혈운동의 이름을 멋지게 지었죠. '대한민국 피로 회복'이라고 말이죠. 피로 사회로 접어든 대한민국을 그리스도의 피로 회복시키겠다는 포부입니다. 곧 많은 교회와 단체들이 여기에 동참함으로써 전염병과 경제적 위기, 고독 등에 찌들어 있는 사람들의 마음을 흔들었고, 2021년 1만 6천 명의 참여를 넘어 대한민국 6만 교회가 함께하는 것을 목표로 달려가고 있습니다.

오병이어 헌금 이야기

물고기 두 마리와 떡 다섯 덩이를 주님 앞에 드렸던 한 소년의 헌신이 가져온 기적을 우리 모두 알고 있습니다. 이처럼 무명의 성도들이 자신의 것을 조금씩 드려 이웃의 필요를 돕고 있습니다. 그 사례를 모두 소개할 수는 없지만, 자신보다 경제적으로 어려운 이를 돕기 위해 신문지에 5만 원권을 꼬깃꼬깃 싸서 복지선교부에 두고 간 분, 외국인 노동자들을 위해 헌금하신 권사님, 장애를 가지고 있지만 다른 장애인들을 위해 써 달라고 헌금한 자매 등 감동적인 오병이어 헌금 이야기들이 줄을 잇고 있습니다.

탈북자 신학생 장학 사역

최근에 NGO 단체인 기아대책에서 오신 분들을 만났습니다. 그분들을 통해 3만 명의 탈북 새터민 중에 100명 정도의 신학생이 있다는 것을 전해 들었습니다. 이에 지구촌교회는 기존 사역인 다니엘장학금과 북한 빵공장 운영을 포함하여 북한 사역 중 하나로 새터민 신학생을 돕기로 했습니다. 통일이 되는 그날, 마중물이 될 수 있는 분들이 바로 신학생이기 때문입니다.

이밖에도 고사리 같은 손으로 헌금을 하는 아이들의 헌신과 청년들의 손길을 모아 분당 수지와 성남 지역에 사는 취약계층을 도왔습니다. 이 모든 겨자씨와 같은 작은 몸짓과 오병이어의 헌신을 하나님은 얼마나 흐뭇하게 바라보고 계실까요? 이것이 바로 "내 기쁨이 너희 안에 있어 너희 기쁨을 충만하게 하려 함이라"(요 15:11)라는 말씀의 실현이 아닐까요?

코로나 시즌이 지속되면서 목회자로서 여러 가지 고민을 한 것이 사실입니다. 그 고민의 결과는 한 가지 약속을 상기하는 것이었습니다. '나는 언제나 어떤 상황에서도 너를 버리지 않고 너를 떠나지 않을 것이야'라는 약속 말입니다. 이 약속은 고통의 상황에서 반드시 회복시켜 주시겠다는 주님의 음성이었습니다. 그리고 어떤 고난을 당하더라도 그로 인해 그리스도의 사랑에서 끊어질 수 없다는 바울의 고백이 떠올랐습니다. 그렇습니다. 우리는 그리스도의 사랑으로 연결된 존재이며 그 사랑에서 끊어질 수 없습니다.

신앙생활에서 가장 중요한 요소 중 하나는 서로 연결되는 것이다. 이것이 하나님께서 공동체인 교회를 우리에게 허락하신 이유이며 연결됨의 핵심 요소는 '사랑'이다. 그 사랑의 실천이 우리를 연결시키며 우리는 그 사랑에서 결코 끊어지지 않는 존재다.

공동체를 위한 기도

살아 계신 하나님, 저희를 하나님의 사랑에서 절대로 끊어지지 않는 존재로 지어 주심을 믿고 감사드립니다. 그 하나님의 사랑에 한 번 연결되면 우리가 실수로 그 손을 놓을지라도 하나님께서 결코 손을 놓지 않으심을 믿습니다. 하나님의 그 사랑에 연결되는 특권을 주셔서 감사합니다. 계속해서 하나님과 연결되고 그 사랑 안에서 나온 사랑의 힘으로 이웃과 연결되어 그들을 사랑으로 섬기게 해주십시오. 때로는 사람에게 실망하고 상처를 받기도 하지만 말씀을 붙잡고 다시 일어나서 성공이 아닌 순종의 사람으로 살아갈 수 있게 인도해 주시길 바랍니다. 예수 그리스도의 이름으로 축복하며 기도합니다. 아멘.

적용 질문

1. 하나님과 연결되어 있음을 확인하는 나만의 방법은 무엇인가요?

_____

_____

2. 내가 속한 공동체는 영적으로 예수님의 사랑으로 연결되어 있나요?

_____

_____

3. 믿음의 사람들과의 연결을 위해 무엇을 더 노력해야 할까요?

_____

_____

7장

연결되어짐의 기술

갈 6:1-2

형제들아 사람이 만일 무슨 범죄한
일이 드러나거든 신령한 너희는 온
유한 심령으로 그러한 자를 바로잡
고 너 자신을 살펴보아 너도 시험을
받을까 두려워하라 너희가 짐을 서
로 지라 그리하여 그리스도의 법을
성취하라

기독교 공동체만 가지고 있는 위대한 특성이 하나 있습니다. 여타의 종교에서는 찾아볼 수도 없고 흉내 낼 수도 없는 기독교만의 독특성이라고 할 수 있습니다. 그것은 바로 서로의 죄를 고백하는 것입니다. 예수 마을 공동체 모임에서도 이러한 일들이 일어납니다. 나의 허물과 아픔, 죄를 드러냅니다. 이러한 공동체성은 세상에서는 찾아볼 수 없는 것이며 우리 안에 새로운 법이 생겨났다는 것을 의미합니다.

기독교 밖의 관계는 가면을 쓴 채 서로 비교하기 바쁩니다. 세상의 기준은 성공이기에 자신의 부족함을 최대한 숨겨야 합니다. 약점과 죄를 최대한 감춰야 합니다. 그렇다 보니 그 과정에서 말할 수 없는 허무함과 고독을 맛보게 됩니다. 그러나 예수 마을 공동체는 다릅니다. 새로운 법이 생겨났기 때문입니다. 이 법은 스스로 의인이라고 여기는 사람은 가장 낮은 사람이 되지만, 죄인임을 겸허히 고백하는 자는 존중과 축복을 받게 되는 법입니다.

하나님 앞에 용서받지 못할 죄는 없다

그러므로 너희 죄를 서로 고백하며 병이 낫기를 위하여 서로 기도하라 의인의 간구는 역사하는 힘이 큼이니라 약 5:16

이 말씀은 초대 교회 성도를 향한 권면입니다. 이 말씀에서

'병 낫기'란 육신의 병에만 국한된 것이 아닙니다. 영적인 질병과 아픔을 위하여도 기도하라는 것입니다. 함께 그 문제를 놓고 기도하기 위해서는 고백하는 과정이 있어야 합니다. 서로의 허물을 드러내고 기도할 때 능력이 나타난다는 것이죠. 그러면 기독교 공동체는 어떻게 서로 죄를 고백하는 공동체가 될 수 있었을까요? 그것은 바로 우리 안에 새로운 법이 생겨났기 때문입니다. 성경은 그것을 '(예수) 그리스도의 법'(갈 6:2)이라고 표현하고 있습니다. 로마서 8장은 이 법에 대해 좀 더 자세하게 설명하고 있습니다.

> 그러므로 이제 그리스도 예수 안에 있는 자에게는 결코 정죄함이 없나니 이는 그리스도 예수 안에 있는 생명의 성령의 법이 죄와 사망의 법에서 너를 해방하였음이라 롬 8:1-2

이 말씀이 뜻하는 것이 무엇입니까? 예수님을 믿는 우리에게는 예수님께서 다스리는 법이 있다는 말씀입니다. 그 법은 생명을 주는 법으로 성령의 법입니다. 이 성령의 법은 어둠과 죄, 사망 권세의 법 아래에 있던 우리를 완전히 해방시켜 새로운 생명을 줍니다. 그래서 예수님 안에 있는 자는 사탄의 어떤 정죄함의 권세도 받지 않습니다. 또한 영생을 얻고 심판에 이르지 않으며 사망에서 생명으로 옮겨진 삶, 즉 영적 신분이 바뀐 존재가 됩니다(요 5:24). 예수님의 십자가 사건으로 하나님 나라에 들어갈 수 있는 의인이 된 것이죠.

그런데 여기서 한 가지 문제가 생깁니다. 천국 시민으로 신분이 바뀌었지만 여전히 죄의 권세가 활개치는 육신의 세계에서 살고 있다는 것입니다. 그래서 우리에게는 죄의 유혹과 싸우는 동시에 그리스도인으로서 거룩하게 살아가야 할 책임이 부여됩니다. 이렇게 두 세계 사이에서 씨름해야 하는 그리스도인들을 위해 하나님께서는 공동체를 허락해 주셨습니다. 그 공동체가 바로 '교회'입니다.

이 예수 마을 공동체에서 우리는 죄를 고백하고 서로를 격려하며 예수님을 닮아 갑니다. 이 과정에서 한 가지 꼭 짚고 넘어가야 할 것이 있습니다. 그것은 내가 예수님의 보혈의 공로로 하나님의 자녀로 태어난 것과 하나님의 자녀답게 거룩하게 자라나는 것은 다른 차원의 문제라는 것입니다. 그러나 이것은 분리된 차원이 아니라 연결된 차원입니다. 하나님의 자녀로 다시 태어나서 예수님을 닮아 가는 목표로 거룩하게 되는 전 과정이 바로 구원이기 때문입니다.

오늘날 교회 안의 많은 사람들이 이와 같은 칭의와 성화의 관계를 망각하고 신앙생활을 하는 것 같습니다. 이것이 구원의 열매는 없으나 구원받았다고 착각하고, 종교심이 신앙의 자부심이 된 사람들을 적지 않게 보는 이유입니다. 그러나 진정으로 거듭난 사람은 자신의 위치를 정확하게 인지합니다. 그들은 어떤 죽을죄에서 구원을 받았는지 실감나게 깨달았고, 오늘도 여전히 깨닫고 있기에 자신의 죄와 허물을 끊임없이 고백합니다. 이렇게 자신의 치부를 드러낼 수 있는 근본적인 이유는 하나님과의 관계가 회복되고 그 안에서 친밀감이 생성되었기 때문입니다. 영적 아버지인 하나님과의 친밀함 속에서 죄를 지을 때마다 그분 앞에 죄를 가져갈 수 있습니다. 요한일서 1장 6-10절 말씀은 다음과 같이 이것을 증언합니다.

> 만일 우리가 하나님과 사귐이 있다 하고 어둠에 행하면 거짓말을 하고 진리를 행하지 아니함이거니와 그가 빛 가운데 계신 것같이 우리도 빛 가운데 행하면 우리가 서로 사귐이 있고 그 아들 예수의 피가 우리를 모든 죄에서 깨끗하게 하실 것이요 만일 우리가 죄가 없다고 말하면 스스로 속이고 또 진리가 우리 속에 있지 아니할 것이요 만일 우리가 우리 죄를 자백하면 그는 미쁘시고 의로우사 우리 죄를 사하시며 우리를 모든 불의에서 깨끗하게 하실 것이요 만일 우리가 범죄하지 아니하였다 하면 하나님을 거짓말하는 이로 만드는 것이니 또한 그의 말씀이 우리 속에 있지 아니하니라 요일 1:6-10

이 말씀은 부연 설명이 필요 없을 정도로 분명하게 선언하고 있습니다. 죄를 고백하면 우리를 깨끗하게 하시며 하나님 앞에 용서받지 못할 죄는 없다는 것입니다. 그 죄를 고백하는 공동체가 바로 교회입니다. 사람에게 죄를 고백하지 못하면 하나님께도 하지 못합니다. 반대로 하나님께 고백하지 못하면 사람에게도 하지 못합니다. 하나님께서 교회 공동체를 주신 목적 중 하나가 바로 죄의 고백입니다.

하나님께서 허락하신 교회, 그리고 그 공동체에 생겨난 '죄의 고백'이라는 새로운 법, 하나님께서 설계하신 공동체의 새 법을 우리는 어떻게 성취할 수 있을까요? 세 가지 지침을 살펴보겠습니다.

하나님 말씀으로 진실을 말하라(Truthfulness)

지금 우리가 사는 시대는 절대 진리를 말하는 것이 두려운 시대입니다. 자신이 속한 사회에서 예수님만이 구세주라고 말했다가는 따돌림당하기 일쑤입니다. 또한 인간의 존엄성을 비성경적으로 강조한 나머지 개인주의와 인본주의가 시대를 물들이고 있습니다. 이 시대는 절대 진리가 아닌 상대 진리를 이야기하는 시대입니다. 당신도 맞고, 나도 맞고, 저 사람도 맞는, 서로 건드리지만 않으면 상대방이 믿는 것을 맞다고 인정하는 상대 진리 시대 말입니다. 그러나 역설적이게도 자신의 유익을 침해당했다고 느끼면 물러서지 않고 독선을 보입니다. 이처럼 우리는 상대 진리에 물든 독선의 시대를 살아가고 있습니다.

하지만 모든 것이 진리라면 그 어떤 것도 진리가 아닙니다. 이런 혼돈의 시대를 향해 예수님은 "진리를 알지니 진리가 너희를 자유롭게 하리라"(요 8:32)고 선포하십니다. 인간에게 하나님의 말씀 즉 진리가 선포될 때, 삶에 깃든 어둠이 걷히고 비로소 빛으로 나아가게 됩니다.

이 진리를 알아 가는 과정에서 조금은 아프고 힘들 수 있습니다. 그러나 그 고통을 넘어서면 한 번도 경험해 보지 못한 '자유함'을 맛보게 됩니다. 그러므로 성경은 단호하게 말합니다. "그런즉 거짓을 버리고 각각 그 이웃과 더불어 참된 것을 말하라 이는 우리가 서로 지체가 됨이라"(엡 4:25).

특별히 교회 공동체 안에서는 거짓이라는 가면을 벗고 서로 더불어서 참된 것을 말해야 합니다. 왜냐하면 우리는 모두 예수님의 한 몸이기 때문입니다. 히브리서 3장 13절에서는 "오직 오늘이라 일컫는 동안에 매일 피차 권면하여 너희 중에 누구든지 죄의 유혹으로 완고하게 되지 않도록 하라"고 합니다. 곧 서로 죄짓지 않도록 하나님의 말씀으로 붙들어 주라는 겁니다.

> 형제들아 사람이 만일 무슨 범죄한 일이 드러나거든 신령한 너희
> 는 온유한 심령으로 그러한 자를 바로잡고 너 자신을 살펴보아 너
> 도 시험을 받을까 두려워하라 _갈 6:1_

이와 같이 성경은 우리에게 진실을 이야기할 때의 조건을 제시해 주고 있습니다. 다시 말해 사랑의 기술을 알려 주고 있습니다. 그 조건이 무엇입니까? 서로 진실을 말하고 죄짓지 않도록 권면하는데 '신령한 너희'가 하라고 합니다. '신령한 너희'란 영적으로 깨어 있는, 분별할 수 있는 사람을 말합니다. 사람들은 아무한테나 조언을 구하지 않습니다. 어리석은 사람은 자기보다 못한 사람에게도 조언을 구하지만 지혜로운 사람은 자기보다 지혜가 많은 사람에게 충고를 받습니다.

또한 지혜로운 사람은 자신을 사랑하는 사람에게 다가가서 자기의 삶에 대해서 이야기하는 것을 주저하지 않습니다. 영적으로 깨어 있는 사람은 진실에 바탕을 두고 이야기합니다. 그 진리는 곧 하나님의 말씀입니다. 요즘같이 상대적 진리의 시대에 진실을 말하는 것은 피곤하며 위험한 일일 수 있습니다. 꽁꽁 자신을 걸어 잠그고 있는 사람에게 다가간다는 것은 쉽지 않습니다. 그러나 이것은 성경의 명령입니다. 서로 하나님의 말씀으로 진실을 말하는 것이 우리를 살리는 방법임을 하나님께서 아시기 때문입니다.

교회는 단순히 같이 모여서 먹고 마시며 이야기하는 공간이 아닙니다. 서로의 삶을 진실되게 고백하는 공동체입니다. 반면에 세상은 우리에게 거짓되고 위장된 평화를 선물합니다. 그래서 세상의 거짓 웃음과 성공은 금방 마음을 허무하고 우울하게 만듭니다. 그러나 정말 상처가 많은 사람이라도 살고자 하는 사람은 그 마음 깊은 곳에서 진실을 요구합니다. 나를 위해서 기도하고 사랑해 주는 사람들에게 그 진실을 듣기 원합니다.

노숙자에게는 누구보다도 진실하게 하나님의 말씀에 귀를 기울이는 절박함이 있습니다. 인생의 바닥을 경험했고 그 과정에서 많은 인생 스토리를 써내려 온 사람들이기 때문입니다. 그들은 내일의 소망은커녕 오늘 하루를 사는 것도 걱정스럽습니다. 그런 사람들한테 무슨 설교냐 할 수 있겠지만 절박한 삶일수록 진실을 추구합니다.

실제로 저는 자신이 보는 앞에서 가족들이 강도에게 권총

살해를 당한 미국의 한 노숙자에게 지옥과 천국, 부활에 대한 설교를 한 적이 있습니다. 마침 그는 욥기를 묵상하고 있었고, 자신이 죄인인 것과 자신이 당한 일을 성경 말씀에 비춰 해석하고 있었습니다. 그런 그에게 말씀이 전해지자, 곧 천국과 죽음, 부활에 대한 확신을 갖게 되었습니다. 그는 강도가 아니었으면 본인이 가족들을 죽일 수도 있었다고 고백했습니다. 그렇게 그는 죄 고백을 하였고 천국에서 가족을 볼 수 있다는 소망으로 매일 기쁘게 감사하며 살아가게 되었습니다. 제가 그날 천국과 지옥, 십자가와 부활에 대한 진실을 말하지 않았다면 그가 그런 가슴 아픈 일을 극복할 수 있었을까요?

저는 이 경험을 통해 한 가지 큰 깨달음을 얻었습니다. 그리스도의 법을 성취하기 위해 성경의 진실을 가지고 죄 가운데 있는 형제를 대면해야 한다는 것입니다. 그런데 이처럼 그리스도의 법을 성취하기 위해 진실을 말할 때 반드시 갖춰야 할 태도가 있습니다. 바로 겸손입니다.

나 자신을 돌아보는 겸손함을 가지라(Humility)

성경을 읽다 보면 성경은 참 균형 있는 책이라는 생각을 하게 됩니다. 성경은 절대 극단적이지 않습니다. 균형은 건강의 전제 조건입니다. 성경은 우리의 삶이 극단에 치우치지 않도록 균형을 잡아 주는 영의 양식입니다. 죄를 짓거나 잘못한 일이 드러났을 때는 반드시 가서 진실을 말하고 회복되어 균형을 잡아야 합니다. 그런데 이때 '온유한 마음'으로 하라고 말씀하니다. 이 온유한 마음은 문맥상 '긍휼히 여김'으로 해석할 수 있습니다.

> 형제들아 사람이 만일 무슨 범죄한 일이 드러나거든 신령한 너희는 온유한 심령으로 그러한 자를 바로잡고 너 자신을 살펴보아 너도 시험을 받을까 두려워하라 갈 6:1

상대방에게 진실을 이야기했으나 도리어 싸움이 일어나고 관계가 깨지는 경우가 있습니다. 물론 진실을 받아들이는 사람의 마음이 완강하기 때문이기도 합니다. 그러나 여기서 중요한 것은 진실을 말하는 사람의 의도입니다. 그 사람을 진정으로 회복시키기 위해 긍휼히 여기는 마음으로 전해야 좋은 결과를 얻을 수 있습니다. 그러므로 그 영혼을 만나기 전, 반드시 긍휼의 마음이 담긴 기도를 해야 합니다. 형제를 바로잡는 말을 전할 때는 하나님이 주시는 지혜와 자신의 영적 깊이가 필요하기 때문입니다. 이때 영적 깊이는 나도 그런 죄를 범할 수 있다는 겸손과 상대방에 대한 긍휼의 마음에서 발현됩니다.

하나님의 말씀이 나를 살리고 변화시킨 것처럼 하나님의 말씀만이 다른 사람도 살리고 변화시킬 수 있음을 믿습니까? 말씀이 나를 변화시키지 않았는데, 내가 그 말씀을 다른 사람에게 적용하면 능력이 나타날 수 없습니다. 말씀이 내 안에서 나를 변화시키는 능력이 되었을 때, 상대방도 변화시키는 역사가 나타나는 것입니다. 예를 들어 제가 말씀을 준비할 때, 그 말씀으로 저의 삶을 돌아보지 않고 말씀만 선포하면 능력 없는 설교가 됩니다. 그러나 하나님의 말씀이 저에게 임하여 그 말씀으로 먼저 회개하고 돌이키며 은혜를 누리면 그 말씀을 증거하는 가운데 능력이 나타납니다. 그래서 성경은 이렇게 말씀합니다.

> 너 자신을 살펴보아 너도 시험을 받을까 두려워하라 갈 6:1

이 말씀을 메시지성경은 "여러분 자신을 위해 비판의 말을 아끼십시오. 여러분도 하루가 지나기 전에 용서가 필요하게 될지 모르기 때문입니다"라고 해석하고 있습니다. 이처럼 겸손과 용서는 밀접한 상관관계를 갖습니다. 용서가 잘 안 되는 사람은 하나님 앞에 겸손하지 못한 사람입니다. 또한 내가 용서받은 존재라는 것을 망각한 사람입니다. 더불어 내가 교만하면 다른 사람을 긍휼히 여기지 못하는 것은 당연한 결과입니다.

따라서 진리를 말하기 전에 우리가 갖춰야 할 덕목은 바로 나 자신을 돌아보는 겸손함입니다. 이 겸손을 갖추려면 하나님 말씀으로 깨져야 합니다. 그렇지 않으면 말씀으로 다른 이를 판단하고 찌르게 됩니다. 하나님은 겸손한 사람과 함께하십니다. 먼저 말씀에 비춰 자신을 돌아보는 자는 겸손한 사람입니다.

무거운 짐을 함께 지라(Mercy)

> 너희가 짐을 서로 지라 그리하여 그리스도의 법을 성취하라
>
> 갈 6:2

우리는 인생을 살아가면서 많은 어려움을 경험합니다. 실족할 때, 죄에 걸려 넘어져 있을 때, 무심코 던진 한마디 말에 쉽게 상처를 받을 때, 어디로 가야 할지 몰라서 방황할 때, 다시 일어날 용기가 없을 때… 말로 다 표현할 수 없는 고독함을 느낍니다. 하나님은 그렇게 어려움 가운데 있는 사람을 일으켜 세우라고 하십니다. 아니, 여기서 더 나아가 그 사람의 짐을 대신 지라고 하십니다. 짐을 진다는 것은 내가 그 무게를 느끼는 것입니다. 곧 그 사람의 아픔과 상처를, 그 사람의 고통을 함께 느끼는 것입니다.

이것은 립서비스가 아닙니다. 내가 그 사람과 함께 진흙탕에 발을 담그고 그 아픔 가운데 같이 있는 것입니다. 그로 인해 같이 넘어지더라도 그렇게 하는 것이 그의 짐을 지는 것입니다. 죄 가운데 있는 우리에게 오셔서 우리의 죄 짐을 대신 짊어지고 십자가 형벌을 받으신 예수님이 그러셨습니다.

나에게 겸손한 마음으로 진실을 말해 주고 자신의 아픈 이야기도 나누며 마치 자신의 짐인 것처럼 나의 짐을 져 주는 친구가 있는 사람은 세상에서 가장 행복한 사람입니다. 그런 진실한 친구를 교회 공동체를 통해 만나기를 원합니다. 그저 성

공과 돈, 내 가족과 내 몸만 생각하는 사람에게 보장된 행복이란 잠깐 만에 사라지는 안개와 같은 신기루일 뿐입니다.

두려워하지 말고 사랑하기를 연습하기 바랍니다. 사랑 안에 두려움이 없다고 했습니다(요일 4:18). 두려움을 없애는 연습을 작은 공동체를 통해서 해나가야 합니다.

누구한테도 상처받지 않으려고 웅크리고 있는 사람에게는 결코 봄날이 오지 않습니다. 봄은 땀이 쏟아지는 뜨거운 여름을 지나고 낙엽을 떨구는 쓸쓸한 가을과 매서운 겨울을 난 뒤에야 기적같이 옵니다. 담대하게 밖으로 나가야 여름도 가을도 겨울도 지나고 봄을 맞을 수 있습니다. 그곳은 바로 나처럼 회복되어야 하는 사람들이 있는 곳, 바로 하나님이 만드신 예수님의 몸인 공동체입니다.

사도 바울은 그리스도의 세계에 하나의 법이 존재한다고 말했습니다. 그리고 그 법을 성취하라고 권면했습니다. 바울이 말한 그 법칙이 무엇입니까? 세상이 아무리 악하고 우리의 죄악이 아무리 관영하더라도 그리스도의 사랑의 법이 여전히 세상을 다스리고 구원한다는 것입니다.

상처가 많습니까? 엎질러진 물처럼 돌이킬 수 없는 과거가 있습니까? 오직 우주를 다스리시는 하나님의 사랑의 법칙만이 우리를 죄악에서 자유하게 하심을 믿으십시오! 그리고 그 하나님의 법을 실현하는 교회 공동체 안에서 온유한 마음으로 하나님의 말씀을 근거로 서로 권면하며 짐을 나누어 지십시오! 우리는 그렇게 그리스도의 법을 성취해 나가야 합니다. 그렇게 서로가 서로를 높여 주고 진실을 말하며 권면하고 권면을 받아들이게 되면 교회는 하나님이 선사하시는 말할 수 없는 축복과 부흥을 경험하게 될 것입니다.

교회에는 세상이 알 수 없는 독특한 법칙이 있다. 그것은 온유한 마음으로 겸손하게 진실된 하나님의 말씀으로 권면하며 서로의 죄를 고백하는 것이다. 그렇게 서로가 죄를 고백하며 서로의 짐을 나누어 질 때 하나로 연결됨을 경험하게 된다.

공동체를 위한 기도

살아 계신 하나님, 하나님을 거역하고 죄를 지은 인생들을 위해 사랑하시는 독생자를 이 땅에 보내 주심을 감사드립니다. 그분으로 하여금 우리의 허물과 죄를 다 짊어지게 하시고 교회를 세워 주심도 감사드립니다. 그리스도께서 보이신 그 사랑처럼 우리도 하나님이 설계하신 교회 공동체 안에서 겸손하게 권면하고 서로의 짐을 짊어지길 원합니다. 그래서 사람이 넘치기보다는 사랑이 넘치는 교회가 되게 하시고, 섬김을 원하기보다 섬김의 기쁨을 맛보는 교회가 되도록 인도해 주십시오. 그렇게 우리에게 생겨난 새로운 법칙을 이루어 내는 교회로 이끄실 것을 믿으며 예수 그리스도의 이름으로 축복하며 기도합니다. 아멘.

적용 질문

1. 우리에게 생겨난 새로운 법을 성취하기 위한 조건 중 가장 어려운 것은 무엇인가요?

   _____

   _____

2. 형제의 죄가 드러날 때 분노와 애통하는 마음 중 어떤 것이 먼저 일어나나요?

   _____

   _____

3. 목장 공동체와 나누고 싶은 삶의 무거운 짐은 무엇인가요?

   _____

   _____

온 전 한
연결을 위해
올 인 하 라

8장

공동체,
뒤죽박죽 세상의
유일한 희망

히 13:12-13

그러므로 예수도 자기 피로써 백성을 거룩하게 하려고 성문 밖에서 고난을 받으셨느니라 그런즉 우리도 그의 치욕을 짊어지고 영문 밖으로 그에게 나아가자 자주 쓰는 부정적인 영어 표현 중 하나로 'Mess'라는 단어가 있습니다. 'My life is a mess!'는 '내 삶은 온통 문제투성이야!'라는 뜻입니다.

이 Mess에 up이 붙어서 'Mess up'이 되면 '(~을) 엉망으로 만든다'라는 뜻이 됩니다. 또한 형용사 'Messy'는 '엉망인, 지저분한, 다루기 힘든'의 뜻입니다. 다시 말해 'Mess'는 '뒤죽박죽이고 혼란스러우며 엉망진창'이라는 뜻을 함의하고 있습니다. 그런데 이 Mess는 유대인과 헬라인들이 예수님의 십자가 사건을 보고 경멸하고 조롱할 때 쓰던 말의 현대식 표현입니다. 그들은 예수의 십자가를 보고 "It is so messy!"라고 소리쳤습니다. 그들 눈에는 예수님이 왕으로 오신 메시아가 아니라 아무런 능력도 없어서 저항 한 번 못하고 십자가에서 참혹하게 죽어 간 저주받은 사람으로 보인 것입니다. 그래서 그들은 십자가에 달린 예수를 향해 "야, 이건 정말 엉망진창이다!"라고 조롱했습니다.

우리도 이와 같은 경험을 할 때가 있습니다. 어떤 인생도 항상 기쁘고 달콤한 열매만 맛볼 수 없습니다. 실망과 실패, 때로는 한 치 앞도 알 수 없는 캄캄한 어둠 가운데 있을 때도 있습니다. 매일 말씀을 읽고 기도하면서 믿음이 성장하여 힘있게 헌신하고 봉사하면 누구한테나 칭찬 들을 것으로 기대하지만, 꼭 그렇지만은 않습니다. 아무리 노력해도 더 퇴보하는 것 같고 때로는 진흙탕으로 더 깊숙이 들어가는 것 같을 때가 있습니다. 그럴 때 신앙생활을 회의하기도 합니다. 그런데 주위를 둘러보면 이런 문제로 신음하는 사람이 참 많습니다. 그들이 이러한 마음의 어려움을 고백하는 공동체를 경험할 때, 신앙에 회의하는 것이 아니라 신앙이 한 단계 더 업그레이드될 수 있습니다.

그런데 신앙생활 중에 왜 어려움이 생기는 걸까요? 그 어려움을 어떻게 풀어야 할까요?

십자가, 모든 어려움을 푸는 유일한 열쇠

신앙생활을 하는 중에 생기는 어려움을 푸는 열쇠는 단 하나입니다. '십자가'입니다. 오직 십자가에서만 그 답을 찾을 수 있습니다. 사실상 예수님 사역의 본질인 십자가는 '저주'입니다. 십자가를 예수님 사랑의 상징이요, 믿음의 상징으로 삼아서 그렇지 십자가 자체는 고통입니다. 손발에 대못이 박히고 머리에 가시관이 씌워지는 고통을 어느 누가 자발적으로 감수하려 하겠습니까? 그런데 예수님은 정말 그런 고통을 당하셨습니다.

오늘날 찬란한 교회의 모습에 비하면 예수님이 이 땅에서 하신 마지막 사역은 사실 엉망진창입니다. 예수님을 따르던 사람들에게 십자가는 대혼란이었습니다. 예수님이 그토록 사랑하며 정성을 쏟았던 제자들도 하나둘 배신을 했습니다. 십자가에 달리기 며칠 전 종려나무 가지를 들고 "호산나! 다윗의 자손이여!"라고 외치며 따르던 무리도 바라바를 대신하여 예수를 못 박으라고 외치는 이들이 되었습니다. 정말 엉망진창입

온전한 연결

니다.

우리는 이쯤에서 스스로에게 질문해 봐야 합니다. '나는 예수님을 따르기로 결심했을 때, 십자가의 고통에 대해 분명하게 알았는가?' '그 고통의 십자가를 따르며 정말 순종하고 헌신하며 살고 있는가?' '내 삶에 십자가 사역에 대한 헌신이 있는가?' 이 질문에는 목회자도 예외가 아닙니다. 더 나아가 직장생활을 비롯한 일상생활 가운데서도 이 질문들을 적용하고 점검해 봐야 합니다. 우리의 소망과 달리, 우리의 사역과 신앙생활은 열매 하나 없이 온통 뒤죽박죽될 때가 많기에 십자가 앞에 우리의 삶을 비추어 봐야 합니다. 과연 죽을죄에서 나를 구원해 주신 사실 하나만으로 감사하고 만족하며 살 수 있는지 말이죠.

지금도 이슬람 지역 같은 곳에서는 핍박받는 그리스도인이 있습니다. 그들의 삶은 예수님을 따른다는 이유 하나만으로 엉망진창이 되어 버립니다.

몇 해 전, 20년간 북한 정치범 수용소에서 있다가 탈출한 사람의 간증을 들었습니다. 정치범 수용소에서 태어난 그는 그곳이 세상의 전부인 줄 알고 살았습니다. 그러다가 쪽복음을 듣고 예수님을 믿게 되었습니다. 그리고 예수님을 믿는다는 이유만으로 죽을 고비를 수차례 겪었습니다. 그 무서운 북한의 정치범 수용소에서 사는 것만도 힘겨운데 예수님을 믿는다는 것 때문에 고난이 가중되는 상황, 어떻게 받아들여야 할까요? 그러나 그는 그렇게 자신의 삶을 엉망진창으로 만든 십자가를 놓지 않았습니다. 그 대신 자신의 목숨을 내어놓았습니다.

이렇듯 십자가는 정말 'Messy'합니다. 십자가에는 하나님의 아들이 처절하게 흘린 피가 여기저기 고여 있기 때문입니다. 예수님의 살점, 예수님의 피, 그것이 십자가입니다. 예수님이 흘리신 피가 'Messy'한 이유는 우리가 지은 죄, 그리고 우리가 지을 죄가 그만큼 뒤죽박죽 엉망진창이기 때문입니다. 우리가 평생 사는 동안 지은 추악한 죄들을 고스란히 보여 주는 장소가 바로 십자가입니다. 그래서 십자가 사건은 과정이고 고난입니다.

예수님의 십자가는 1, 2분 동안 일어난 일이 아닙니다. 인간의 육신을 입고 이 땅에 오셔서 30년간 사셨고, 마지막 3년 동안 온 힘을 다해 제자를 키우셨습니다. 그리고 십자가에서는 여섯 시간 동안 엄청난 고난을 당하셨습니다. 십자가는 한 번에 일어난 사건이 아니라 예수님 삶의 전체 과정이었습니다. 믿는 자도 이와 같은 과정을 겪습니다. 예수님을 믿겠다고 선언하면, 그때부터 고난이 시작됩니다. 예수님의 가르침대로 제대로 살고자 하면 고난이 따릅니다. 사실 신앙생활은 새로운 고난의 과정입니다. 그래서 우리가 하는 사역과 섬김도 고난의 과정입니다.

뒤죽박죽에서 지성소로

유대인들에게 십자가는 그야말로 엉망진창이었습니다. 그

온전한 여정

들은 십자가를 보면서 도저히 상상할 수 없었죠. 그토록 기다리던 메시아라면 저렇게 처참하게 십자가 위에서 죽을 수는 없었기 때문입니다. 제자들마저 배반하는 예수, 유대인들은 꺼리고 헬라인들은 멸시하며 로마 군병들은 모욕하는 예수가 메시아라니! 예수의 마지막도 하나님을 향한 절규로 끝이 납니다. 그러니 사람들 눈에는 예수님의 사역과 그가 부르짖던 하나님의 나라는 분명히 엉망진창이고 뒤죽박죽이며 실패한 것이었습니다.

그런데 충격적인 일이 벌어졌습니다. 이 처참한 십자가 사건 뒤에는 감히 상상할 수도 없는 하나님의 계획이 있었습니다. 엉망진창이고 뒤죽박죽인 십자가 사건은 이미 하나님께서 정확하게 의도한 계획이었습니다. 에덴동산에서부터 십자가까지 인간을 위한 하나님의 구원 스토리는 하나님의 계획 안에서 이뤄지고 있었습니다. 메시아의 죽음도, 그가 당한 고통도, 제자들의 배신과 엉망진창인 십자가도 다 아버지 하나님의 계획 안에 있었던 것입니다. 과연 하나님은 무엇을 위해 십자가를 계획하신 걸까요? 도대체 무엇 때문에 하나님은 이런 충격적인 일을 계획하셨을까요?

답은 간결합니다. 십자가, 그것은 아들의 십자가 고난을 통해 죄의 시궁창에 빠져 엉망진창인 인류를 구하기 위한 하나님의 구원 계획입니다. 또한 십자가는 그 십자가 사건을 믿고 죄 사함의 확신을 받은 사람들이 모여서 예수님 중심의 공동체를 구성하려는 하나님의 계획이었습니다. 새로운 영적 이스라엘인 예수 마을 공동체, 즉 교회를 계획하셨던 것입니다.

교회가 뒤죽박죽인 것처럼 보이는 이유는 뒤죽박죽인 인생을 사는 사람들이 모인 곳이기 때문입니다. 다양한 배경과 다양한 생각을 가진 사람들이 모였기 때문입니다. 이처럼 다양한 사람들이 모인 공동체가 또 있을까요? 이 다양함 때문에 예수님 공동체는 엉망진창일 때가 있습니다. 제자들도 그랬고 초대 교회도 그랬습니다. 그렇지만 이렇게 뒤죽박죽인 것 같은 교회 공동체는 온 우주의 유일한 희망입니다. 예수님의 십자가 보혈을 통해 탄생한 유일한 공동체가 바로 교회이기 때문입니다. 하나님의 구원 계획을 품고 있는 대안 공동체는 교회뿐입니다.

그래서 교회는 십자가에서 돌아가신 예수님의 피와 살을 기념하기 위해 주의 만찬을 나눕니다. 초대 교회는 식인 의식을 한다는 오해를 받기도 했습니다. 또한 교회는 예수님이 행하신 세례(침례)를 통해 믿음을 선포합니다. 그런데 예수가 받으신 세례(침례)는 엉망진창이었습니다. 인간인 세례 요한(침례 요한)에게 세례(침례)를 받으셨기 때문입니다. 교회는 또 세족식을 통해 공동체의 섬김과 사랑을 표현합니다. 그런데 예수님이 제자들의 발을 씻기셨으니 이것도 세상의 눈으로 봤을 때는 엉망진창입니다. 교회는 또한 예수님이 십자가에서 부활하신 것을 기념하며 주일을 선포하고 예배를 드립니다. 이것은 안식일을 섬기던 유대인들이 받아들일 수 없는 엉망진창인 예식입니다.

히브리서 기자는 이런 예수님의 십자가를 통해 탄생한 교회 공동체의 본질에 대해 이렇게 증언합니다.

우리에게 제단이 있는데 장막에서 섬기는 자들은 그 제단에서 먹
을 권한이 없나니　히 13:10

　　이 말씀에는 두 가지 비유가 등장합니다. 제단(altar)과 장막
(tabernacle)입니다. 히브리서 저자가 말한 제단은 예수님의 십자
가 사건으로 탄생한 새로운 교회 공동체를 의미합니다. 이것은
새 언약입니다. 이어서 장막은 상징적으로 구약의 제사를 연
상시킵니다. 옛 언약입니다. 어떤 성경학자는 장막은 예수님이
돌아가실 당시에 있었던 예루살렘 성전을 가리킨다고도 합니
다. 그런데 히브리서 말씀은 '장막에서 섬겼던 자들은 먹을 권
한이 없다'고 합니다. 그러니까 성경은 기존의 성막이나 성전
제사를 고수하는 자들은 새로운 제단, 즉 교회에서 생겨난 것
을 먹을 권한이 없다고 선포한 것입니다.

　　구약의 제사에서 드려진 살코기와 소제물 같은 제사 음식은
옛 제사장들의 양식이었습니다. 그런데 그런 제사장들도 손을
댈 수 없는 제물이 있었습니다. 그것은 바로 1년에 한 번뿐인
대속죄일의 제물이었습니다. 이 대속죄일의 제물은 동물의 육
체를 드리고 영문 밖으로 가지고 나가서 완전히 불살라 버려야
했습니다. 그래서 말씀은 이렇게 증언합니다.

　　이는 죄를 위한 짐승의 피는 대제사장이 가지고 성소에 들어가고
그 육체는 영문 밖에서 불사름이라　히 13:11

히브리서 13장 10-11절 말씀을 통해 우리는 신약과 구약의 엄청난 차이점을 발견하게 됩니다. 뿐만 아니라 그 차이 사이의 행간을 통해 새로운 메시지를 우리에게 들려줍니다.

구약의 유대인들은 예루살렘 성안을 거룩하게 여겼습니다. 그 성안에 있는 성전은 더욱 거룩하게 여겼습니다. 더구나 지성소는 아무나 들어갈 수 없었고 제사장들만 1년에 한 번씩 대속죄일에 들어갔습니다. 반면, 유대인들은 성문 밖은 거룩하지 않은 장소로 여겼습니다. 그런데 예수님은 어디에서 돌아가셨습니까? 거룩한 성전이 아닌 예루살렘 성문 밖 골고다 언덕에서 숨을 거두셨습니다. 영문 밖에서 돌아가신 예수님의 죽음은 무엇을 의미할까요? 바로 구약에서 1년에 한 번 드리던 대속죄일의 제사를 완성하신 것입니다. 히브리서 기자가 "그러므로 예수도 자기 피로써 백성을 거룩하게 하려고 성문 밖에서 고난을 받으셨느니라"(히 13:12)라고 기록한 이유가 여기에 있습니다.

예수님은 이렇듯 하나님의 아들로서 죄인 된 우리를 하나님과 연결해 주는 유일한 대제사장이 되셨습니다. 동시에 예수님은 완벽한 희생제물로서 우리의 죄를 대신하여 하나님의 심판과 진노를 대신 받는 유일한 희생양이자 유일한 대속자가 되어 주셨습니다. 예수님은 우리를 거룩하게 하시려고 성문 밖으로 버려져 십자가에 못 박히고 온몸이 만신창이가 되는 고통을 당하셨습니다. 그렇게 주님은 엉망진창이 되고 우리는 용서를 받게 된 것이죠. 다시 말해, 영문 밖에서 일어난 엉망진창인 십자가로 인하여 죄로 뒤죽박죽인 우리가 영문 안에 있는 거룩한 지성소에 들어갈 수 있게 된 것입니다.

그렇다면 이런 십자가 사건을 깨닫고 믿는 예수님을 따르는 사람들은 어떤 삶을 살아야 할까요?

십자가를 지고 영문 밖으로!

예수님을 따르는 삶의 지침은 무엇일까요?

> 그런즉 우리도 그의 치욕을 짊어지고 영문 밖으로 그에게 나아가
> 자 히 13:13

여기서 '치욕'은 예수님을 위해 받는 고난과 능욕을 말합니다. 예수님을 위하여 당하는 고난은 예수님을 믿기로 결정했기에 겪게 되는 어려움입니다. 즉 나를 부인하고 예수님을 주인삼아 제대로 살아갈 때 찾아오는 고난입니다. 그런데 위의 말씀은 그런 고난을 지고 성문 안이 아닌 영문 밖으로 나가라고 권면합니다. 구약에서 가장 중요한 대속죄일의 제물은 성막의 뜰이 아닌 영문 밖에서 태워졌습니다. 신학적으로 영문 안은 아직 율법과 육신에 있는 유대교를 뜻하고, 영문 밖은 모든 구약의 율법과 제사를 온전하게 완성하신 예수님을 믿는 교회를 뜻합니다.

어떤 주석가는 성문 안은 십자가가 없는 곳으로 세상이 알

아주는 곳이지만, 영문 밖은 십자가가 있는 곳으로 멸시와 천
대와 능욕이 있는 곳이라고 해석하기도 합니다. 이런 맥락에서
혹시 우리는 영적 고난이 닥쳤을 때 처음 예수를 믿었을 때의
감격은 사라지고 다시 영문 안으로 들어가 안정된 구약의 율법
으로 돌아가기를 원하지는 않는지 생각해 보아야 합니다. 성문
안에 있는 유대교는 더 편하게 종교생활을 할 수 있을 뿐 아니
라 사회적·문화적·민족적 종교로서 세상이 더 알아주기 때문
입니다.

우리는 예수님이 그러셨던 것처럼 능욕을 지고 영문 밖으
로 나가야 하는 존재입니다. 그러므로 히브리서 기자의 "우리
도 그의 치욕을 짊어지고 영문 밖으로 그에게 나아가자"는 말
씀을 귀담아들어야 합니다. 하지만 믿는 자들이 감당해야 하
는 고난이 두렵고 불편합니다. 처음 은혜를 받았을 때는 그 어
떤 것도 감당할 수 있을 것 같았습니다. 그러나 시간이 지나 은
혜가 없어지고 불순종하는 삶이 지속되자 그 모든 게 불편하게
느껴집니다. 그런 우리에게 히브리서 기자는 '그에게 나아가
자!'라고 도전하며 용기를 북돋습니다.

영어성경 NASB은 "Let us go to Him outside the camp"라고
했습니다. 이 번역에서 우리는 주님이 밖에 계시다는 것을 알
수 있습니다. 우리는 주님이 계신 성문 밖으로 나가야 합니다.
그분이 거기에 계시기 때문입니다. 예수님은 편안한 영문 안이
아니라 고난과 고통이 있는 곳, 그러나 순종하고 믿음의 진보
를 이루려는 영문 밖 사람들과 함께 계십니다. 예수님은 엉망

진창인 성문 밖과 같은 내 삶과 함께하십니다.

당시 영문 밖은 예루살렘 성안에서 살 수 없는 경제적으로 어려운 사람들, 소외되고 외롭고 어려운 사람들의 처소였습니다. 그러나 주님은 안일하게 자기 삶에 안주하고 있는 성안의 사람들보다 그들에게 관심을 가지셨습니다. 복음을 깨달은 우리는 주님의 관심이 어디를 향하고 있었는지 정확히 알아야 합니다. 거듭 반복하지만, 예수님은 의도적으로 십자가를 지고 영문 밖 사람들을 위하여 십자가에서 돌아가셨습니다.

어떻게 살 것인가

예수 그리스도의 죽으심으로 인하여 새롭게 생겨난 예수 마을 공동체와 그 안에서 서로 연결되어 신앙의 성숙을 원하는 우리는 어떻게 살아야 할까요? 그 세 가지 지침을 살펴보겠습니다.

자리를 박차고 영문 밖으로 나가라

두려움보다 더 무서운 것이 있습니다. 그것은 안주하는 것입니다. 안주는 예루살렘 성안에서 사는 사람들의 가장 특징적인 모습입니다. 내가 만들어 놓은 형식적인 종교적인 삶은 편안함을 가져다주기 때문입니다. 그러나 가장 큰 문제는 거기에는 생명력이 없다는 것입니다. 희생과 눈물, 헌신이 없기에 나의 활력도 사그라들고 내 주변의 사람들도 살리지 못합니다.

거기에 편안함은 있을지 몰라도 평안은 없습니다. 거기를 박차고 주님이 계신 영문 밖으로 나가야 생명이 있습니다. 이제 조금씩 코로나로 인한 집합 금지가 느슨해지고 있습니다. 이제 느슨해진 대면 예배라는 영적 습관에 다시 박차를 가해야 합니다. 편안한 집 안에서 드리는 온라인 예배의 습관을 박차고 나와야 합니다.

마음과 삶을 주님께 열어 보이라

그리스도인으로서 다른 사람들과 삶을 나누지 못하는 근본적인 이유가 무엇인지 생각해 본 적이 있나요? 예수님은 사람들이 가장 싫어하는 곳, 가장 불결하게 생각하는 영문 밖 골고다 언덕에서 돌아가셨습니다. 모든 치욕과 멸시, 수치를 그 언덕 위에서 다 당하셨습니다. 그렇게 모욕을 당하신 이유는 나를 살리기 위함이었습니다. 하나님의 아들이신 예수님도 그렇게 하셨는데 나는 자존심 때문에 나의 허물을 드러내는 것을 두려워하고 있지는 않나요? 나의 모든 것을 사람들과 나눌 때 치유와 회복이 임합니다.

주님처럼 다른 사람을 도우라

우리가 영문 밖으로 나가야 하는 또 다른 이유는 다른 사람들을 돕기 위함입니다. 주님이 엉망진창인 내 삶에 관심을 보이셨던 것처럼 이제 나도 영문 밖의 사람들에게 관심을 가져야 합니다. 영문 밖에는 아직 예수님을 만나지 못한 사람들로 가득합니다. 그들에게 거룩한 관심을 보여야 합니다. 장막에서 자기 삶에 안주하는 사람들은 자기가 만든 종교생활을 할 뿐입니다. 주님이 계신 곳으로 나가야 합니다. 교회 공동체는 죽어 있는 '동물 제사 장막의 모임'이 아니라, 살아 있는 '예수 그리스도 중심의 제단의 모임'이 되어야 합니다. 그러면 주님이 성령의 치유의 능력으로 임재하십니다.

예수님을 믿으면서도 삶이 엉망진창인 이유는 그리스도의 십자가가 영광의 자리가 아닌 치욕과 멸시의 자리였기 때문이다. 예수님이 영문 밖으로 나가 구속의 계획을 이루신 것처럼 안일함을 박차고 나가 공동체와 함께 생명을 전해야 한다.

공동체를 위한 기도

살아 계신 하나님, 이 시간 벗어나야 할 안일한 영문 안의 삶이 무엇인지 생각할 수 있게 하심을 감사드립니다. 또한 엉망진창인 것 같지만 그리스도로 인하여 살아지는 삶을 허락하심도 감사드립니다. 바라기는 저희가 영문 밖으로 나가 그리스도의 생명을 세상에 전하는 삶을 살기 원합니다. 저희에게 예수 마을 공동체를 허락해 주심을 감사드립니다. 그 안에서 마음과 삶을 열어 보이고 주님처럼 다른 사람을 도우며 예수님을 닮아 가는 삶을 살기 원합니다. 순간순간 엉망진창인 현실을 마주할 때마다 영문 밖으로 나가신 그리스도의 구속의 은혜를 기억하게 하시고 세상의 도전 앞에 담대하게 해주실 것을 믿으며 예수 그리스도의 이름으로 축복하며 기도합니다. 아멘.

적용 질문

1. 나는 지금 영문 안과 영문 밖 중 어디에 있나요?

_____

_____

2. 영문 안에 있다면 예수님이 계신 영문 밖으로 나가지 않는 이유
   는 무엇인가요?

_____

_____

3. 내가 벗어나야 할 안일한 영문 안의 삶은 무엇인가요?

_____

_____

Part 3 온전한 연결을 위해 돌입하라

9장

영문 밖 공동체

하나님 사랑을
이웃 사랑으로 증명하라

히 13:16-17

오직 선을 행함과 서로 나누어 주기를 잊지 말라 하나님은 이 같은 제사를 기뻐하시느니라 너희를 인도하는 자들에게 순종하고 복종하라 그들은 너희 영혼을 위하여 경성하기를 자신들이 청산할 자인 것같이 하느니라 그들로 하여금 즐거움으로 이것을 하게 하고 근심으로 하게 하지 말라 그렇지 않으면 너희에게 유익이 없느니라 여러분은 하나님을 어디서 제일 많이 만나십니까? 어느 장소에서 하나님을 제일 깊게 만나십니까? 또한 어떤 환경에서 하나님의 임재를 가장 깊이 있게 체험하십니까? 이에 대한 대답은 사람마다 조금씩 다를 것입니다. 많은 분이 잘 준비된 찬양, 영감 있는 설교, 잘 차려입은 성도들이 한마음이 되어 하나님을 높여 드리는 예배 시간에 하나님께서 가장 강력하게 임재하실 것이라고 대답할지 모르겠습니다. 물론 이것은 틀린 답은 아닙니다. 구약시대 하나님은 이스라엘 백성이 성막에서 정성껏 준비한 제사를 드릴 때 불로써 임재하셨습니다. 그런데 우리에게는 현실적인 문제가 있습니다. 물리적으로 성막과 예배당에서 늘 살 수 없는 겁니다.

예배를 마치고 예배당을 나서면 바로 삶이라는 현실의 한복판에 서게 됩니다. 그곳은 늘 치열한 경쟁과 죄의 유혹이 도사리고 있고 수많은 선택을 해야 하는 곳입니다. 그 삶의 현장에서는 믿음의 시험을 당하기도 하고 내 안의 우선순위가 무엇인지가 적나라하게 드러나게 됩니다. 예배당 밖은 돈과 시간, 달란트와 가치관이 신앙에 의해 결정되는 시험대입니다.

예배당에 오지 못하는 사람들도 있습니다. 몸을 자유롭게 움직이지 못해서 집에서 라디오나 TV, 디지털 디바이스를 이용해 예배를 드리는 분들도 적지 않습니다. 매일 일터에 나가야 하기에 주일예배를 드리지 못하는 분들도 있습니다. 사람에게 당한 폭력이나 상처가 트라우마가 되어 사람이 두려워 예배당 안에 들어오지 못하는 사람도 있습니다.

또한 스스로 죄가 많다고 생각하여 예배당 안에 들어갈 수 없다고 생각하는 분들도 적지 않습니다. 한편으로 아직 예수님이 누구신지 알지 못해서 예배당에 오지 못하는 사람들도 부지기수입니다. 또한 거듭난 그리스도인이지만 지구상의 1억 3천만 명 이상의 그리스도인은 정부의 압제와 타 종교의 핍박 때문에 아예 예배를 드리지 못하는 경우도 있습니다. 이런 여러 상황 가운데서 우리는 과연 어디에서 하나님의 임재를 가장 깊게 경험할 수 있을까요?

영문 밖으로 나가라!

하나님의 임재를 경험하는 곳에 대한 힌트는 히브리서 13장 12절 말씀에서 얻을 수 있습니다.

> 그러므로 예수도 자기 피로써 백성을 거룩하게 하려고 성문 밖에서 고난을 받으셨느니라 히 13:12

이 말씀의 시작은 '그러므로 예수도'입니다. 이러한 표현이 의미하는 것은 예수님도 비슷한 일을 겪으셨다는 것입니다. 과거 구약시대 동물 제사에서 그랬던 것처럼 예수님도 성문 밖에서 고난을 받으셨다는 것이죠. 그런데 예수님이 고난을 받으신 이유를 무엇이라고 합니까? '자기 백성을 거룩하게 하려고'라고 합니다.

여기에는 엄청난 의미가 있습니다. 하나님의 아들이신 예수님은 성안이 아닌 성 밖, 그것도 저주받은 장소로 알려진 해골이라고 불리는 골고다에서 십자가에 달려 돌아가셨습니다. 유대인들이 거룩히 여기는 예루살렘 성내에 있는 거룩한 성전이 아니라 성 밖에서 말이죠. 예수님은 그렇게 성문 안이 아닌, 신앙의 치열한 전쟁터인 삶의 현장을 상징하는 영문 밖에서 돌아가셨던 것입니다.

서신서인 히브리서를 받은 사람들은 종교적인 핍박으로 신앙생활이 힘들어지자 다시 성문 안으로 들어가 안정된 율법 생활로 돌아가기를 원했습니다. 유대교 안에 머물러 있으면 사회적으로 인정받을 수도 있고 율법이 요구하는 것만 지키면 되니까 비교적 편안하게 종교생활을 할 수 있기 때문입니다. 반면 당시 예수교는 끊임없이 자기를 부인하고 예수님이 주시는 고난의 십자가를 지라고 가르쳤습니다. 그래서도 다시 성문 안으로 들어가길 원했습니다. 자꾸 양심을 찌르는 이야기를 듣느니 율법만 지키면 인정해 주는 종교가 더 편했던 거죠.

그런 그들에게 히브리서 기자는 성문 밖 골고다 언덕으로 돌아가라고 항변하고 있습니다. 심지어 "우리도 그의 치욕을 짊어지고 영문 밖으로 그에게 나아가자"(13절)라고 외치기까지 합니다. 그가 이렇게까지 하는 이유가 무엇입니까? 주님이 거기 계시기 때문입니다. 주님은 편안한 영문 안이 아닌 고난과 고통이 있지만 여전히 주님을 따르고자 삶의 한복판에서 몸부림치는 영문 밖 사람들과 함께 계시다는 것입니다. 예수님이 고난의 현장인 영문 밖에서 기다리고 계시다는 것입니다.

신약의 교회 공동체는 그렇게 예수님의 십자가 사건을 통해서 영문 밖에서 탄생한 예수 마을 공동체입니다. 더 이상 유대교가 아닙니다. 우리는 그 가치를 따르는 사람들이고, 교회는 그 위에 세워졌습니다. 그렇다면 이 새로운 영문 밖 공동체를 바르게 세우기 위해 우리는 어떻게 해야 할까요?

영문 밖 공동체에게 전하는 권면

히브리서 기자는 본문을 통해 영문 밖 공동체가 지켜야 할 지침 4가지를 다음과 같이 제시합니다.

썩어질 세상의 것들을 경배하지 말라

성경은 영문 밖 신앙을 가진 성도가 가져야 할 첫 번째 자세로 다음을 제시합니다.

> 우리가 여기에는 영구한 도성이 없으므로 장차 올 것을 찾나니
>
> 히 13:14

예수님이 사시던 당시에는 도시를 이루기 위한 몇 가지 조건이 있었습니다. 식수를 마련하기 위해 강이 있어야 했고 적으로부터 안전한 보호를 받기 위해 성벽을 쌓아야 했습니다. 성벽은 창세기에서 죄를 지은 이후부터 등장합니다. 즉 도시가

온전한 연결

발전하게 된 것이죠. 그러므로 성은 하나님의 보호하심이 아니라 인간이 스스로를 보호하기 위해서 발달한 것입니다.

예루살렘 성안에도 온갖 행정적 시스템과 경제 시스템, 그리고 성전을 중심으로 한 유대교가 사회 시스템으로 돌아가고 있었습니다. 성안에 살고 있는 사람들의 자부심도 대단했죠. 유대인에게 예루살렘 성은 유대교의 상징이었고, 예루살렘 도시는 하나님이 보호하시는 성지였습니다. 또한 적들이 쳐들어올 수 없을 만큼 견고하다고 생각했습니다. 때문에 예루살렘 성안에는 유대교로 무장한 사람들과 정치와 종교 지도자들이 살았습니다.

무엇보다 유대인들이 예루살렘 성내를 거룩하게 여긴 이유는 하나님을 만나는 장소로 여기는 성전이 있었기 때문입니다. 당시에는 헤롯왕이 유대인들의 환심을 사기 위해 성전 보수공사를 하고 있었습니다. 그 규모가 상당해서 예수님이 오시기 20년 전에 시작하여 예수님이 사역하시던 때에도 보수공사 중이었습니다. 무려 46년이나 걸려 짓고 있는 성전을 예수님이 "이 성전을 헐라 내가 사흘 동안에 일으키리라"(요 2:19)고 하셨으니 종교 지도자들이 얼마나 기가 찼겠습니까. 게다가 3일 만에 다시 일으키겠다 했으니 유대인들의 미움을 받으신 것은 어쩌면 당연합니다. 심지어 이런 말도 하셨습니다.

돌 하나도 돌 위에 남지 않고 다 무너뜨려지리라 마 24:2

그런데 이 말씀은 정확하게 이루어졌습니다. 주후 70년에 로마가 침입했을 때 완전히 다 무너져 버린 것입니다. 주후 64년경에 완성이 되었으니 거의 80년 넘게 지은 웅장한 성전이었지만 예수님의 예언대로 흔적조차 남지 않게 된 것입니다.

이것은 예루살렘 성전조차 하나님을 예배하는 데 있어 우상이 되어서는 안 된다는 뼈아픈 교훈입니다. 솔로몬 성전이든 기초를 다시 놓은 스룹바벨의 성전이든 오랫동안 새로 지은 헤롯 성전이든 예배자가 중요한 것이지 건물이 우상이 되어서는 안 됩니다. 도시를 이루기 위해서 공들여 쌓은 성벽이나, 예배를 드리기 위해서 지은 성전이나 모든 것이 영원하지 않습니다. 이 땅의 도성에 존재하는 안전해 보이고 영원할 것 같은 모든 것들은 다 사라질 것입니다. 거룩한 예수님의 십자가 피가 뿌려지지 않은 것은 그 어떤 것도 다 사라질 것입니다.

현명한 신앙인은 썩어질 것과 영원한 것을 구분할 줄 압니다. 이것이 신앙의 성숙도입니다. 성경은 영문 밖 신앙으로 장차 다가올 것을 바라보라고 말씀합니다. NLT성경은 히브리서 13장 14절을 "For this world is not our permanent home; we are looking forward to a home yet to come"이라고 번역하고 있습니다. '이 세상은 우리 집이 아니기 때문에 우리는 장차 올 하늘에 있는 우리의 성을 고대해야 한다'는 의미로 해석할 수 있습니다. 말씀대로 우리는 장차 다가올 것을 바라봐야 합니다. "오직 우리의 시민권은 하늘에 있는지라 거기로서 구원하는 자 곧 주 예수 그리스도를 기다리노니"(빌 3:20, 개역한글)라고 했듯이,

우리의 시민권은 썩어지지 않는 영원한 나라인 하늘나라에 있습니다.

우리는 이 땅에 살면서 필요한 것들을 구비하고 살고 있습니다. 이 땅의 것을 가졌다고 나쁜 것은 아닙니다. 성경도 건강한 부에 관하여 말씀하고 있기 때문입니다. 하지만 소유에 대한 지나친 집착은 금물입니다. 영원히 썩지 않는 것을 추구하는 자가 썩어질 것에 집착하여 신앙을 망가뜨리는 것은 다시 성문 안으로 들어가는 것과 같습니다. 예루살렘 성내는 썩어질 것을 상징하기 때문입니다. 오히려 썩어질 것들을 썩지 않는 영원한 나라를 위해서 투자하고 섬기는 것이 이 땅에서 주어진 특권이요 은혜라고 할 수 있습니다. 시간과 물질, 달란트와 내가 소유한 모든 것을 나의 정욕만을 위해 사용할 때는 이미 썩어진 것이 되지만, 다가올 영원한 나라를 위해 사용한다면 그 헌신은 영원히 기억될 것입니다. 한 번뿐인 인생은 곧 지나가지만 오직 그리스도를 위한 일만은 영원합니다!

영원하신 하나님만 경배하라

십자가를 따르기에는 내 삶이 엉망진창이고 혼란스러우며 뒤죽박죽인 것 같을 때가 있습니다. 이때에도 반드시 잊지 말아야 할 것이 있습니다.

> 그러므로 우리는 예수로 말미암아 항상 찬송의 제사를 하나님께 드리자 이는 그 이름을 증언하는 입술의 열매니라 히 13:15

어떤 상황에서도 잊지 말아야 할 것은 영원하신 하나님을 예배하고 찬미의 제사를 드리는 것입니다. 썩어질 것을 경배하는 것이 아니라 썩지 않는, 다가올 영원한 대상을 찬미해야 합니다. 그 대상은 오직 하나님 한 분뿐이십니다. 우주 온 만물을 하나님께서 창조하셨고, 그분으로 인하여 우리가 구원을 받았기 때문입니다. 영원하신 하나님을 예배함으로써 다가올 천국에 대한 확신을 더욱 굳건히 할 수 있습니다. 그런데 이런 예배에는 유대인들이 드리던 성문 안 예배와 차별되는 것이 있습니다.

첫째로, 우리는 예수로 말미암아 하나님께 나아갑니다. 신약 성경의 중요한 대목마다 어김없이 등장하는 표현이 있습니다. 그것은 '예수 안에서, 예수를 통해서, 예수에 의해서'입니다. 하나님도 '내 아들 예수를 통해서 내가 경배와 예배를 받기 원한다'고 말씀하십니다. 즉 동물의 피를 내는 제사가 아니라 십자가에서 돌아가신 예수님의 은혜를 '통하여' 하나님께 예배하라는 것입니다. 이 예배의 조건은 나의 잘남이 아닙니다. 그분의 아들 예수 그리스도의 거룩한 피가 조건입니다. 이 은혜를 온전히 깨닫는 사람이야말로 제대로 하나님 앞에 감사함과 찬송함으로 예배를 드릴 수 있습니다.

둘째로, 형식적인 제물만 가져오고 성전 마당 뜰만 밟고 가는 율법적인 예배가 아닙니다. 우리의 예배는 온 맘과 온 정성을 다해 감사와 찬송을 올려 드리는 예배입니다. 하나님께서는 중심을 보시기 때문입니다. 중심을 보시는 하나님께 어떠한 상황에서도 감사로 예배드릴 수 있는가는 어떤 상황에서도 하나님께서 나를 사랑하시는가와 같은 맥락입니다. 왜냐하면 어떤 상황에서도 하나님은 우리를 사랑하시기 때문입니다. 그 사랑은 우리가 죄인 되었을 때 아들을 십자가에 못 박은 사랑입니다. 하나님께서는 이런 차원 높은 사랑으로 우리를 바라보십니다. 예배의 핵심이 여기에 있습니다.

이스라엘 백성은 삶의 현장이 저주와 비방, 불평과 육욕으로 가득 차 있더라도 성전에 와서 동물로 제사만 드리면 된다고 생각했습니다. 그러니까 자꾸 이분법적인 신앙생활을 한 것이죠. 초대 교회 때 이원론적인 신앙이 일어난 이유도 이것과 맥을 같이합니다. 신앙, 즉 예배는 통합적인 것입니다. 우리 삶이 곧 예배이기 때문입니다.

그러므로 영문 밖 신앙은 감사와 찬송으로 입술의 열매를 드리는 것입니다. 주일에는 일주일 동안 세상에서 하나님의 백성으로 살아오다가 하나님의 은혜로 다시 예배의 자리에 있게 된 것에 대한 감사가 넘쳐야 합니다. 우리는 완벽할 수 없습니다. 그러나 하나님의 백성 된 자녀로서 은혜를 경험하기 위해 예배의 자리에 나와 회개하고 하나님을 찬양하고 말씀을 들으면서 다시 한번 세상으로 나갈 힘을 얻을 수 있습니다. 부족해서 실수하고 넘어질 수 있습니다. 그럴 때도 변하지 않는 하나님의 사랑을 믿고 예수님을 닮아 가고자 몸부림치는 성도로 감사하며 살아갈 수 있습니다.

기억하십시오. 하나님만 영원하시고 그 영원하신 하나님을 예배하는 일도 영원하며 그 예배를 감사함으로 드리는 우리도 영원할 것입니다. 그것은 영원하신 하나님을 예배하기 때문입니다!

하나님 사랑을 이웃 사랑으로 증명하라

입술의 열매, 찬미의 제사, 기쁨의 예배를 통한 하나님의 사랑은 결국 이웃 사랑으로 나타납니다.

> 오직 선을 행함과 서로 나누어 주기를 잊지 말라 하나님은 이 같
> 은 제사를 기뻐하시느니라 히 13:16

히브리서뿐 아니라 이사야서와 말라기서 그리고 신약의 선지자들도 하나님의 이와 같은 심정을 대변하는 말씀을 가득 써 놓았습니다. 고아와 과부, 나그네와 세상에서 소외된 자들을 향하여 나가는 것이 하나님을 존중하는 것이라고 성경은 분명하게 말씀합니다.

하나님이 원하시는 제사는 뜬구름 잡는 예배가 아닙니다. 아무리 예배당에서 열정적으로 예배를 드린다고 해도 삶의 현장에서 사람을 사랑하고 도와주는 실천이 없다면 그것은 위선적인 신앙입니다. 이런 신앙은 세상도 인정하지 않습니다. 신앙훈련 등으로 지식이 많아질수록 긍휼에 대한 책임감이 강해지는 것은 당연합니다. 하나님을 사랑하는 사람들은 이웃 사랑으로 그 사랑을 증명하게 되어 있습니다. 하나님을 사랑한다고

하면서 영문 밖 삶의 현장에서 이웃을 돕지 않고 자아실현에만 몰두하면 안 됩니다. 영문 밖 신앙은 하나님 사랑을 이웃 사랑으로 증명해 내는 신앙입니다.

제게는 잊히지 않는 영어 문장이 있습니다. 워싱턴주 피시 (Fish)라는 라디오 방송에서 프로그램을 시작하거나 마칠 때마다 쓰는 문장입니다. 'Loving God by serving people!' 즉 '다른 사람을 섬기는 것을 통해서 하나님을 사랑하기'입니다. 저는 이 문장이 성경 전체를 요약한 것이라고 생각합니다. 우리는 처음부터 이웃을 사랑하지 못합니다. 하나님을 사랑함으로써 이웃 사랑을 깨닫게 됩니다. 그리고 그렇게 깨달은 것으로 영문 밖에 나가서 사람들을 섬기다 보니까 그런 섬김을 하나님께서 원하시고, 그것을 통해 하나님을 섬긴다는 것을 깨닫게 됩니다.

공동체의 영적인 질서를 함께 세워 가라

영적인 구제가 힘든 신앙이 있습니다. 바로 '내가복음'에 물들어 있는 신앙입니다. 공동체에 의해 나의 신앙이 검증되지 않는 독불장군 같은 신앙은 대단히 위험한 신앙입니다. 예수님도 이런 부류의 사람들과 끈질긴 논쟁을 하셨지만 소수의 사람을 빼고는 거의 변화되지 않았습니다. '내가복음'에 가득 찬 사람은 자신만의 바벨탑을 쌓아서 예수님과 논쟁하여 이기려고 합니다. 이런 신앙은 주님의 공동체에서 암적인 존재로 자리하고 있다가 사탄이 틈을 주면 기회를 잡아 일을 하기 시작합니다. 전형적인 영문 안 신앙입니다. 이런 문제는 초대 교회에서도 심심치 않게 등장했습니다. 히브리서 기자는 교회의 영적인 질서를 이렇게 세우라고 권면합니다.

> 여러분은 지도자들의 말을 잘 듣고 그들에게 복종하십시오. 그들
> 은 자기들이 한 일을 하나님께 보고해야 할 사람들이므로 정신을
> 바짝 차리고 여러분의 영혼을 보살핍니다. 그러므로 그들이 이 일
> 을 괴로운 마음으로 하지 않고 기쁨으로 하게 하십시오. 그렇게
> 하지 않으면 여러분에게 유익이 없습니다 히 13:17, 현대인의성경

교회는 주님이 세우신 예수 마을 공동체입니다. 거기에는 하나님이 세우신 리더들이 있습니다. 그들은 교회의 핵심 리더로서 교회를 건강하게 세워 갑니다. 그들이 실망하지 않고 온전히 이 사역을 감당할 수 있도록 그들을 위해 기도하고 격려하며 그들에게 순종해야 합니다.

성경은 그 이유를 '마지막 날에 하나님 앞에 자신이 한 일들을 보고해야 하기' 때문이라고 설명합니다. 하나님께서는 리더들에게 교회를 섬기고 돌보는 막중한 책임을 맡기셨습니다. 이 책임의 결과는 칭찬과 상급도 있겠지만 책임을 다하지 못해서 받는 심판도 있습니다. 그러므로 따르는 자들은 섬기는 자들이 기쁨으로 그 일을 감당할 수 있도록 잘 순종하라는 것입니다. 성경은 그렇지 않으면 돌봄을 받는 사람들에게 유익이 없다고 잘라 말합니다.

이 말씀을 LAB주석은 "너무나 많은 성도들이 끊임없는 불평

과 대인관계 속의 갈등을 통해 문제와 긴장을 야기시킨다. 즐거운 마음으로 지도자들을 돕고 성실하게 조력한다면 지도자들이 얼마나 기쁘게 일하겠는가? 당신은 당신의 지도자가 당신에 대해 하나님께 즐겁게 보고할 수 있을 정도로 그에게 잘 처신하고 있는가?"라고 해석하고 있습니다. LAB주석이 주는 이와 같은 인사이트는 깊이 있게 생각해 볼 일입니다. 가정과 학교 등 어느 공동체든 같은 원리의 질서가 필요하기 때문입니다. 하물며 예수 그리스도의 피 값으로 세워진 공동체의 영적 질서는 어떠해야겠습니까?

영문 밖은 영문 안보다 영적인 전투가 몇 배나 더 치열한 곳입니다. 이에 교회의 질서를 통해 서로가 한마음이 되어 하나님이 맡기신 사역을 힘있게 감당하는 것이 필요합니다. 서로가 한마음이 되어서 하나님이 맡기신 사역을 힘있게 감당할 때, 이 세상을 섬기고 악한 어둠의 권세를 이길 수 있습니다. 히브리서 기자는 그런 리더들이 그 일을 잘 감당할 수 있도록 간절히 기도해 달라고 당부합니다. 영적 전쟁터에서 우리를 이끌 리더들의 힘은 기도에서 나옵니다.

> 우리를 위하여 기도하라 우리가 모든 일에 선하게 행하려 하므로 우리에게 선한 양심이 있는 줄을 확신하노니 내가 더 속히 너희에게 돌아가기 위하여 너희가 기도하기를 더욱 원하노라 히 13:18-19

지금까지 영문 밖 신앙을 가진 성도가 지녀야 할 4가지 지침들을 살펴보았습니다. 그런데 혹시 이 4가지 지침이 아무것도 아닌 것처럼 들린다면 다음의 것들을 점검해 봐야 합니다. 첫째, 관념화된 신앙이 된 것은 아닌지 살펴야 합니다. 또한 영문 안에서 생활하고 있는 건 아닌지 진지하게 생각해 봐야 합니다. 둘째, 많이 들은 만큼 행하지 않았기에 아무것도 아닌 것처럼 들릴 수 있습니다. 이제는 행동해야 합니다. 아무것도 아닌 것처럼 들리는 세 번째 이유는 십자가의 고난의 유익을 배우지 못했기 때문입니다. 그러나 지금부터라도 배워 가며 영문 밖 예수 마을 공동체를 세우기 위해 힘쓴다면 필요한 모든 것을 공급해 주실 것입니다.

서두에서 했던 질문을 다시 합니다. '우리는 과연 어디에서 하나님의 임재를 가장 깊게 경험할 수 있을까요?' 때론 하나님을 만나는 것과 상관없이 예배에 중독될 수 있습니다. 신앙과 삶이 분리된 생활을 하고 있을 때도 있습니다. 그러므로 영문 밖으로 나가야 합니다. 그 영문 밖은 나 자신일 수도, 가정이나 직장일 수도 있습니다. 영문 밖으로 나가 거기에 계신 예수 그리스도를 만나십시오.

온전한 연결

영문 밖 공동체는 썩어질 세상의 것들이 아닌 영원하신 하나님만 경배하며 하나님 사랑을 이웃 사랑으로 증명해 내는 공동체다. 또한 서로 격려하고 기도하며 영적인 질서를 세워 나가는 공동체다. 우리는 이렇게 삶이 깃든 공동체 안에서 하나님을 경험한다.

공동체를 위한 기도

살아 계신 하나님, 저의 죄를 위하여 엉망진창인 영문 밖에서 고난을 받으시고 구원을 이루어 주신 것을 감사드립니다. 다시 한번 영문 밖 신앙을 회복하고 이웃을 섬기기 원합니다. 또한 이러한 이웃 사랑을 통하여 세상에 하나님의 사랑을 증명하게 하시고 썩어질 것이 아니라 영원하신 하나님을 예배하며 영원한 것에 투자하게 하옵소서. 하나님께서 세우신 공동체의 질서를 위해 리더들은 하나님을 더욱 사랑하고, 돌봄을 받는 자들은 리더들을 위해 기도하여 영적인 질서가 세워지는 교회 고동체가 될 수 있기를 간구합니다. 이 모든 것을 듣고 응답해 주실 것을 믿으며 놀라우신 예수 그리스도의 이름으로 축복하며 기도합니다. 아멘.

1. 예배당이 아닌 곳에서 나와 함께하시는 하나님을 경험한 적이
   있나요?

   _____

   _____

2. 안주하려는 영문 안의 삶은 무엇이고 영문 밖은 어디인가요?

   _____

   _____

3. 하나님 사랑을 증명하기 위해 어떻게 이웃 사랑을 실천하고 있
   나요?

   _____

   _____

온전한 여결

10장

치유 공동체

서로 용납함으로
화목을 이루라

엡 4:31-32

너희는 모든 악독과 노함과 분냄과 떠드는 것과 비방하는 것을 모든 악의와 함께 버리고 서로 친절하게 하며 불쌍히 여기며 서로 용서하기를 하나님이 그리스도 안에서 너희를 용서하심과 같이 하라

고후 5:19

곧 하나님께서 그리스도 안에 계시사 세상을 자기와 화목하게 하시며 그들의 죄를 그들에게 돌리지 아니하시고 화목하게 하는 말씀을 우리에게 부탁하셨느니라

사람들에게 절대 상처를 받지 않을 만큼 완벽한 공동체를 찾고 싶은 사람은 현실적으로 두 가지 딜레마에 빠져 있다고 할 수 있습니다. 먼저는 완벽한 공동체를 찾아서 내가 문을 열고 들어가 교제하다가 나 때문에 사람들이 상처받을 수 있다는 것입니다. 이것은 내가 완벽하지 않기 때문입니다. 완벽한 공동체를 찾는 사람의 심리에는 내가 완벽하지 않다는 반증이 숨어 있습니다.

또 하나는 완벽한 공동체를 찾는 사람들은 대부분 결벽증에 가까울 만큼 자기 자신은 완벽하고 의인이라고 생각하는 경향이 있습니다. 그래서 공동체에 들어갔지만 그 사람의 완벽성 때문에 공동체의 구성원들이 힘들어하는 경우입니다. 이 세상에 완벽한 공동체나 가정은 없습니다. 아울러 완벽한 교회도 없습니다. 왜냐하면 나와 비슷한 사람들이 모이는 곳이기 때문입니다. 물론 우리가 섬기는 하나님은 완벽을 넘어 거룩하신 분입니다.

교회론의 첫 번째 항목은 '원형적인 의미에서의 교회는 하나님이 아들이신 예수님을 통해서 세우셨기 때문에 그 스스로 완벽하다'는 것입니다. 그러나 교회의 역설은, 완전하신 주님의 거룩함을 닮기 원하는 사람들이 모인 미완성 공동체라는 것입니다. 따라서 교회 공동체가 명심할 것은, 교회는 거룩을 추구하는 공동체이면서 죄인이며 부족한 사람들이 모여서 서로를 치유하는 회복 공동체라는 사실입니다.

우리가 가장 처음으로 사랑을 받고, 또한 가장 많은 상처를 받는 공동체가 있습니다. 바로 가정입니다. 그러나 가정의 속성이 이렇다고 해서 지구상에서 가정을 없애 버리자고 하는 사람은 없습니다. 왜냐하면 그 상처를 치유할 수 있는 공동체 또한 가정이기 때문입니다. 교회도 마찬가지입니다. 교회를 병원에 비유하면 그 안에는 세 부류의 환자가 있습니다. 이제 막 병의 치료가 진행 중인 사람, 병이 너무 중해서 막 병원에 입원한 사람, 치료가 끝나서 퇴원 수속을 하는 사람입니다. 당연히 치료가 다 끝난 사람이 많을수록 건강한 교회라고 할 수 있겠죠. 하지만 교회에는 치료가 끝난 거룩한 사람들이 많지 않습니다.

예수님은 오히려 죄인들만 찾아서 다니셨습니다. 그래서 바리새인과 사두개인들은 예수님에게 "당신은 죄인들의 친구다"라며 비아냥거렸습니다. 하지만 예수님은 자신이 죄인이라고 생각하는 사람들을 찾아가서 치료해 주셨습니다. 그러니까 교회는 상처가 있는 사람을 만나 상처를 주고받을 수도 있지만 그리스도의 사랑으로 상처에서 회복된 사람들에 의해 치유가 일어나는 치유 공동체입니다.

영적 성숙도의 척도 한 가지는 다른 사람과 어울리는 능력이라고 할 수 있습니다. 곧 교제의 능력, 치유의 능력, 화해의 능력이지요. 성경은 우리에게 이 능력을 주셨다고 증언합니다. 이 능력은 우리가 하는 직무로 사람들을 화목하게 합니다.

하나님께서 부여하신 우리의 직책

> 모든 것이 하나님께로서 났으며 그가 그리스도로 말미암아 우리를 자기와 화목하게 하시고 또 우리에게 화목하게 하는 직분을 주셨으니 곧 하나님께서 그리스도 안에 계시사 세상을 자기와 화목하게 하시며 그들의 죄를 그들에게 돌리지 아니하시고 화목하게 하는 말씀을 우리에게 부탁하셨느니라 고후 5:18-19

화목하게 하는 직책은 하나님께서 우리에게 당부하시고 그리스도인에게 명령으로 주신 것입니다. 마태복음에서는 이 화평하게 하는 자를 하나님의 아들이라고 명명합니다(마 5:9). 우리가 예수님이 주인 된 교회 공동체에서 하나님께 부름받은 사명은 바로 이 화평하게 하는 자가 되는 것입니다. 예수님도 하나님과 우리 사이를 중재하셨습니다. 우리는 죄인이요 하나님은 심판자이기에 예수님이 중재하신 것입니다. 하나님의 아들이 십자가에서 대신 죗값을 치르면서 우리 죄를 변호하셨습니다. 물론 이런 구속사는 하나님께서 계획하신 것이고 그 계획은 완벽하게 성공했습니다. 예수님이 죽으심으로 인간과 하나님 사이에 화해가 이루어졌기 때문입니다.

하나님은 우리에게도 이런 일을 하라고 직책을 맡겨 주셨습니다. 그 직책은 "화평케 하는 자"(peacemaker)입니다. 하나님과 인간 사이를 중재하신 예수님처럼 우리도 피스메이커가 되라고 하나님께서 우리를 공동체로 부르셨습니다. 하나님께서 부여하신 이 피스메이커를 잘 감당하는 치유 공동체가 되기 위한 성경적 방안은 무엇일까요?

치유 공동체를 이루는 길

하나님께서 우리에게 부여하신 '피스메이커'라는 직책을 잘 감당하는 치유 공동체로 나아가기 위한 성경적 지침을 살펴보 겠습니다.

모든 과거를 정리하라

교회가 치유 공동체가 되기 위해서는 모든 과거를 정리해야 합니다. 에베소서는 1장부터 3장까지 교회에 대해 서술합니다. 이어지는 4장부터 6장까지는 교회에 속한 성도의 어떠함을 이 야기합니다. 특별히 4장에서는 옛일과 옛 옷을 벗어 버리라고 합니다(22, 31절). 그런 의미에서 4장 31-32절은 결론에 해당합 니다. 그 결론은 "너희는 모든 악독과 노함과 분냄과 떠드는 것 과 비방하는 것을 모든 악의와 함께 버리고"(31절)입니다.

하나님께서는 우리의 행동 속에 악이 가득 들어 있다고 하 십니다. 이것은 우리가 인정하든 그렇지 않든 하나님의 말씀입 니다. 특히 과거의 어떤 일에 대해 시기와 질투라는 악의적인 의도를 가지고 복수하려 한다면 더욱 악 가운데 있다고 할 수 있습니다. 이러한 원한을 버리고 상처를 치유하려면 과거의 일 을 내 마음에서 버려야 합니다. 상처가 치유되지 않는 사람들의 특징은 과거에 얽매여 산다는 것입니다. 많은 경우, 과거에 나한테 상처를 준 사람과 그 일을 계속해서 떠올리기 때문에 상처에서 벗어나지 못합니다. 이것은 그 사람의 환경의 문제가 아니라 마음의 문제입니다. 이런 마음의 상태는 영적인 생활에도 엄청난 지장을 줍니다. 그 문제가 상처가 되고 그것이 원한으로 마음에 자리 잡기 때문입니다.

이 원한과 증오, 타오르는 복수심이 건강에 어떤 영향을 미치는가에 관한 것은 익히 잘 알려져 있습니다. 몸에 나타나는 문제들의 원인은 죄책감과 원한입니다. 쉽게 분노하고 화를 내며, 다른 사람을 용서하기 어려운 가장 근본적인 이유는 용서함을 받은 경험이 없거나 적기 때문입니다. 혹은 하나님께서 주신 용서를 머리로는 알고 있지만, 마음으로는 모르고 있기 때문일 수도 있습니다.

그러나 겉으로는 반대로 행동할 수 있습니다. 용서받은 경험이 없으니 늘 죄책감에 시달리면서도 겉으로는 의인처럼 행세하는 것이죠. 그리고 그런 잣대로 다른 사람을 평가하니 분노가 치밀 수밖에 없습니다. 다른 사람을 미워하고 증오하며 원한을 품는 것으로 상처가 치료된다면 그렇게 하라고 하고 싶습니다. 밤마다 잠자리에서 분노의 대상을 머리에 떠올리며 두들겨 패거나 욕하고 증오심을 갖는 방법도 있습니다. 그러나 그런 분노는 나를 망하게 하고 내 영혼을 좀먹습니다. 성경은 이에 대해 조언합니다.

분노가 미련한 자를 죽이고 시기가 어리석은 자를 멸하느니라

욥 5:2

미국의 유명한 소설가 마크 트웨인(Mark Twain)은 용서에 대하여 이런 말을 했습니다. "용서는 제비꽃이 자기를 밟는 발꿈치에 남기는 향기다." 또한 저명한 설교가 워렌 위어스비(Warren Wiersbe)는 "용서하지 않으면 다치는 사람은 결국 상대가 아니라 나 자신이다. 상대에게 원한과 앙심을 품고 용서하지 않으면 내 속사람에 독이 퍼져 정서적으로뿐 아니라 영적으로도 병에 걸린다. 그 병은 인간이 만든 모든 약으로도 고칠 수 없다"라고 했습니다. 이처럼 내 안의 분노는 나를 좀먹습니다.

남편에 대한 원한과 분노로 신음하면서 실명되어 가던 여자가 설교를 듣고 용서하는 마음을 갖자 시력이 돌아오는 기적이 일어났다는 이야기를 들은 적이 있습니다. 이와 같은 용서의 기적은 하나님의 말씀을 믿는 자들이 이루는 것입니다. 내 안의 원한과 증오를 몰아내고 용서하기로 결정할 때 하나님이 역사하십니다. 이렇듯 옛 옷을 벗어 버리고 새 삶을 사는 사람들에게 성경은 이렇게 말씀합니다.

너희는 모든 악독과 노함과 분냄과 떠드는 것과 비방하는 것을 모든 악의와 함께 버리고 엡 5:31

처음에는 이런 악독과 노함과 분냄이 정당한 것이라고 생각

할 수 있습니다. 그러나 죄인들을 공평하게 생각하는 하나님께서는 이 모든 것을 버리라고 하십니다. 여기서 '버리라'는 제거하라는 뜻입니다. 옛사람을 벗어 버리고 그리스도의 사람으로 새사람을 입었다면 과거에 우리가 가졌던 옛사람의 성품은 버리고 예수 안에서 변화된 사람으로 살아야 합니다. 이렇게 옛사람의 일을 버리고 내 마음의 상처와 남에 대한 분노에서 벗어날 때 건강한 치유 공동체를 이룰 수 있습니다.

서로를 친절하게 대하라

주님이 보여 주신 치유 공동체를 이루기 위해서는 서로를 친절하게 대해야 합니다. 에베소서 4장의 결론인 32절은 주변 사람들에게 내가 해야 할 일을 구체적으로 설명합니다.

> 서로 친절하게 하며 불쌍히 여기며 서로 용서하기를 하나님이 그리스도 안에서 너희를 용서하심과 같이 하라 엡 4:32

여기서 친절하다는 '상대방이 나에게 한 일과 관계없이 그에게 올바른 말을 하고 올바른 태도로 대한다는 것'입니다. 그러므로 그리스도를 닮은 사람은 상대방이 나를 거칠게 대하고 나를 폄훼해도 친절하게 대해야 합니다. 공동체에는 이런 사람이 필요합니다. 상대방이 누구인가에 관계없이, 나에게 어떻게 했든지에 상관없이 자신의 인격을 지킬 줄 아는 사람이 필요합니다. 왜냐하면 사람을 대하는 것을 보면 그 사람 안에 무엇이 존재하는지 알 수 있기 때문입니다. 하나님의 공동체에는 마음에 하나님을 모신 친절한 사람이 필요합니다. 직분과 그동안 쌓은 내공도 다 내려놓고 성질대로 행동한다면 사탄만 좋아합니다. 분노함은 하나님의 의에 이르지 못합니다.

링컨(Abraham Lincoln)의 정치적 적이던 스탠턴(Edwin Stanton)은 링컨의 외모를 두고 자주 인신공격을 했습니다. 그는 심지어 "우리는 고릴라를 보기 위해 아프리카에 갈 필요가 없다. 일리노이 스프링필드에 가면 오리지널 고릴라를 볼 수 있다"라며 링컨을 비하했습니다. 이 얼마나 듣기에 거북하고 민망한 막말입니까. 하지만 링컨은 대통령이 된 뒤 스탠턴을 국방부 장관으로 임명했습니다. 사람들이 수군대자 링컨은 이렇게 말했습니다. "이제 스탠턴은 적이 아닙니다. 나는 적이 없어져서 좋고, 그가 나를 돕게 되어서 좋지요. 내가 이 사람을 용서하고 중요한 자리에 임명한 것을 통해서 내가 잃은 것이 있나요?"

스탠턴은 링컨에게 가장 심한 모욕을 준 사람이지만, 링컨은 그를 친절하게 대했습니다. 이것이 사람을 대하는 능력입니다. 이것은 어렵지만 불가능한 것은 아닙니다. 예수님이 우리를 그렇게 대하셨다면 말입니다.

서로 불쌍히 여기라

주님이 보여 주신 치유 공동체를 이루기 위해서는 서로를 불쌍히 대해야 합니다.

> 서로 친절하게 하며 불쌍히 여기며 서로 용서하기를 하나님이 그
> 리스도 안에서 너희를 용서하심과 같이 하라   엡 5:32

계속해서 성경은 '불쌍히 여기라'고 합니다. 그리스도인은 상대방을 불쌍히 여길 줄 아는 마음을 가져야 합니다. 그러기 위해서는 상대방을 이해해야 합니다. 그 사람의 자란 환경, 어려운 처지, 그럴 수밖에 없는 이유 등을 이해해야 합니다. 인간은 환경의 산물입니다. 환경이 그렇게 만든 겁니다. 물론 자신의 잘못도 있습니다. 그렇지만 상대방의 처지와 환경을 이해하는 것, 심지어 그렇게 행동했을 때 헤아려 주는 것이 불쌍히 여기는 마음입니다. 예수님도 우리의 마음을 헤아려 주고 우리와 눈높이를 맞추기 위해 이 땅으로 내려오셨습니다. 빌립보서는 이 땅에 내려오신 예수님에 대해 이렇게 설명합니다.

> 그는 근본 하나님의 본체시나 하나님과 동등됨을 취할 것으로 여기지 아니하시고 오히려 자기를 비워 종의 형체를 가지사 사람들과 같이 되셨고 사람의 모양으로 나타나사 자기를 낮추시고 죽기까지 복종하셨으니 곧 십자가에 죽으심이라   빌 2:6-8

예수님이 죄인인 우리를 불쌍히 여기지 않으셨다면 어떻게 이런 일을 할 수 있었을까요? 본질적으로 죄인 된 우리를 불쌍히 여기셨기에 이 땅에 내려와 죽으셨습니다. 그러니 우리도 이런 예수님을 본받아 서로 불쌍히 대해야 합니다.

서로 용서하라

주님이 보여 주신 치유 공동체를 이루기 위해서는 서로 용
서해야 합니다.

서로 용서하기를 하나님이 그리스도 안에서 너희를 용서하심과
같이 하라 엡 4:32

사실 그냥 용서만 한다면 앞의 두 가지, 친절하게 하며 불쌍
히 여기는 것은 문제가 되지 않습니다. 그런데 하나님께서는
이 두 가지를 포함하는 동시에 그리스도가 우리를 용서하신 것
처럼 용서하라고 요구하십니다.

윌리엄 아서 워드(William Arthur Ward)는 이런 명언을 남겼습니
다. "우리가 복수할 때 우리는 짐승 같다. 우리가 누군가를 우
리의 잣대로 판단할 때 우리는 인간 같다. 그러나 우리가 용서
할 때 우리는 하나님 같다." 어느 부류에 속하기 원하나요? 인
생의 승리자는 용서하는 사람입니다. 왜냐하면 우리가 용서할
때 우리는 하나님과 같은 일을 하고 있기 때문입니다.

제자들이 예수님께 "상처를 준 사람을 몇 번이나 용서할까
요?"라고 물었을 때, 예수님은 비유로 70번에 7번을 용서하라
고 가르치셨습니다. 이 가르침대로 490번을 용서하는 사이에
우리는 진심으로 용서하게 됩니다. 단번에 용서하는 것은 쉽지
않습니다. 인간은 묵상하는 존재이기에 아무리 용서를 빌어도
나에게 가한 그 사람의 나쁜 짓이 자꾸만 생각납니다. 그래서

반복적으로 용서해야 한다고 가르쳐 주신 것입니다. 이것이 용서의 기술 중 하나입니다.

용서하라고 해서 그 사람이 계속 나에게 상처 주는 행동을 허용하라는 의미는 아닙니다. 이제까지 그 사람이 나에게 한 행동으로 인해 내가 더 이상 상처를 받지 않겠다는 선언을 하라는 것입니다. 이것은 결코 쉬운 일이 아니지만 예수님은 해내셨습니다. 십자가에서 말이죠. 그러므로 우리도 그리스도 안에서 용서하기를 연습해야 합니다.

그리스도 안에서 하라

주님이 보여 주신 치유 공동체를 이루기 위해서는 그리스도 안에서 해야 합니다. 32절 끝부분은 "그리스도 안에서 너희를 용서하심과 같이 하라"(엡 4:32)고 말씀합니다. 우리가 진정한 피스메이커, 또 그러한 사람들이 모인 치유 공동체가 되기 위해서는 하나님이 그리스도 안에서 나를 용서하심을 체험하는 것이 중요합니다. 내가 그것을 체험한 만큼 다른 사람을 이해할 수 있기 때문입니다. 죄 가운데 있을 때도 나를 불쌍히 여겨 주시고 모든 것을 용서해 주신 하나님의 용서하심을 깊이 체험한 만큼 우리의 언어와 행동과 결정이 달라집니다. 그것이 영성의 깊이입니다.

우리는 지구를 다 뒤덮을 만한 죄의 목록을 가진 자들이지만 예수님이 목숨을 다해 대신 용서해 주셨습니다. 그것을 아는 자가 그리스도인입니다. 십자가의 용서를 묵상하는 삶을 사는 자가 그리스도인입니다. 이것은 반드시 그리스도 안에서만 가능합니다.

우리는 가끔 주기도문을 아무 생각 없이 암송합니다. "우리가 우리에게 죄 지은 자를 사해 준 것같이 우리 죄를 사하여 주옵시고." 이 기도문은 '내가 다른 사람을 용서한 만큼만 나를 용서하소서'라는 의미입니다. 우리가 먼저 긍휼과 친절한 마음을 품어야 하는 것입니다. 예수님은 두려움과 불신앙으로 예수님을 부인하고 떠난 제자들을 다시 찾아가셨습니다. 그리고 그들을 책망도 하셨지만, 먹이고 격려하며 다시 하나가 되도록 권면하셨습니다. 그래서 그들은 마가의 다락방에 모여서 기도하고 하나가 되는 데 힘쓸 수 있었습니다.

그때 하나님께서는 모든 능력을 이룰 수 있는 능력 즉 화목하게 하는 능력을 주셨습니다. 그 후로 제자들은 누가 더 크냐를 가지고 논쟁하지 않았습니다. 에베소서 4장 31절 말씀처럼 분냄과 떠드는 것과 비방하는 것을 버렸습니다. 예수님은 제자 공동체를 통해 공동체의 위력을 보여 주셨습니다. 오늘을 사는 우리의 공동체도 그런 치유 공동체가 될 수 있습니다. 예수님이 함께하시기 때문입니다.

하나님께서 허락하신 치유 공동체에서는 친절하게 대하고 불쌍히 여기며 서로 용서하기를 하나님이 그리스도 안에서 우리를 용서하심같이 하는 기적의 일들이 벌어진다.

공동체를 위한 기도

살아 계신 하나님, 목장 공동체에는 저마다 가슴 아픈 이야기를 지닌 사람들이 많습니다. 작은 셀그룹으로 모여 마음을 나누고 격려하며 서로를 이해하게 하심을 감사드립니다. 저희의 이러한 실천들이 모여 주님이 원하시는 교회의 모습, 곧 치유 공동체가 되길 원합니다. 이 공동체 안에서 모든 악독과 노함과 분냄과 비방하는 것을 버리게 하시고 서로 친절하게 대하고 불쌍히 여기며 용서하기를 원합니다. 그렇게 매일의 삶을 통해 신앙이 성숙하길 바라며 놀라우신 예수 그리스도의 이름으로 축복하며 기도합니다. 아멘.

적용 질문

1. 여전히 정리되지 않은 상처가 있다면 그것은 무엇이며 이유는 무엇인가요?

_____

_____

2. 긍휼과 인자한 마음으로 먼저 다가가 용서(화해)해야 할 사람이 있나요?

_____

_____

3. 우리 목장 교회가 치유 공동체가 되기 위해 어떤 노력이 더욱 필요할까요?

_____

_____

11장

가정 공동체

주 예수를 믿는
행복한 가정을 꿈꾸라

행 16:31-32

이르되 주 예수를 믿으라 그리하면
너와 네 집이 구원을 받으리라 하고
주의 말씀을 그 사람과 그 집에 있는
모든 사람에게 전하더라

미국은 어머니의 날, 아버지의 날에 큰 의미를 두고 행사가 진행되지만 흥미롭게도 어린이날에는 축제도 특별한 이벤트도 하지 않습니다. 그러나 반대로 우리나라는 어린이를 위한 특별한 날을 정하고 큰 의미를 두고 있습니다. 더욱 자랑스러운 사실은 1923년 방정환 선생이 중심이 된 색동회에서 5월 1일을 어린이날로 제정한 지 올해로 100주년이 되는 의미 있는 해라는 것입니다. 더군다나 어린이날은 공휴일입니다. 이런 나라가 흔하지 않습니다. 조금 재미있는 것을 조사해 보았습니다. 어린이날이 생긴 이래 지금까지 시대별 인기 선물은 무엇이었을까요?

1950~1960년대에는 알사탕입니다. 전쟁의 아픔 때문일까요? 폐허로 변해 버린 삶의 터전에서 당장 먹고사는 것이 시급했기에 어린이날이라는 개념은 거의 없었습니다. '보릿고개'라는 말이 있을 정도로 먹을 것이 귀하던 시절, 눈깔사탕 하나만 받아도 큰 선물이었습니다. 아이들은 사탕을 깨물어 먹지 않고 입안에서 녹여 먹었다고 합니다.

1970년대에는 종합 과자 선물 세트입니다. 1975년 1월 27일은 대통령령으로 어린이날을 법정 공휴일로 지정한 날입니다. 어린이날의 위상이 높아지면서 어린이날에는 어린이를 위해 선물을 줘야 한다는 인식이 조금씩 생기기 시작했습니다. 당시에는 각종 제과업체가 스낵(과자) 제품을 출시했지만, 여전히 과자가 귀한 시절이어서 그런지 당시 어린이들에게 여러 가지 과자를 한 상자에 넣은 종합 과자 선물 세트가 인기 폭발이었습니다.

1980년대에는 장난감과 스포츠 용품입니다. 만화와 애니메이션을 토대로 만든 완구와 봉제 인형, 팬시 상품이 인기였습니다. 더불어 야구와 축구 등 스포츠 용품도 어린이날 선물로 인기를 끌었습니다. 1990년대에는 컴퓨터가 가정에 들어오기 시작하면서, 컴퓨터를 이용한 게임기가 멋진 선물로 떠올랐습니다. 이밖에 블록 놀이인 레고도 큰 사랑을 받았습니다.

2000년대에는 노트북, 디지털카메라와 같은 다양한 IT 제품이 등장하고, 관련 제품들의 디자인과 기능이 더욱 향상되면서 어린이날 선물도 변화를 거듭했습니다. 특히 IT 제품을 활용한 게임기가 보급되면서 게임 CD를 아이들에게 선물했습니다. 애니메이션 캐릭터를 이용한 완구와 전자 완구 등도 여전히 인기를 모으고 있습니다.

그런데 2015년 4월 8일부터 12일까지 직업 체험관 키자니아를 방문한 초등학생 486명을 대상으로 설문한 결과에 의하면, 놀랍게도 어린이들이 꼽은 어린이날 최고의 선물은 '부모님과 함께 시간을 보내는 것'이라고 합니다. 또한 어린이날에 가장 하고 싶은 것으로 '부모님과 놀러 가기'가 가장 많았습니다. 어린이날에 가장 원하는 선물에 대한 질문에도 '엄마아빠와 함께라면 선물보다 더 좋다'가 가장 많았습니다.

아이들이 받고 싶은 최고의 선물은 부모님의 따뜻한 사랑이라는 걸 알 수 있습니다. 함께 있어 주고 따뜻한 마음을 나누고 사랑받는 느낌을 받는 것, 아이들이 가장 원하는 것이고 가장 필요한 것입니다.

코로나 팬데믹은 아이들이 마음껏 뛰어놀 수 없게 했습니다. 부모들은 아이가 혹시나 코로나에 확진되진 않을까 노심초사합니다. 직장과 경제문제도 부모들의 애를 태우는 스트레스거리입니다. 코로나 블루로 인한 신조어도 등장했습니다. '돌밥돌밥'은 집에 가족들이 머물게 되면서 돌아서면 밥 차리고 돌아서면 밥 차려야 하는 주부들의 애환을 나타내는 신조어입니다. '확찐자'는 코로나로 인해 체중이 증가한 사람을 뜻합니다. '작아격리'는 체중 증가로 옷이 작아져서 입을 옷이 없다는 의미이고, '코로난가?'는 코로나 감염 의심증을 의미하는 단어입니다.

그러나 코로나가 우리 삶에 부정적인 영향만 끼친 것은 아닙니다. 말씀을 통해서 영적인 의미를 살피는가 하면 흩어져 생활하던 가족들을 집으로 불러들였습니다. 이왕 이렇게 함께 보내는 시간이 많아진 마당에 서로 행복할 수 있는 가정을 만들 수는 없을까요? 집에 들어가기 싫어서 가슴이 두근거리는 것이 아니라 집에 빨리 들어가고 싶어서 가슴이 두근거리는 그런 가정을 만들 수는 없을까요? 쉽지 않은 사회 환경 속에서 어떻게 다시 가슴 뛰는 가정을 만들 수 있을까요?

성경의 이야기

사도행전 16장 30-34절은 한 가정이 주님께 돌아오는 이야기를 담고 있습니다. 이 말씀에 비춰 우리 가정을 어떻게 해야 아름답게 가꿀 수 있을까 생각해 보는 시간이 되기를 바랍니다.

사도 바울과 실라 일행은 2차 전도 여행을 시작하면서 빌립보 성에 들르게 됩니다. 거기서 귀신 들려 점 치는 여자 종을 만나게 되지요. 사도 바울은 예수의 이름으로 이 여인에게서 귀신을 쫓아내고 치유해 줍니다. 그런데 문제가 생겼습니다. 귀신 들린 여인을 이용해 돈을 벌던 장사치가 더 이상 돈을 벌 수 없게 되자 바울과 실라를 고소한 것입니다. 이 과정에서 바울과 실라는 매를 흠씬 맞고, 결국 감옥에 갇히게 됩니다. 선한 일을 하다가 억울하게 매를 맞고 깊은 옥 즉 밀실에 갇히게 된 겁니다(행 16:24). 게다가 움직이지 못하도록 발에 차꼬를 채웠습니다. 간수장이 중범죄자들을 다루는 곳인 밀실을 지켰습니다.

이쯤 되면 바울과 실라는 분노해야 마땅할 것 같습니다. 복음이고 사랑이고 용서고 뭐고 다 포기하고, 하나님 앞에 불평하며 매질한 사람들을 복수하고 싶을 것 같습니다. 바울과 실라는 생명을 다해서 하나님의 일을 하고 있지 않았습니까. 그런데 그들은 그러지 않았습니다. 다만 우리로선 상상도 할 수 없는 일을 하기 시작했습니다.

밤중이 되자 바울과 실라가 기도하고 하나님을 찬미하기 시작한 것입니다(행 16:25). 감옥의 모든 죄수가 이 소리를 들었습니다. 미친 사람이 아니고서야 어떻게 찬송을 부를 수 있습니까? 그것도 감사의 찬송을요. 바울과 실라는 미움도 원망도 하지 않고 오로지 하나님을 찬양했습니다. 그들의 찬양과 기도는 옥토를 진동시켰습니다. 마치 지진이 난 것처럼 땅이 흔들리더니 모든 감방의 문이 열리고 차꼬가 풀어졌습니다. 그 순간 감옥의 간수는 너무 놀라 칼로 스스로 목숨을 끊으려 했습니다. 죄수들이 다 도망간 줄 안 것이지요. 간수는 그로 인해 문책당하는 것이 두려워 스스로 목숨을 버리려 한 것입니다.

그때 바울과 실라는 놀랍게도 도망가는 대신 자결하려는 간수에게 "네 몸을 상하지 말라 우리가 다 여기 있노라!"고 소리쳤습니다(행 16:28).

간수는 바울의 이 말을 듣고 등불을 구한 뒤 뛰어 들어가 무서워 떨며 바울과 실라 앞에 엎드렸습니다. 그리고 그들을 데리고 밖으로 나간 후 이런 질문을 합니다. "선생들이여! 내가 어떻게 해야 구원을 받겠습니까?"(행 16:30) 니고데모와 같은 질문을 이 이방인 간수가 한 것입니다. 우리는 이 사건에서 몇 가지 교훈을 얻을 수 있습니다.

가슴 뛰는 가정을 위하여

자결을 앞두고 구원을 받은 간수의 행동을 통해 얻을 수 있는 교훈 몇 가지를 살펴보겠습니다.

인생에 닥치는 고난을 의미 있게 활용하라

고난은 누구에게나 반갑지 않은 손님처럼 찾아옵니다. 이때 그 고난을 어떻게 대하느냐에 따라 인생의 결과는 완전히 달라집니다. 바울과 실라는 억울한 고난을 당하고도 그들이 섬기는 하나님 앞에 감사와 찬송을 올려 드렸습니다. 이것은 기적을 불러왔고 그 기적은 하나님을 몰랐던 간수의 삶에 영향을 미쳤습니다. 간수는 너무나 큰 충격을 받고 두려워 떨며 모든 것을 포기하고 생을 마감하려고 했습니다. 두려움은 목숨을 맞바꾸고 싶을 만큼 힘이 셉니다.

바울과 실라가 감옥에 갇힌 것은 이 간수를 구원하기 위한 하나님의 계획 안에 있었습니다. 바울과 실라도 거기에 하나님의 뜻이 있다는 것을 알고 옥토가 진동하고 감옥 문이 열리는데도 탈출하지 않았습니다.

우리는 대개 인생의 큰 그림을 그리며 살지 않습니다. 그러나 갑자기 만난 어려움과 고난은 인생을 진지하게 생각하게 만듭니다. 때로 극단적인 생각을 할 만큼 심각한 고난이라도 하나님 안에서 그 고난을 진지하게 생각해 보아야 합니다. 고난은 인생을 돌아보는 기회가 됩니다. 간수는 바울과 실라의 말을 듣고 자결하려던 것을 멈춥니다. 그리고 이 절체절명의 상황에서 자신의 삶을 진지하게 돌아보기 시작합니다.

인생에 대한 진지한 질문을 나누라

간수는 자신의 목숨을 구해 준 것이나 다름없는 바울과 실라 앞에 엎드렸습니다. 그리고 바울과 실라를 밖으로 데리고 나가서 질문을 합니다.

"선생들이여! 내가 어떻게 해야 구원을 받겠습니까?"

고난의 상황을 만났을 때 누구나 이 질문을 반드시 던집니다. 특히 우리 자녀들은 더욱 그러합니다. 그들은 한 번도 인생에서 쓴맛을 본 적이 없습니다. 또한 인생의 연륜도 없고, 경험도 없기에 자녀들은 고난의 상황에서 '내가 어떻게 해야 이 상황에서 구원을 얻을 것인가?'라고 질문합니다.

제임스 사이어(James W. Sire)의 저서《기독교 세계관과 현대사상》은 세계관을 탐구하기 위해서 인간은 누구나 7가지 질문을 한다고 기술하고 있습니다. 어느 기독교 교육학자가 이것을 우리 자녀들의 질문으로 바꾸어 다음과 같이 이해하기 쉽게 만들었습니다.

① 신은 존재하는가?
② 인간은 어디서 왔나?
③ 인생은 무엇인가?
④ 인생의 의미는 어디에 있는가?
⑤ 사후 세계는 존재하는가?
⑥ 사후의 존재 의미는 무엇인가?
⑦ 인간 삶에 윤리는 무엇이며 어떻게 볼 것인가?

자녀들이 고난 가운데 있을 때 이런 질문들 앞에 서게 된다는 것입니다. 간수가 최악의 상황에서 던진 "내가 어떻게 해야 구원을 얻을 수 있을까요?"라는 질문은 자녀들이 인생을 조금 더 앞서 경험한 사람들에게 하는 질문입니다. 간수는 기적을 불러오고, 도망가지 않으며, 복수하지 않고 도리어 자신의 생명을 구원해 준 바울과 실라에게 무릎을 꿇었습니다. 간수는 이방신을 섬기고 있었습니다. 그런데 바울과 실라를 보니 그들은 참된 신을 아는 사람들이며 긍휼과 사랑을 베푸는 사람들이었습니다. 그걸 깨닫고 간수는 진지하게 이 질문을 하고 있는 겁니다.

깨달은 진리를 진지하게 나누라

바울과 실라는 이 기회를 놓치지 않았습니다. 간수의 질문에 바울과 실라는 이렇게 대답합니다.

> 이르되 주 예수를 믿으라 그리하면 너와 네 집이 구원을 받으리라 하고 _행 16:31_

바울은 단순히 간수만 예수님을 믿게 하는 데 그치지 않았습니다. 간수는 한 가정의 남편이요 가장이었습니다. 바울은 예수님을 인생의 주인으로 모시고 살 때 당신과 당신 집이 구원을 얻는다고 말해 줍니다. 당사자뿐 아니라 그 가정이 믿음으로 구원을 받는다고 한 것이지요. 간수는 즉시 바울의 말을 믿고 바울 일행을 자신의 집으로 초청합니다. 하지만 바울과 실라는 아직 감옥에서 풀려난 신분이 아니었습니다. 그런데도 간수는 그 밤에 바울과 실라를 자기 집에 초청합니다. 이 사실이 알려지면 간수의 목숨은 무사하지 않을 텐데도요.

바울과 실라는 주의 말씀을 간수와 그의 집에 있는 모든 사람에게 전했습니다. 이렇게 복음을 전할 수 있었던 단초는 간수가 구원에 대한 질문을 했기 때문입니다. 가정 공동체는 삶에 대한 진지한 질문들을 나누는 곳이어야 합니다. 가정은 쉬고 먹고 이야기를 하는 곳이 아닙니다. 공부를 시키는 기관도, 비즈니스를 하는 곳은 더더욱 아닙니다. 가정은 가족 구성원 각자가 삶 속에서 만나는 위기와 고난을 함께 나누고 진지하게 질문하며 격려하는 곳이어야 합니다. 누구보다 자녀들에게 그런 가정이 되어야 합니다. 가정은 최초의, 그리고 최소의 목장 공동체이기 때문입니다.

간수는 지금 막 만난 예수님을 설명할 자신이 없었습니다. 다만 바울과 실라를 집으로 초청해 아내와 자녀들에게 자신이 만난 진리를 접하는 기회를 제공했습니다. 가족을 사랑했기 때문입니다.

가정 공동체는 인생의 모든 희로애락을 나눌 수 있는 곳이어야 합니다. 자녀들이 부모에게 원하는 것이 바로 그것입니다. 인생의 근원을 가르쳐 주고, 인생의 주인이 누구인가를 알려 주며, 인생의 목적을 제시할 수 있다면 자녀들은 어떤 상황에서도 다시 일어설 수 있습니다. 그곳이 빌립보 감옥일지라도!

화해의 시간을 가지라

목숨을 버리려다 목숨을 구하고, 진리를 발견한 간수는 바울과 실라를 자신의 집으로 초청합니다. 그러자 너무나도 아름다운 장면이 펼쳐집니다. 마치 에서와 야곱이 만난 장면 같습니다.

그 밤 그 시각에 간수가 그들을 데려다가 그 맞은 자리를 씻어 주고 자기와 그 온 가족이 다 세례를 받은 후 행 16:33

바울과 실라는 아직 죄수의 신분입니다. 공식적으로 아직 풀려나지 않은 상태입니다. 그런데 그 밤 간수는 빌립보 성 유지들의 분노를 사서 엄청난 매를 맞은 바울과 실라의 상처를 치료해 줍니다. 그리고 온 가족이 간수가 만난 예수님을 영접하고 세례(침례)를 받았습니다. 이 모든 과정이 한밤중에 일어났습니다. 간수는 바울과 실라의 육신의 상처를 만져 주고, 바울과 실라는 간수와 그의 가족의 영혼을 어루만져 준 밤. 이 얼마나 아름다운 장면입니까! 이 아름다운 광경을 온 가족이 지켜봤습니다. 이방신을 믿고 빌립보 성에서 죄인들을 맡아서 관리하던 엄격한 아버지, 그런 남편이 세상을 창조하신 하나님을 만난 뒤 감옥에 있던 죄인들과 화해하고 그들의 상처를 치료하며 또 자신의 영혼을 치료받는 모습을 온 가족이 목격했습니다. 온 가족이 아버지의 삶이 변화된 것을 목도한 것입니다. 이런 변화의 현장에서 가족들이 예수님을 믿지 않을 수 없습니다.

하나님은 놀랍게도 빌립보 성의 간수에게 이런 은혜를 준비하셨습니다. 간수는 인생 최대의 위기에서 하나님이 베푸신 은혜를 놓치지 않았습니다. 목숨을 끊고 싶을 만큼 두려웠던 순간, 인생 최악의 위기에서 하나님을 만나는 역사가 가정에서도 이어집니다. 그렇게 하나님과 화해하고 나를 위기로 몰고 갔던 이웃과도 화해하는 역사가 일어났습니다.

인생의 기쁨을 예배에서 찾는 것을 보여 주라

우리의 가슴을 뛰게 하는 가정이 되려면 예배의 삶을 보여 주어야 합니다.

> 그들을 데리고 자기 집에 올라가서 음식을 차려 주고 그와 온 집안이 하나님을 믿으므로 크게 기뻐하니라 행 16:34

그 밤에 파티가 벌어졌습니다. 하나님과 예수님에 관하여 함께 나누고, 온 가족이 예수님을 영접하고 세례(침례)를 받은 후 음식을 만들어 파티했습니다. 이 파티의 현장에서 온 집안이 하나님을 믿으므로 크게 기뻐했다고 성경은 기록합니다. 현실적으로 간수는 형벌을 받을 위기에 처해 있습니다. 죄인을 지키는 간수가 중범죄자를 집으로 데리고 와서 그들을 치료하고 음식을 나누며 파티를 벌이다니요! 사형감입니다. 그럼에도 간수는 두려워하지 않습니다. 인생의 참 주인을 만났기 때문입니다.

우리가 정말 인간을 창조한 한 분이신 하나님을 믿는다면, 온 가족이 하나님을 한마음으로 찬양하고 예배하는 기쁨을 누려야 합니다. 정말 하나님을 사랑하고 하나님을 예배하는 것이 가장 큰 기쁨이라면 가장 먼저 가족들에게 하나님을 전해야 합니다.

저는 아이들과 자동차를 타고 여행하면서 함께 찬양을 많이 불렀습니다. 다 같이 목청을 높여 한목소리로 찬양을 부를 때면 가족 모두에게 같은 기쁨을 주시는 것을 느낍니다. 인생에서 매우 큰 기쁨이 가족 공동체가 하나 됨을 느끼는 것입니다. 한 분이신 창조주 하나님을 예배할 때 하나님은 우리 마음에 동일한 기쁨을 주십니다. 자녀들에게 이와 같은 기쁨을 느끼게 해 주어야 합니다. 그래서 자녀들이 때로 낙망하고 우울할 때, 그들이 인생의 기쁨을 어떤 다른 곳이 아닌 하나님을 예배하는 것에서 찾을 수 있도록 도와주어야 합니다. 이것이 부모의 참된 역할입니다.

서두에서 시대마다 자녀들이 원하는 선물이 달랐음을 언급했습니다. 그런데 어느 시대를 막론하고 자녀가 가장 원하는 것은 단 하나입니다. 바로 사랑과 격려와 하나 됨입니다. 자녀가 인생에 대해 진지한 질문을 할 때 부모가 진실하게 대답해 주는 것 말입니다. 그리고 하나님을 사랑하고, 주변의 사람들을 사랑하는 것을 보여 주는 것입니다. 원칙적으로 이것은 다른 사람이 해줄 수 있는 것이 아닙니다. 오직 부모만이 가지는 책임이자 엄청난 특권입니다.

코로나 상황은 교회 문을 닫게 했지만 하나님은 가정의 문을 여셨습니다. 목장 사역과 같은 소그룹에는 잘 참여하지만, 가정에는 소홀했던 분들이 있다면, 이 기회를 잡으십시오. 가정 공동체는 목장 공동체의 연장선입니다.

인생에는 늘 위기와 고난이 닥치게 마련입니다. 선하게 살아도 고난이 있을 수 있다는 것을 자녀들에게 가르쳐야 합니다. 그리고 그것을 극복할 힘은 주관자이자 창조주 되신 하나님께 있다는 걸 알려 주어야 합니다. 또한 가정 공동체를 선물로 주셨다는 것을 모범으로 보여 주어야 합니다. 그 책임을 다하는 것, 이것이 우리가 할 일입니다.

가슴 뛰게 하는 가정을 위한 질문들

간수의 가족이 구원받은 스토리를 떠올리면서 다음 질문에 조용히 답해 보기를 권합니다.

첫째, 우리 가정은 고난 가운데 함께 찬양하고 기도할 수 있는가? 아버지, 어머니 혹은 자녀들이 당한 고난 앞에서 나의 가정은 모두 함께 찬양하고 기도할 수 있는가? 누군가는 절망 가운데 여러분의 찬송 소리를 듣습니다. 누군가는 고난 가운데 여러분이 기도하는 소리를 듣고 있습니다. 그 첫 번째 대상이 가족이 되어야 합니다.

둘째, 예수님의 이름으로 서로 용서하고 회복할 수 있는가?

하나님 곁으로 가기 전, 특별히 가정 공동체 안에서 화해해야할 사람이 있다면 지금이 기회입니다. 수없이 들려오는 '가정회복이 먼저다'라는 간증처럼 가정은 서로의 마음을 만져 주고격려하는 공동체가 되어야 합니다.

셋째, 한 분이신 하나님을 기쁨으로 함께 섬기고 있는가? 바울과 실라, 그리고 간수와 그의 가족은 서로 피 한 방울 섞이지않았습니다. 그러나 그들은 창조주이신 하나님을 만난 뒤 하나가 되었습니다. 그리스도 안에서 또 하나의 가족 공동체가 탄생한 것입니다.

기성세대나 자녀 세대에게 인생에서 추구하는 첫 번째 가치가 무엇이냐고 물어보면 대개 행복이라고 대답합니다. 그런데행복은 가정의 화목함에서 나옵니다. 그러므로 행복을 추구하는 현대인들이 꼭 기억해야 할 말씀은 바로 이것입니다.

> 이르되 주 예수를 믿으라 그리하면 너와 네 집이 구원을 얻으리라
> 하고 행 16:31

아이들 사역과 청년 사역을 오랫동안 하면서 깨달은 것이있습니다. 30~40%에 해당하는 아이들의 부모님이 아직 믿지않는다는 것입니다. 그 아이들이 자신의 엄마 아빠를 위해서눈물로 기도하는 모습을 보기도 했습니다. 부부 중 한 명만 교회에 나오는 경우도 있습니다. 어느 경우가 되었든 분명한 것은, 하나님께서 가정을 위해 기도하는 것을 크게 기뻐하신다는

사실입니다. 기억하십시오. 온 가족이 구원을 받는 방법, 그래서 행복한 가정이 되는 법은 오직 하나뿐입니다.

"주 예수를 믿으라!"

모두가 원하는 행복한 가정을 경험하기 위한 핵심 키는 단 하나, '주 예수를 믿는 것'이다. 이것이 선행될 때 화해와 용서, 진지한 질문들을 나누는 가슴 뛰는 가정 공동체가 될 수 있다.

공동체를 위한 기도

살아 계신 하나님, 빌립보 성 감옥의 간수가 자신의 죄를 회개하고 주님 앞에 돌아왔을 때 그의 온 가족이 예수 그리스도를 영접하는 놀라운 역사를 보게 하심을 감사드립니다. 가족 중 어느 한 명이라도 주님을 알지 못해 하나님께 간구하고 있는 영혼들을 기억하시고 그들의 기도에 응답하여 주옵소서. 그로 인해 예수로 하나 되어 날마다 행복으로 가슴이 뛰는 가정이 되게 하시고 그렇게 가정을 구원하신 하나님으로 인하여 감사의 찬양이 끊이지 않는 가정이 되게 하옵소서. 저희에게 가정 공동체를 허락하시고 하나 되게 하신 놀라우신 예수 그리스도의 이름으로 축복하며 기도합니다. 아멘.

적용 질문

1. 나에게(또는 우리 가정에) 닫힌 문과 차꼬는 무엇인가요?

_____

_____

2. 우리 가정은 고난 중에도 함께 찬양하고 기도할 수 있나요?

_____

_____

3. 우리 가정은 예수 그리스도의 이름으로 서로 용서하고 회복할
   수 있나요?

_____

_____

4. 우리 가정은 함께 한 분이신 하나님을 기쁨으로 섬기고 있나요?

_____

_____

12장

공감 공동체

성경적 처방전으로
갈등을 해결하라

엡 6:1, 4

자녀들아 주 안에서 너희 부모에게
순종하라 이것이 옳으니라 또 아비
들아 너희 자녀를 노엽게 하지 말고
오직 주의 교훈과 훈계로 양육하라

빌 2:8

사람의 모양으로 나타나사 자기를
낮추시고 죽기까지 복종하셨으니 곧
십자가에 죽으심이라

'베이비 붐'(Baby Boom)이라는 말을 들어 보았을 것입니다. 신생아 출생률이 급격하게 증가하는 현상을 이르는 말로, 주로 종전 후에 베이비 붐이 일어나는 경향이 있습니다. 제2차 세계 대전이 끝난 1945년 이후 20년간 참전 국가를 중심으로 베이비 붐 세대, 즉 베이비부머가 탄생했습니다. 대한민국의 경우는 한국전쟁 이후 1955년부터 1963년까지 8년간 무려 730만 명의 신생아가 태어나며 베이비 붐을 겪은 바 있고, 이때 태어난 세대를 베이비부머라 합니다.

현대 사회가 급변하는 이유 중 하나로 전쟁 이후 전 세계 경제 성장의 주역이던 이 베이비부머의 은퇴를 꼽을 수 있습니다. 희생과 성실이 특징인 베이비부머가 미국과 유럽 및 일본에서는 70대에, 대한민국에서는 60대에 포진되어 있기 때문입니다.

베이비부머 이후에 탄생한 세대에는 차례로 X, Y, Z라는 이름이 붙었습니다. 1960년대 후반부터 1970년대까지는 X세대, 1980년대부터 1990년대 중반까지는 Y세대, 1990년대 후반부터 2000년대까지는 Z세대라 하고, Y세대와 Z세대를 합쳐 MZ세대라고도 부릅니다.

사회의 구성원들은 태어난 시대와 환경이 다르기에 세대별 재능과 강점이 당연히 다르고, 사회를 바라보는 시각 또한 다릅니다. 한국전쟁을 경험한 세대와 그렇지 않은 세대가 지금의 한국 사회를 바라보는 시각에는 확연한 차이가 있을 수밖에 없습니다. 따라서 이 차이를 인정하는 것이 중요합니다.

미국에 거주할 때였습니다. 처음에는 미국에서 유학하는 아시아인으로서 언어 때문에 고생을 많이 했지만, 시간이 지나면서 친구도 사귀고 생활하며 설교하는 데 지장이 없을 정도로 그 격차는 점차 줄어들었습니다. 하지만 생활방식 등 문화적인 차이는 한참 동안 극복되지 않았습니다.

이렇듯 과거에는 인종에서 시작된 언어나 문화로 인한 차이가 사회를 하나로 통합하는 데 어려움을 주는 요소였다면 지금은 다른 양상을 띠고 있습니다. 사회학자들이 현시대 가장 큰 갭을 만들어 내는 원인으로 주저 없이 꼽는 것이 바로 세대 간 격차입니다. 우리는 이 현상을 실생활에서 자주 경험합니다. 같은 문화와 같은 언어를 지닌 한국인임에도 한 가정, 한 직장에서 세대 차를 극복하지 못한 일들이 자주 일어납니다.

한 언론지에 이러한 사설이 실린 적이 있습니다. "20대가 사용할 디지털 제품을 30대가 기획하고 40~50대 팀장을 거쳐 60대 아날로그 사장이 결정하는 구조로는 기업들이 급변하는 시장을 만족시킬 수 없다." 왜 회사나 조직에서 세대 갈등이 일어나는지를 알 수 있는 대목입니다. 그렇다면 공동체를 이상적으로 이끌기 위해서는 항상 나이와 성별이 같은 사람들로만 구성하는 것이 옳을까요? 그것은 현실적으로 불가능한 일입니다. 우리에게는 이러한 세대 간의 갈등 속에서 화해하는 길을 찾아 하나가 되는 것이 필요합니다.

20세기 초 격동의 시대를 산 영국의 작가이자 언론인인 조지 오웰(George Orwell)이 이런 말을 한 적이 있습니다. "모든 세대는 자기 세대가 앞선 세대보다 더 많이 알고, 다음 세대보다 더 현명하다고 믿는다." 세대 간의 갈등을 이야기할 때마다 등장하는 이 말은 모든 세대의 편협함과 독선과 교만을 꼬집고 있습니다. 현세대가 지난 세대보다 더 우월하고 좋다고 평가하는 오만함, 이것은 인간의 본질이기도 합니다.

한국 사회에는 극복해야 할 수많은 갈등이 있습니다. 요즘은 이념에 따른 정치적 갈등이 가장 심각합니다. 이 갈등을 살펴보면 지역감정과 세대 갈등이 그 밑바탕을 형성하고 있음을 알 수 있습니다.

급변하는 사회에서는 출생 시기가 10년만 차이 나도 다른 문화와 가치관을 지니게 되고, 따라서 중요한 사회 이슈에 대하여 각기 다른 생각을 가질 수밖에 없습니다. 현재 우리 사회의 세대 갈등은 어느 때보다도 첨예합니다. 계속해서 반복해 온 이러한 갈등을 해결할 방법은 과연 없는 것일까요? 성경은 무엇이라고 말씀하는지 함께 살펴보겠습니다.

공감 공동체로 나아가는 부모-자녀 관계의 법칙

에베소서는 교회론과 공동체에 관한 책입니다. 앞서 1장부터 3장까지는 교회의 탄생과 그 신비로운 비밀 그리고 우리가 어떻게 구원받고 교회 공동체의 성도로 부르심을 받았는지를, 4장부터 6장까지는 교회 공동체에 속한 성도로서 어떻게 살아가야 할지를 이야기한다고 말씀드렸습니다.

특별히 5장 중반에서 6장 중반까지에는 가정과 사회 공동체의 각기 다른 구성원들에 관한 이야기들이 담겨 있습니다. 5장 22절부터 마지막 33절까지는 가정을 이루는 남편과 아내의 관계를 교회와 예수님의 관계로 비유할 만큼 중요하게 강조하고 있습니다. 그다음 등장하는 것이 부모와 자식 간의 관계입니다(엡 6:1-4). 그리고 마지막으로 등장하는 것이 고용인과 피고용인의 관계입니다(엡 6:5-9).

정리해 보면, 교회론과 공동체를 다룬 에베소서 총 6장 가운데 가정 이야기가 6분의 1 정도를 차지하고 있습니다. 굉장히 높은 비중이라고 할 것입니다.

사실 이 모든 것은 '관계'에 관한 이야기입니다. 어느 한쪽이 일방적으로 복종하라고 말씀하신 것이 아니라, 양쪽 모두가 감당해야 할 책임에 대해 분명히 밝히고 있습니다. 즉 "교회가 그리스도에게 하듯 아내들도 범사에 자기 남편에게 복종할지니라"(엡 5:24) 하신 후 곧바로 "남편들아 아내 사랑하기를 그리스도께서 교회를 사랑하시고 그 교회를 위하여 자신을 주심같이 하라"(엡 5:25) 하였으며, "자녀들아 주 안에서 너희 부모에게 순종하라"(엡 6:1) 하신 후 "아비들아 너희 자녀를 노엽게 하지 말고 오직 주의 교훈과 훈계로 양육하라"(엡 6:4) 하였습니다. 또한 "종들아 두려워하고 떨며 성실한 마음으로 육체의 상전에게 순종하기를 그리스도께 하듯 하라"(엡 6:5) 하신 후 "상전들아 너희도 그들에게 이와 같이 하고 위협을 그치라"(엡 6:9) 하였습니다.

하나님은 이처럼 모든 부류의 사람들이 각자 맡은 위치에서 서로를 위해 해야 할 일을 말씀하셨습니다. 우리는 죄성을 지닌 인간으로서 자신보다는 타인의 의무를 주장하지만, 하나님은 우리 각자가 해야 할 일을 말씀하십니다. 따라서 본문 말씀은 극심한 세대 갈등을 겪는 현대의 부모와 자녀들에게 갈등을 봉합할 큰 단서와 위로, 소망을 주리라고 확신합니다. 그렇다면 성경은 부모와 자녀 각 세대에게 어떻게 권면하고 있습니까?

자녀들에게

순종하라

> 자녀들아 주 안에서 너희 부모에게 순종하라 이것이 옳으니라
>
> 엡 6:1

성경은 "자녀들아"라고 부르고 있습니다. 그리고 자녀들이 순종함이 옳다고 선포합니다. 이는 하나님께서 인류의 마음속에 심어 놓으신 자연법칙, 즉 동서고금을 막론하고 모든 사람이 따라야 할 순리입니다.

여기에 쓰인 '순종하라'는 헬라어 동사 '휘파쿠오'의 번역으로, '아래에서 듣다'라는 의미를 가집니다. 이 말은 자녀가 부모의 권위를 인정하고 그의 말에 귀를 기울이라는 것입니다.

먼저 인생을 살았기에 삶의 지혜를 지녔으며 무엇보다 자녀를 낳아 사랑으로 양육하는 부모의 말을 자녀는 분명히 경청하며 순종해야 합니다. 특히 출가하지 않은 청소년 시기까지는 더욱 부모의 권위 아래 자라야 합니다. 거기에는 부모의 가르침이나 강요뿐만 아니라 보호도 있기 때문입니다.

그러나 성경은 자녀들에게 '무조건' 복종하라고 하지는 않습니다. 바로 '주 안에서'라는 단서를 붙입니다. 비도덕적이고 비상식적으로 자녀를 학대하는 부모에게도 무조건 순종할 것을 강요하는 것은 아닙니다. 하나님은 질서의 하나님이십니다. 부모의 비도덕적인 행동 위에 하나님의 법이 있습니다. 그래서 주 안에서 순종할 것을 선포합니다. 이렇듯 극단적인 경우를 제외하고 자녀는 부모에게 순종하는 것이 하나님께서 세우신 가정의 중요한 원칙입니다.

공경하라

> 네 아버지와 어머니를 공경하라 이것은 약속이 있는 첫 계명이
> 니 _엡 6:2_

성경이 두 번째로 자녀들에게 주신 권면은 '공경하라'입니다. 십계명의 제5계명은 '부모를 공경하라'로서 제1계명부터 4계명까지는 하나님에 대한 것이며, 제6계명부터 10계명까지는 이웃에 대한 것입니다. 그리고 이 둘 사이를 연결하는 것이

부모 공경에 관한 계명입니다. 하나님께서 이 계명을 얼마나 중요하게 여기시는지 알 수 있는 대목입니다.

그렇다면 왜 성경은 순종 다음으로 공경이라는 단어를 언급한 것일까요? 순종이 겉모습을 이르는 말이라면 공경은 그 마음의 자세를 말하기 때문입니다. 즉 순종은 딴생각하더라도 겉으로 행할 수 있으나 공경은 마음에서 우러나오는 자세까지 포함합니다.

자녀들은 아직 어립니다. 부모의 말에 순종은 할지라도, 사물의 이치를 판단하여 부모의 말에 진정으로 동의하며 존중하기까지는 시간이 걸립니다. 따라서 부모는 인내를 가지고 자녀가 존중의 자세에 이르기까지 기다려 주어야 합니다.

·일반적으로 부모의 울타리를 넘어 세상으로 독립할 시기가 되면, 자녀들은 부모를 존중하고 이해할 수 있습니다. 즉 자기 힘으로 땀 흘려 스스로 생활을 책임질 때입니다. 세상에 나가 직접 부딪히고 결혼해 가정을 이루면서, 그제야 부모의 삶을 공감하기 시작하고 존중이 생겨나는 것입니다.

한편, 성경은 부모 공경에 대한 계명을 지키는 자에게는 이러한 축복을 주신다고 약속합니다.

> 네 아버지와 어머니를 공경하라 이것은 약속이 있는 첫 계명이니 이로써 네가 잘되고 땅에서 장수하리라 엡 6:2-3

하나님은 우리가 땅에서 잘되고 축복받는 비결 중에 부모 공경을 첫 번째로 꼽고 계십니다. 장수의 비결이라고 이야기하십니다. 부모 공경은 하나님 사랑과 깊이 연관되기 때문입니다. 부족한 부모일지라도 그들은 하나님의 대리인입니다. 우리는 스스로 부모를 선택하지 않았습니다. 오직 이를 허용하신 하나님께서 모든 것을 책임지실 것입니다.

다만 하나님의 축복을 나의 것으로 만들기 위해, 그 약속을 내 삶 가운데 이루기 위해 우리는 어떠한 상처나 고난이 있더라도 인생의 모든 것을 주관하시는 하나님을 신뢰하며 그 약속 가운데 살아가기 위해 최선을 다해야 합니다. 이것이 중요합니다.

부모들에게

성경은 이어서 "아비들아!"라고 부르시며, 부모들에 대한 권면을 시작합니다(엡 6:4). 사실 에베소서가 기록된 당시는 자녀의 권리가 없던 시절입니다. 그런데 오래전 쓰인 성경 신구약의 윤리를 자세히 들여다보면 이만큼 인권을 강조하는 책이 없음을 깨닫습니다. 그리스·로마 문화는 아버지가 공식적으로 인정할 때만 자식을 법적인 가족으로 받아들였습니다. 심지어 원치 않는 아이는 살해되거나 버려지기도 했습니다. 이렇듯 자녀의 인권이 무시되는 시대 상황에서 부모에게 자녀 양육에 대해 당부한 것은 당시로선 파격이었을 것입니다. 성경은 부모들에게 이렇게 권면합니다.

노엽게 하지 말라

또 아비들아 너희 자녀를 노엽게 하지 말고　엡 6:4

자녀는 인격체이면서 동시에 아직 미성숙한 존재입니다. 실수하는 일이 많을 수밖에 없습니다. 그런 자녀를 부모는 노엽게 할 때가 있습니다. 어떠한 일이 벌어졌을 때, 자녀의 마음을 살피기보다 먼저 화를 쏟아부어 자녀의 마음을 격동케 하는 것입니다. 자주 화를 내는 부모에게서 자란 자녀가 비뚤어지기 쉬운 것은 어쩌면 당연한 귀결입니다.

"문제 아이는 없고 문제 부모만 있다." 김양재 목사의 책에 나오는 이 말에 깊이 동감합니다. 아이의 성격은 부모의 책임입니다. 자녀를 사랑으로 세심히 돌보며 그 마음을 격노케 하지 말라는 것이 부모에게 주신 하나님의 명령입니다.

양육하라

오직 주의 교훈과 훈계로 양육하라　엡 6:4

두 번째로 성경은 '양육하라'고 권면합니다. 첫 번째 권면이 부모의 부정적인 행위를 삼갈 것을 말했다면, 두 번째 권면은 적극적으로 실행해야 할 지침을 말하고 있습니다. 곧 양육의 책임입니다.

첫째로 자녀를 양육하는 것의 모든 근원은 주의 교훈 즉, 하나님 말씀이어야 합니다. 내 원칙과 생각, 판단, 고집이 아닌 하나님의 말씀을 근간으로 자녀들을 가르칠 때 하나님의 놀라운 역사가 일어납니다. 먼저 하나님을 믿고 예수님을 영접한 부모 세대는 지금 내 자녀가 부족하거나 때로 탈선했을지라도 하나님의 말씀이 그를 변화시킬 것임을 확신해야 합니다. 우리는 나 같은 죄인을 구원하신 하나님의 말씀이 내 자녀도 살리실 것임을 믿어야 합니다. 그리고 그 약속의 말씀을 붙들고 눈물로써 자녀를 위해 중보해야 합니다.

둘째로 훈계는 자녀가 내 품 안에 있을 때 해야 하는 부모의 사명 가운데 하나입니다. 양육에는 사랑뿐만 아니라 훈계도 필요합니다. 자식을 사랑할수록 잘 훈계해야 합니다. 잠언 22장 6절에서 "마땅히 행할 길을 아이에게 가르치라 그리하면 늙어도 그것을 떠나지 아니하리라" 하신 말씀은 이 훈계가 우리의 인생에서 왜 그리 중요한지를 설명합니다.

공감을 넘어 행동으로

지금까지 살펴본 부모와 자녀의 관계는 물론 모든 관계에서 전제가 되는 말씀이 있습니다. 바로 에베소서 5장 21절입니다. "그리스도를 경외함으로 피차 복종하라." 세대와 성별 등을 아울러 모든 사람은 예수님을 사랑하고 존중하는 마음으로 서로에게 복종하라는 말씀입니다.

이와 관련해 빌립보서는 더욱더 분명한 선포를 하고 있습니다.

> 너희 안에 이 마음을 품으라 곧 그리스도 예수의 마음이니 그는
> 근본 하나님의 본체시나 하나님과 동등됨을 취할 것으로 여기지
> 아니하시고 오히려 자기를 비워 종의 형체를 가지사 사람들과 같
> 이 되셨고 사람의 모양으로 나타나사 자기를 낮추시고 죽기까지
> 복종하셨으니 곧 십자가에 죽으심이라 빌 2:5-8

이 말씀이야말로 모든 관계성의 정답입니다. 자신을 희생하신 예수님의 마음을 갖지 않으면 우리는 도저히 서로를 이해할 수 없는, 원수와 같은 관계로 발전할 수 있습니다.

하나님은 그 누구보다도 공감 능력이 뛰어나신 분입니다. 능력만 뛰어나신 게 아니라, 자신을 배역한 인간들을 용서하고 구원하기 위해 독생자를 이 땅에 보내시며 실제적인 행동을 보이셨습니다. 그리고 아들 예수님은 하나님의 아들로서 그 영광스러운 자리를 포기하시고 십자가에 죽기까지 순종하셨습니다.

예수님의 순종에도 우리를 향한 공감이 있습니다. 예수님은 인간의 아픔과 고통, 상처, 죄와 허물 등 그 모든 것을 짊어지고 기꺼이 십자가의 짐을 지셨습니다. 그것은 죄인인 우리의 상황을 다 알고 감당하셨음을 뜻합니다. 예수님은 단순한 공감을 넘어 하나님의 아들로서 십자가상에서 우리의 모든 것을 책

임지셨습니다.

이렇듯 하나님과 예수님이 이미 우리에게 몸소 보여 주신 바 있기에, 성경은 우리를 향해 예수 그리스도의 마음을 가지라고, 그런 예수님을 바라봄으로 서로 복종하고 순종하라고 명령하는 것입니다.

그런데 빌립보서는 이 말씀을 하기 바로 전에 이렇게 이야기합니다.

> 그러므로 그리스도 안에 무슨 권면이나 사랑의 무슨 위로나 성령의 무슨 교제나 긍휼이나 자비가 있거든 마음을 같이하여 같은 사랑을 가지고 뜻을 합하며 한마음을 품어 아무 일에든지 다툼이나 허영으로 하지 말고 오직 겸손한 마음으로 각각 자기보다 남을 낫게 여기고 각각 자기 일을 돌볼뿐더러 또한 각각 다른 사람들의 일을 돌보아 나의 기쁨을 충만하게 하라 빌 2:1-4

이 말씀을 에베소서 5장 21절 "그리스도를 경외함(바라봄)으로 피차 복종하라"는 말씀에 적용해 보면 이렇습니다. 나를 위해 모든 것을 희생하시고 나의 모든 죄를 짊어지신 그 예수 그리스도를 존중하고 사랑하는 마음으로 바라봄으로써 상대방의 입장을 고려하라. 하나님께서, 예수님께서 인간의 입장에서 생각하고 행동하셨듯이 우리도 그렇게 하라는 것입니다.

서두에서 밝혔듯이, 현재 우리나라에는 세대 갈등이 첨예합니다. 전쟁을 겪은 세대의 트라우마를, 베이비 붐 세대의 희생과 외로움을, 이후 X, Y, Z 각 세대가 지닌 아픔과 어려움을 우리는 세대를 넘어 서로 진심으로 들여다보고 공감하려 했는지 돌아봄이 필요합니다. 나이 든 세대에게 젊은 시절이 있었듯이 지금의 젊은 세대 또한 미래에는 나이 든 세대가 될 것입니다. 그런 의미에서 우리는 모두가 연결되어 있는 운명 공동체입니다.

제가 판단하기로, 근대사를 통틀어 한민족 전 세대가 하나 된 적이 세 번 있었습니다. 첫째로 1919년의 3·1운동입니다. 민족의 독립을 위해 한반도 전체가 하나 되어 태극기를 흔들고 목소리를 합했습니다. 둘째로 2002년 한일월드컵입니다. 스포츠로 하나 되던 그때, 마침 저는 한 달 동안의 안식월을 맞아 한국에 나와 있었습니다. 그 열기가 금방 사그라들긴 했으나 어디를 가도 축구공 하나로 하나 된 한반도를 느꼈습니다. 마지막 셋째로 시기상으론 가장 먼저 있었던 1903년의 원산 부흥운동과 1907년의 평양 대부흥운동, 그리고 이후 백만인구령운동이 한반도를 하나 되게 했습니다. 나라의 어려움 속에서도 성령의 어루만지심을 통해 모든 사람, 특별히 그리스도인들의 마음이 연합되고 한반도가 하나 된 놀라운 역사가 있었습니다.

극렬한 분열과 극심한 세대 갈등을 겪고 있는 우리나라는 예수 그리스도의 마음으로 성령 안에서 서로를 공감하는 것에서부터 하나 되는 길이 시작될 것입니다. 100여 년 전에 원산과 평양을 통해 한반도 전역에 연합을 이루셨듯이, 이 시대에도 성령을 간구하는 하나님의 백성들에게 다시 한번 세대를 넘어 하나 되는 역사를 이루시길 주의 이름으로 축원합니다.

극렬한 분열과 극심한 세대 갈등을 겪고 있는 우리나라를 위한 성
경적 처방전은 예수 그리스도의 마음으로 성령 안에서 서로를 공감
하는 것이다.

공동체를 위한 기도

살아 계신 하나님, 극심한 세대 갈등을 경험하고 있는 이때에 말씀으로 새롭게 하시고 성경적 가르침으로 다시 한번 생각할 수 있게 해주심을 감사드립니다. 저희에게 각자의 입장에서 생각해 보는 이해의 마음을 허락하시어 자녀는 부모를 공경하고 부모는 자녀를 노엽게 하지 않기를 간구합니다. 또한 예수님을 바라봄으로 모든 세대가 하나 되는 놀라운 역사를 베풀어 주옵소서. 그래서 갈등을 넘어 화해로 가는 우리나라가 되게 하시고 이 모든 과정에서 하나님의 공동체인 교회가 모범이 되길 원하며 놀라우신 예수 그리스도의 이름으로 축복하며 기도합니다. 아멘.

적용 질문

1. 부모가 된 이후 나의 부모님의 어떤 점을 더욱 이해하게 되었
   나요?

   _____

   _____

2. 나의 자녀들을 위해 어떤 기도 제목으로 기도하고 있나요?

   _____

   _____

3. 우리 가정은 서로의 입장에서 바라볼 수 있는 공감 공동체인
   가요?

   _____

   _____

뉴 패밀리 공동체

차별 없는 사랑으로 하나 되라

갈 3:26-27

너희가 다 믿음으로 말미암아 그리스도 예수 안에서 하나님의 아들이 되었으니 누구든지 그리스도와 합하기 위하여 세례를 받은 자는 그리스도로 옷 입었느니라 코로나 팬데믹 상황에서 교회가 더욱 건강한 공동체로 도약하기 위해 교회의 본질을 진지하게 생각해 봐야 합니다. 또 영혼을 구원하고 구제하는 섬김을 잘 감당해 왔는지, 오랜 교회 생활로 어느덧 주님이 말씀하신 이웃 사랑이라는 명령 수행은 온데간데없고 그저 교회를 소셜 클럽 정도로만 생각하고 있지는 않은지 돌아봐야 합니다. 더불어 자아실현이나 개인의 명예와 유익을 위한 목적으로 교회에 다니고 있다면 회개해야 합니다. 교회 공동체는 지금 건강성이라는 시험대 위에 올라 있습니다. 이것이 위기일 수 있습니다. 그러나 위기는 기회입니다. 지혜롭게 잘 극복한다면 더욱 건강하고 더욱 견고한 공동체가 될 것입니다. 그 도약의 일환으로 과거에 머물러서는 안 됩니다. 우리의 신앙은 이집트에 머물러서도 안 되고, 불평과 원망을 쏟아내며 광야에 머물러서도 안 됩니다. 하나님께서 말씀하시는 가나안으로 가야 합니다. 모든 위기는 다 지나갈 것입니다.

편견을 넘어 하나로

예수님의 십자가와 부활 위에 세워진 초대 교회 공동체는 하나님이 주신 성령의 능력으로 큰 부흥과 구원의 기적을 체험하고 있었습니다. 그러나 그들에게는 넘기 힘들어 보이는 커다란 장벽이 존재했습니다. 바로 유대인과 이방인 사이의 오랜 역사적 갈등입니다. 이것은 신구 세력 간 화합의 문제로, 예루살렘 교회의 DNA는 유대인에게 있었습니다. 유대인들만 모이는 유대인들을 위한 교회였습니다. 베드로의 한 번의 설교로 3천 명이 회개하고 예수님을 영접하는 엄청난 성령의 역사로 시작했지만, 최초의 교회 공동체는 동질성으로 뭉쳐 깨지기 힘든 유대인들의 공동체였습니다. 그러나 큰 핍박이 일어나자 그들은 곳곳으로 흩어지게 되었습니다. 그러자 하나님은 다양한 사람들을 불러 이방인에게 복음을 전하게 하시고 그곳을 변화시키셨습니다.

이방인의 전도자, 빌립

흩어진 예루살렘 교회 성도들 중에는 사마리아에서 예수님을 증거하는 빌립이라는 제자가 있었습니다. 사마리아 성은 주전 722년에 앗시리아에 의해 멸망당한 지역입니다. 그 후 이 지역은 앗시리아의 식민지 정책으로 인해 여러 민족과 혼합되어야 했습니다. 유대인들은 사마리아인이 유대 민족의 순혈이 아닌 혼혈인이라는 이유로 그들을 멸시했습니다. 하나님께서는 그런 편견으로 가득한 사마리아 성으로 빌립을 보내 설교하게 하셨고 놀라운 성령의 역사로 많은 이들이 예수님을 믿게 되었습니다. 이를 성경은 '사마리아도 하나님의 말씀을 받았다'고 표현합니다(행 8:14). 이 표현에는 양면성이 존재합니다. 복음이 들어갔다는 긍정의 의미와 어떻게 혼혈족인 사마리아 사람들이 예수님을 믿을 수가 있는가 하는 부정의 의미입니다. 그래서 베드로는 요한을 포함한 조사단을 파견합니다. 이방인

이 하나님을 믿은 것을 의심했기 때문입니다.

그 후 하나님은 빌립을 남쪽으로 내려보내십니다. 그 여정에서 빌립은 예루살렘에 들렀다가 자신의 고국인 에티오피아로 돌아가는 에티오피아 국무장관을 만나게 됩니다. 그는 하나님을 믿고 싶었지만 내시였고 이방인이었습니다. 그는 높은 신분이었음에도 불구하고 유대교의 원칙에 따라 예루살렘 성전에 들어갈 수 없었습니다. 그런 그에게 하나님은 빌립을 보내어 복음을 전하게 하셨고, 그 결과 그가 예수님을 믿고 세례(침례)를 받았습니다. 이것이 모든 민족을 향한 하나님의 마음입니다.

편견에 사로잡혔던 베드로

사도행전 10장에는 또 하나의 사건이 등장합니다. 이때만 해도 베드로는 전 민족에게 복음을 전하고자 하는 하나님의 마음을 알지 못했습니다. 여전히 유대인들의 하나님으로만 알고 있었죠. 이것을 깨우치시고자 하나님은 밤에 기도하는 베드로에게 "하나님께서 깨끗하게 하신 것을 네가 속되다 하지 말라"(행 10:15)는 음성을 들려주십니다. 그 음성을 듣고 베드로는 이방인 로마 백부장 고넬료의 집을 방문해 이렇게 말합니다.

> 이르되 유대인으로서 이방인과 교제하며 가까이하는 것이 위법인 줄은 너희도 알거니와 하나님께서 내게 지시하사 아무도 속되다 하거나 깨끗하지 않다 하지 말라 하시기로 부름을 사양하지 아

니하고 왔노라 묻노니 무슨 일로 나를 불렀느냐 행 10:28-29

베드로는 '무슨 일로 불렀냐'고 묻고 있습니다. 만남의 이유를 깨닫지 못했다는 것이죠. 그러나 고넬료의 요청에 따라 베드로는 어쩔 수 없이 그들에게 하나님과 예수님을 소개합니다. 그런데 놀라운 역사가 일어납니다.

> 베드로가 이 말을 할 때에 성령이 말씀 듣는 모든 사람에게 내려오시니 베드로와 함께 온 할례 받은 신자들이 이방인들에게도 성령 부어 주심으로 말미암아 놀라니 이는 방언을 말하며 하나님 높임을 들음이러라 이에 베드로가 이르되 이 사람들이 우리와 같이 성령을 받았으니 누가 능히 물로 세례 베풂을 금하리요 하고 명하여 예수 그리스도의 이름으로 세례를 베풀라 하니라 그들이 베드로에게 며칠 더 머물기를 청하니라 행 10:44-48

베드로는 그제야 하나님께서 유대인뿐만 아니라 이방인도 사랑하신다는 사실을 깨닫습니다. 이 진리를 깨닫는 것이 그렇게나 어려웠습니다. 나와는 질적으로 다르다고 생각하는 사람들도 하나님은 사랑하십니다. 다만 그것을 깨닫는 과정이 어려울 뿐입니다.

다양성을 하나로, 바나바와 사울

이방인을 향한 하나님의 열망은 수리아 안디옥 교회에서도 일어납니다. 핍박으로 인해 흩어진 유대인들은 예루살렘에서 무려 800km나 떨어진 지금의 터키 지역에 안디옥 교회를 세웁니다. 아프리카 출신의 흑인들을 포함해 다양한 신분의 인종들이 모인 이방인 교회였습니다. 이 소식을 접한 예루살렘의 유대 기독교 지도자들은 조사단을 파송해 이방인 교회의 정체성을 확인하고 싶어 합니다(행 11:22).

이때 파견된 바나바는 이 이방인 지역에 세워진 교회에도 함께하시는 하나님의 놀라운 역사를 경험합니다. 그리고 바나바는 다소로 가서 사울을 찾아 안디옥 교회로 데리고 옵니다. 안디옥 교회를 돕는 헬퍼로 사울을 세운 것입니다. 사울은 교회를 핍박하는 데 앞장서던 사람이었으나 바나바는 그를 안디옥 교회로 데려와 훈련시킵니다. 안디옥 교회는 이처럼 사울과 같이 교회를 핍박하던 자, 노예 출신, 분봉 왕 헤롯의 가족에 이르기까지 다양한 사람들이 모인 교회였습니다. 그런데 이 공동체는 안디옥에서 처음으로 '그리스도인'이라고 불릴 만큼 진실되게 하나님 앞에서 하나가 되었습니다(행 11:26).

새로운 가정의 탄생

성령의 역사로 충만했던 이방인 지역에 세워진 교회에도 문제들이 발생합니다. 사도 바울이 복음을 전하고 개척했던 대부분의 교회는 디아스포라 유대인이 세우고 헌신한 교회였습니다. 거기에 이방인들이 몰려들었습니다.

갈라디아 교회에도 문제가 있었습니다. 첫째는, 하나님의 사랑과 십자가의 은혜를 잊어버리고 과거의 유대인 전통으로 돌아가고자 하는 움직임이 있었습니다. 율법의 행위로 거룩해지고 그 행위로 인해 성화된다고 회유하는 외부의 압력과 이단이 끊임없이 교회를 흔들었습니다. 그러자 유대인과 이방인을 갈라놓는 분열이 곳곳에서 생겨나기 시작했습니다. 하나님은 이 같은 어려움을 겪고 있는 갈라디아 교회를 향해 바울을 통하여 이렇게 말씀하십니다.

> 너희가 다 믿음으로 말미암아 그리스도 예수 안에서 하나님의 아들이 되었으니 누구든지 그리스도와 합하기 위하여 세례를 받은 자는 그리스도로 옷 입었느니라 너희는 유대인이나 헬라인이나 종이나 자유인이나 남자나 여자나 다 그리스도 예수 안에서 하나이니라 너희가 그리스도의 것이면 곧 아브라함의 자손이요 약속대로 유업을 이을 자니라 갈 3:26-29

분열의 조짐을 보이는 갈라디아 교회에 전한 이 권면의 말씀이 시사하는 바가 무엇입니까? 조금 더 깊이 알아보기 위해 이어지는 구절을 현대인의성경으로 보겠습니다.

> 여러분은 다 그리스도 예수님 안에서 하나가 되었으므로 유대인이나 그리이스 사람이나 종이나 자유인이나 남자나 여자나 차별이 없습니다 갈 3:28, 현대인의성경

하나님의 공동체에는 차별이 없어야 한다는 것입니다. 즉 하나님 아버지와 성령 하나님, 아들이신 예수님이 죄인이던 우리를 용서하시고, 한 분이신 하나님의 자녀들이 되게 하셨는데, 겉모습이 다르고 생각이 좀 다르며 인종이 다르고 신분이 다르다고 서로를 차별하느냐, 결코 그럴 수 없다는 것입니다. 왜냐하면 믿음으로 예수 안에서 하나님의 아들이 되었고 그리스도라는 옷, 즉 새 옷을 입은 자들로서 이미 하나가 되었기 때문입니다.

만약에 하나님이 우리를 차별하셨으면 우리가 공동체로 모일 수 있었을까요? 예수 안에서 하나가 되었다면 서로에 대한 차별이 없어야 합니다. 세상의 법칙으로나 역사적으로는 유대인과 헬라인이 하나가 될 수 없습니다. 당시에는 종과 주인은 하나가 될 수 없었습니다. 남자나 여자도 마찬가지입니다. 이 말은 밥을 먹고, 목장 모임을 하고, 예배를 드리는 교회 활동을 함께할 수 없었다는 뜻입니다. 그런데 성경은 엄청난 선포를 합니다.

> 여러분이 만일 그리스도에게 속한 사람이라면 여러분은 아브라함의 후손이며 하나님이 약속하신 것을 받을 상속자들입니다
>
> 갈 3:29, 현대인의성경

정말 예수님을 믿는 사람이라면 그가 누구든지 모든 외적 조건을 넘어서 영적으로 유대인들이 중요시하는 아브라함의

후손이라는 것입니다. 게다가 영적 유산도 다 함께 받는다고 합니다. 이 선언은 유대인들과 당시 종교적 기득권자들에게는 사회적 혁명으로 들렸습니다. 그러나 반대로 소외된 자들, 죄인 됨을 인정하는 자들에게는 복된 소식, 곧 복음이었습니다. 믿음 안에서 모두 다 아브라함의 후손이라는 바울의 선언은 하나님이 만드신 교회에 새로운 가족의 탄생을 예고하는 것이었습니다. 그 가족의 구성원은 오직 예수 그리스도께서 만들어 주신 새 옷을 입고 성령 안에서 마음이 변화된 사람 '누구든지' 입니다.

현대 교회 공동체에는 여러 형태의 가족이 존재합니다. 우리가 흔히 생각하는 가정에서부터 사별 가정, 재혼 가정, 이혼 가정, 불임 부부 가정, 소년소녀 가정, 한부모 가정, 탈시설 청소년, 가출 청소년, 독거노인 가정, 조손 가정, 노인 부부 가정, 미혼모 가정, 싱글 가정 등 너무나 다양한 가정의 형태가 공동체를 이루고 있습니다. 하나님은 어떤 형태의 가정도 들어 사용하십니다. 또한 지구촌 공동체에는 다양한 환경의 교우들이 함께합니다. 그래서 다양한 형태의 예배와 모임들이 존재합니다.

지구촌교회가 그리스도 안에서 자랑할 것이 있다면 이처럼 새로운 가족 공동체가 예수님 안에서 하나로 어우러져 교회를 이루고 있다는 것입니다. 우리나라도 유대 사회만큼이나 동질성을 강조하는데, 이렇게 다양한 사람들이 함께 공동체성을 형성하고 예배를 드린다는 것은 축복이 아닐 수 없습니다.

먼저 대상을 달리한 세 종류의 장애인 예배가 있습니다. 지적 장애, 다운증후군, 자폐우들과 함께하는 '아름학교', 농인들과 예배하는 '농인 예배', 시각장애인, 지체장애인들과 함께하는 '행복한 동행'이 그것입니다. 암 환우들의 모임인 에제르 목장과 새터민들을 위한 예배와 공동체도 있습니다. 이뿐만이 아닙니다. 글로벌센터에는 영어부 예배, 일본어, 중국어, 몽골어, 베트남어 예배가 있고 이주 노동자 예배와 다문화 가정 공동체도 있습니다.

특별히 소개해 드리고 싶은 지구촌 공동체 중 하나가 '입양 목장'입니다. 입양은 하나님 아버지의 마음을 가장 잘 표현한 사역이라고 생각합니다. 몸으로 자녀를 낳는 것이 쉽지 않은 만큼, 마음으로 자녀를 낳는 것도 쉽지 않습니다. 몸으로 낳건, 마음으로 낳건 그보다 더 중요한 양육의 본질은 사랑입니다. 예수님의 사랑을 깨닫고 보니 마음으로 자녀를 낳고 키우게 되었고 그분들이 입양 목장을 이뤄 사랑의 나눔을 하고 있습니다.

지구촌교회의 다양한 사역들은 교회 공동체의 DNA를 만들어 갑니다. 그렇게 형성된 지구촌 공동체의 DNA는 헌신, 돌봄, 나눔, 책임, 서로를 위한 기도입니다.

그리스도의 피로 섞인 뉴 패밀리

초대 교회가 생길 때 사람들은 자신의 전통으로 정죄하고 편을 갈랐지만, 하나님은 그 모든 것을 그리스도의 십자가 사랑으로 하나로 만들어 버리셨습니다. 그리고 유대인 중심의 예루살렘 교회를 흩으셔서 그들로 하여금 곳곳에 이방인 교회를 세우게 하셨습니다. 유대인 중에 유대인이고, 예수쟁이들을 핍박하던 바울을 세계 선교의 리더로 삼으시고, 곳곳에 색다른 교회들을 세우게 하셨습니다. 그리고 그들이 누구든지 과거를 뉘우치고, 하나님의 아들을 영접하면 새로운 교회 공동체의 가족으로 인정하게 하셨습니다. 바울은 로마서에서 다음과 같은 고백을 합니다.

> 무릇 하나님의 영으로 인도함을 받는 사람은 곧 하나님의 아들이라 너희는 다시 무서워하는 종의 영을 받지 아니하고 양자의 영을 받았으므로 우리가 아빠 아버지라고 부르짖느니라 성령이 친히 우리의 영과 더불어 우리가 하나님의 자녀인 것을 증언하시나니 자녀이면 또한 상속자 곧 하나님의 상속자요 그리스도와 함께한 상속자니 우리가 그와 함께 영광을 받기 위하여 고난도 함께 받아야 할 것이니라 롬 8:14-17

그렇습니다. 우리 모두는 죄의 자녀였고 종의 영을 가진 자였습니다. 그런 우리를 하나님께서 그의 아들을 통하여 우리를 입양해 주셨습니다. 자녀 삼으신 것입니다. 그리고 우리 모두를 하나님께서 세우신 교회로 부르셨습니다. 이로써 우리는 하나님 안에서 새로운 형태의 가족이 되었습니다. 교회 공동체로 말이죠. 이 공동체는 그리스도의 피로 섞인 공동체이며 그로 인해 그 구성원들은 서로를 형제, 자매라고 부릅니다.

이처럼 아름다운 공동체가 또 있을까요? 이것이 바로 에베소서가 말한 교회의 비밀이고 신비이며, 아름다움입니다(엡 3:9). 성경은 우리가 그리스도 안에서 한 지체, 즉 한 몸이 되었다고 말씀합니다. 이것은 우리가 서로를 존중하고 인정하며 주 안에서 하나가 되어야 한다는 의미입니다(롬 12:5).

아빠의 빈자리가 필요한 가정에 아빠가 되어 주고, 엄마가 그리운 아이에게 엄마가 되어 주는 곳이 교회입니다. 스스로 일어날 힘이 없어 자포자기한 이들을 향해 손 내밀어 응원의 메시지를 전하는 곳! 기도하며 함께 걷고 함께함으로 사랑을 전하는 곳! 바로 교회 공동체입니다.

하나님의 사랑에는 차별이 없으며 그 차별 없는 사랑으로 우리를 하나 되게 하셨다. 그 형태는 전혀 새로운 가족 공동체이며 교회로서 존재한다.

공동체를 위한 기도

살아 계신 하나님, 죄 가운데 있던 저희를 주님의 피로 사신 교회 공동체로 불러 주신 은혜에 감사드립니다. 그 부르심에는 차별이 없으며 우리를 하나 되게 하시려는 아버지 하나님의 계획임을 믿습니다. 그렇게 우리를 아들이라 선포하시고 새로운 가족 공동체를 허락하시어 그 안에서 사랑과 돌봄, 나눔과 헌신을 경험하게 하심을 감사드립니다. 교회 안에서 아버지 하나님을 중심으로 형제자매 된 저희가 땅끝까지 이르는 하나님의 증인이 되게 하시고 우리를 교회로 부르신 사명을 확인하기 원합니다. 이 모든 간구를 들으시는 살아 계신 예수 그리스도의 이름으로 축복하며 기도합니다. 아멘.

적용 질문

1. 서로 하나 됨을 이루기 위해 나에게 가장 필요한 것은 무엇인가요?

_____

_____

2. 가족만큼이나 가깝게 느껴지는 그리스도 안에서의 형제자매가 있나요?

_____

_____

3. 하나님의 가족 공동체에 새 가족으로 초대하고 싶은 사람은 누구인가요?

_____

_____

4. 나는 나의 주님을 그리고 나의 교회를 얼마나 어떻게 사랑하고 있나요?

_____

_____

14장

나눔,
공동체의 새로운 질서

행 2:47

하나님을 찬미하며 또 온 백성에게
칭송을 받으니 주께서 구원받는 사
람을 날마다 더하게 하시니라

통계청에 의하면 2022년 현재 지구상 인구는 약 79억 6천만 명에 육박합니다. 안타깝게도 그중 30억 명이 기아와 영양실조로 고통받고 있습니다. 스위스 제네바대학 교수였던 장 지글러(Jean Ziegler) 박사는 그의 저서 《왜 세계의 절반은 굶주리는가?》에서 오늘날 세계적으로 일어나고 있는 음식 낭비와 기아 실태가 식량 생산 부족이 아닌 분배의 문제에서 비롯된다고 지적합니다. 즉 세상의 한편에서는 공급 과잉으로 인한 낭비가, 다른 한편에서는 공급 부족으로 인한 굶주림이 일어나는 현실을 고발한 것입니다. 실제로 지구의 식량은 매년 현 인구의 두 배가 넘는 인원을 먹여 살릴 정도로 생산된다고 합니다. 문제는 인간의 탐욕으로 인해 올바른 분배가 이뤄지지 않는 까닭에 매일 10만 명, 특히 5초당 10세 미만 어린이가 아사하고 있다는 것입니다.

기독교의 핵심 가치는 '사랑'입니다. 그러나 우리는 일상에서 이 사랑의 무게를 자주 잊어버립니다. 예수님은 십자가 사건을 앞두고 "서로 사랑하라 내가 너희를 사랑한 것같이 너희도 서로 사랑하라 너희가 서로 사랑하면 이로써 모든 사람이 너희가 내 제자인 줄 알리라"(요 13:34-35)라는 새 계명을 주셨습니다.

저는 목회자로서 이 새 계명을 사랑으로 실천할 수 있는 가장 아름다운 세 가지를 생각해 보았습니다.

첫째는 용서입니다. 용납하는 것입니다. 사랑이라는 거대한 이름 아래 우리가 위대하게 행할 수 있는 용서, 이것이 하나님께서 하신 일이었습니다. 둘째는 십자가에서 보이신 희생이요 헌신입니다. 마지막으로 셋째는 나눔입니다. 하나님께서 가장 귀한 그의 아들 예수 그리스도를 우리를 긍휼히 여기는 마음으로 나누셨음을 알게 하셨습니다. 사랑과 희생과 나눔, 이 세 가지 사랑의 실천 중에 나눔에 대하여 이야기해 볼까 합니다.

왜 나눔인가?

예수님의 행적 중 오병이어의 기적은 여러 사람의 마음속에 각인된 초유의 사건이었습니다. 작은 소년이 드린 물고기 두 마리와 떡 다섯 덩이로 5천 명이 넘는 사람들을 먹이신 사건은 작은 희생과 헌신을 통하여 하나님께서 어떤 기적을 일으키실 수 있는지를 분명히 보여 주는 표적이었습니다. 특별히 이러한 나눔과 희생이 믿음의 사람들에게서 어떠한 원리로 일어나는 것인지, 우리는 사도행전 초대 교회를 통해 살펴볼 수 있습니다.

초대 교회는 베드로의 설교로 남자만 3천 명이 회개하고 예수님을 영접하여 세워졌습니다. 예수님이 말씀하신 하나님 나라를 눈에 보여 주는 공동체, 바로 '교회'가 이 땅에 그들을 통해 탄생한 것입니다. 그리고 나서 공동체 안에는 새로운 영적 질서가 생겨났습니다.

그들이 사도의 가르침을 받아 서로 교제하고 떡을 떼며 오로지 기

온전한 여정

도하기를 힘쓰니라 행 2:42

초대 교회 교인들은 사도의 가르침을 받는 것, 교제하는 것, 예수님을 기념하는 주의 만찬으로써 떡을 떼는 것, 기도하는 것, 이 네 가지 삶의 새로운 변화에 몰두했습니다. 또한 그들은 함께 하나님을 예배하고, 집에 모여 오이코스 목장 소그룹 모임을 했습니다(행 2:46-47).

초대 교회 공동체가 예수님을 영접하고 성령님이 임하신 후 새로운 질서를 갖고 정진한 일은 말씀을 가르치고 배우는 일이었습니다. 하나님은 이 초대 교회 공동체를 축복하셨습니다.

사람마다 두려워하는데 사도들로 말미암아 기사와 표적이 많이 나타나니 행 2:43

하나님을 찬미하며 또 온 백성에게 칭송을 받으니 주께서 구원받는 사람을 날마다 더하게 하시니라 행 2:47

그런데 초대 교회 공동체에 새로 생겨난 영적인 질서들 중 비교적 색다른 한 가지가 있었습니다.

믿는 사람이 다 함께 있어 모든 물건을 서로 통용하고 또 재산과 소유를 팔아 각 사람의 필요를 따라 나눠 주며 행 2:44-45

새로 생겨난 영적 질서를 바탕으로 그들이 삶에서 실천한 한 가지는 바로 '나눔'이었습니다. 믿는 사람들이 다 함께 있었다는 것은 물리적인 자리에서 계속 공동체 생활을 했다는 것이 아닙니다. 46절 말씀처럼 '마음을 같이하여' 하나가 되었다는 말입니다. 또한 그들이 물건을 서로 통용했다는 것은 자신의 재산과 소유를 다 팔아서 그 수익금을 함께 공동으로 사용했다는 것으로 볼 수 있습니다.

세속을 떠나 산속에서 공동생활을 하던 수도원 운동도 바로 이런 형태였다고 할 수 있습니다. 에세네파나 쿰란 공동체처럼 하나의 마을을 이루고 함께 일하며 모든 것을 공동으로 소유하고 나누는 생활을 하기도 했습니다. 물론 이 같은 공동체가 일반적이지는 않습니다. 특수한 상황에서 하나님께서 경건한 사람들을 일으켜 공동체 생활로 이끄신 것입니다. 오늘날에도 아미시(Amish) 등과 같은 공동체가 예가 될 수 있습니다.

모든 물건을 서로 통용했다는 것에 대해 많은 성경학자들은 당시 성도들의 필요나 어려움을 보고 구제한 것이라고 해석합니다. 구체적인 필요에 따른 반응이었다는 것입니다.

오순절 성령의 역사를 통해 하나님의 영이 사람들 마음속에 임했습니다. 완전히 다른 영, 새로운 영입니다. 선한 영이요 구원의 역사를 이루어 가는 영입니다. 사람들은 자신의 죄와 과거를 하나님 앞에 회개하고 예수님을 영접했습니다. 예수님을 영접한 사람들은 '다른 사람들의 필요를 보는 것'에서 변화가 시작되었습니다.

온전한 연결

누구든지 자신이 땀 흘려 모은 재산은 소중합니다. 성경도 그것을 인정합니다. 그런데 예수님을 믿고 보니 여러 어려움에 처한 사람들의 필요가 보이기 시작했다는 것입니다. 예수님을 믿게 되면 삶에서 여러 변화가 일어납니다. 하나님과 영적으로 교류하기 위해 기도에 힘쓰게 되고 중보기도를 합니다. 예배와 목장 모임과 사역에 열심히 참여합니다. 이 변화는 하나님의 눈, 하나님의 마음으로 세상을 보는 데서 시작됩니다. 우리의 눈과 마음이 하나님의 시각으로 변화되지 않으면 예배하고 일하고 제사를 지내면서도 시기와 질투, 분노로 형제 아벨을 죽인 가인과 다르지 않습니다. 가인에게는 동생을 긍휼히 여기는, 하나님의 마음을 닮아 가는 진정한 삶의 변화가 없었던 것입니다.

하나님께서 그 아들 예수를 이 땅에 보내신 이유가 무엇입니까? 바로 우리를 긍휼히 여기셨기 때문입니다. 예수님이 이 땅에 오셔서 수많은 기적과 치유를 왜 일으키셨습니까? 목자 없는 양 떼처럼 방황하는 우리를 불쌍히 여기셨기 때문입니다. 우리가 예수님을 믿는다는 것은, 신앙인이 된다는 것은, 그러한 하나님 아버지와 그 아들 예수 그리스도의 마음으로 세상을 본다는 것입니다.

나눔, 진정한 구원에 이르는 길

예수 그리스도의 마음으로 세상을 보기 위해서는 진정한 구원의 경험이 있어야 합니다. 또한 지속적으로 은혜가 내 삶 가운데 흘러넘쳐야 합니다. 사도행전 4장에는 사도들이 복음을 전하다가 핍박받는 사건이 기록되어 있습니다. 하지만 그들은 굴하지 않고 합심으로 기도했습니다. 그러자 땅이 진동하며 성령이 충만한 역사가 모든 기도하는 사람들에게 임했습니다. 그리고 사도행전 2장에서와 같은 현상이 거기서도 동일하게 나타났습니다.

> 빌기를 다하매 모인 곳이 진동하더니 무리가 다 성령이 충만하여 담대히 하나님의 말씀을 전하니라 믿는 무리가 한마음과 한 뜻이 되어 모든 물건을 서로 통용하고 자기 재물을 조금이라도 자기 것이라 하는 이가 하나도 없더라 행 4:31-32

한마음이 되어 기도하다가 성령이 충만해지고, 힘을 얻은 사도들이 다시 한번 하나님의 말씀을 담대히 선포하니 무리가 자신의 것을 주장하지 않고 다른 사람들의 어려움과 필요를 보고 나누게 되었습니다. 이것은 하나님의 말씀을 통해 물질이 내 것이 아님을 깨달았다는 단순한 이야기가 아닙니다. 삶 전체에 대한 소유권을 하나님 앞에 내려놓았다는 의미이며, 이것이 바로 구원입니다.

우리는 신앙생활을 하면서 '영안이 뜨인다'라는 말을 합니다. 표면적인 뜻으로는 영의 세계를 본다는 것이겠으나 오히려 역설적으로 하나님과 같은 긍휼의 마음으로 이 현실의 세상을 바라보게 된다는 것입니다. 예수님을 믿기 전에는 나만 알았다면, 예수님이 내 안에 들어오신 후에는 이웃의 필요가 보이기 시작하는 것, 이것이 은혜를 받은 증거입니다.

> 사도들이 큰 권능으로 주 예수의 부활을 증언하니 무리가 큰 은혜를 받아 그중에 가난한 사람이 없으니 이는 밭과 집 있는 자는 팔아 그 판 것의 값을 가져다가 사도들의 발 앞에 두매 그들이 각 사람의 필요를 따라 나누어 줌이라 _행 4:33-35_

하나님 말씀의 정수만을 정리해 기록한 책인 성경에서 이 같은 나눔과 구제에 대해 두 번이나 반복해서 기록한 이유는 무엇일까요? 초대 교회의 구원받은 성도들에게서 나타난 삶의 변화 중 가장 중요한 변화가 바로 긍휼을 통한 나눔이었기 때문입니다.

성도들에게 은혜가 흐르니, 그들은 서로를 돕기에 바빴습니다. 예수님이 그들 마음에 들어와 계시니 사람들의 어려움이 느껴지고, 그들의 고통의 신음이 들리고, 사람들의 필요가 보이기 시작했습니다. 사도행전 4장 마지막에 초대 교회의 위대한 사역자 바나바가 등장합니다. 바나바도 은혜받은 후 자신의 밭을 팔아 사도들의 발 앞에 두고 자신의 삶을 복음 전하는 데 헌신합니다. 바나바는 또한 사도 바울을 발굴해 전도자로 세우는 역할을 했습니다.

초대 교회 교부였던 크리소스톰(John Chrysostom)은 이 경이로운 사도행전 2장의 사건에 대하여 이렇게 묘사했습니다.

"이는 자기 것을 아무것도 자기 것이라고 말하지 않는 천사와 같은 단체였다. 곧 악의 뿌리가 잘려 나갔다…. 아무도 비난하지 않았고, 아무도 시샘하지 않았으며, 아무도 인색하게 굴지 않았다. 거기에는 교만도 치욕도 없었다…. 가난한 사람들은 부끄러움을 몰랐으며, 부자들은 거만함을 몰랐다."(존 스토트, 《사도행전 강해》 중에서)

신앙생활은 하나님과의 나눔과 사람들과의 나눔, 이 두 가지가 균형 있게 조화될 때 건강해집니다. 그리고 그 나눔은 반드시 하나님의 말씀이 바탕이 되어야 합니다. 공동체에서 선포된 말씀을 삶의 현장에서 나눌 때 하나님께서 우리 삶에 적극적으로 개입하시기 시작합니다. 우리는 이 원리를 기억해야 합니다.

사랑을 실천하는 길

나눔 공동체를 실천하는 길은 무엇이겠습니까? 초대 교회 공동체를 통해 우리는 그 답을 보았습니다. 성령받은 그들은 하나님을 진심으로 경배하고, 공동체를 사랑하며, 이웃을 구제하는 나눔을 실천했습니다.

여기서 주목해야 할 것은 그들이 기쁜 마음으로 했다는 것입니다. 하나님의 은혜가 감사의 원인이 되어 자원하는 마음으로 나누었습니다. 자신의 소유를 팔아 나누며 어떠한 상황에서도 예배드리기를 멈추지 않았습니다. 예배하며 하나님을 바라보고, 그분의 마음과 눈을 가지게 되고, 그 눈으로 다른 영혼의 필요를 보게 되는 선순환이 일어난 것입니다.

지금 전 세계는 코로나 팬데믹으로 어려움을 겪고 있습니다. 이러한 때 성령으로 거듭난 교회 공동체가 하나님의 사랑을 실천하는 길은 무엇일까요? 바로 나눔입니다.

크리소스톰의 "가난한 사람들은 부끄러움을 몰랐으며, 부자들은 거만함을 몰랐다"라는 말이 우리 교회 공동체의 이야기가 되었으면 좋겠습니다.

나눌 수 있어서 감사하고, 도움을 받을 수 있어서 기쁩니다. 그렇게 감사함으로 나누고 당당하게 받을 수 있기를 주의 이름으로 축원합니다. 이것이 예수 그리스도가 만드신 교회 공동체요 목장 공동체입니다.

성령 충만한 공동체에 새로 생겨난 영적 질서 중 하나는 나눔이다. 이 나눔의 의미는 삶 전체의 소유권을 하나님 앞에 내려놓는다는 것이고, 나눔의 근거는 우리를 긍휼히 여기신 예수 그리스도다.

공동체를 위한 기도

살아 계신 하나님, 나의 모든 것이 나의 것이 아닌 주님의 것임을 고백합니다. 참된 구원의 열매와 참된 변화가 우리 삶 가운데 오랫동안 지속될 수 있도록 항상 함께하여 주옵소서. 성령의 인도하심에 따라 나눔을 지속할 수 있게 하시며 이 나눔의 손길이 하나님 마음에 합한 곳에 쓰일 수 있도록 지혜를 더하여 주옵소서. 그리하여 사도행전의 놀라운 역사를 오늘에도 경험하게 하시고 삶 전체의 소유권을 하나님 앞에 내려놓는 공동체가 되게 하여 주옵소서. 교회 공동체가 더욱 나눔에 힘쓸 수 있도록 격려하시며 함께해 주시는 놀라우신 예수 그리스도의 이름으로 축복하며 기도합니다. 아멘.

적용 질문

1. 누군가의 나눔을 통해 큰 격려와 도움을 받은 경험이 있나요?

_____

_____

2. 도움이 필요한 사람들을 위해 나의 소유와 시간을 나누고 있
   나요?

_____

_____

3. 가난과 부유함이 오늘날 나에게 각각 어떤 의미로 다가오나요?

_____

_____

4. 나눔의 역사를 위해 우리 목장 교회가 할 수 있는 일은 무엇일
   까요?

_____

_____

1. 코로나 시대, 왜 공동체인가?

2. 다시 소그룹!
   — 소그룹, 모든 위기를 타개할 한국
   교회 생태계

코로나 시대, 왜 공동체인가?

정부의 규제가 지속적으로 완화되고 있지만 우리는 여전히 코로나 팬데믹 시대를 살아가고 있습니다(2022년 4월 현재). 코로나가 우리에게 가져온 유익 중 하나는 목회와 선교, 신앙생활에 대한 새로운 시각을 제공하고 있다는 것입니다. 익숙한 구습을 벗어 버리면서도 기독교 특유의 예전을 지켜 내는 데 지혜를 모으고 있으니까요. 그 지혜 가운데 하나로 사역의 현장에서 깨닫게 하신 코로나 시대에 왜 우리가 12 제자 비전을 붙들어야 하는지에 관한 이야기를 나누고자 합니다.

위기를 기회로!

모든 인간은 고독하다

창세기에는 야곱이 등장합니다. 그는 팥죽 한 그릇으로 형 에서의 장자권을 쟁취하였고 그로 인하여 에서의 복수의 칼날을 피해서 고향을 떠났습니다. 도망자가 된 것이죠. 그러다가 20여 년 만에 귀향하게 되는 그의 서사는 가히 스펙터클합니다. 형 에서는 야곱에게 복수할 심산으로 군사 400명을 이끌고 그에게 달려오고 있었습니다. 일생일대의 피할 수 없는 위기를 맞은 야곱은 홀로 서는 고독을 혹독하게 경험합니다.

이처럼 누구나 절대 고독과 마주하는 시간을 갖게 됩니다. 인간 자체가 외로운 존재이기 때문입니다. 덴마크 출신의 실존주의 철학자 키르케고르의 고민 지점도 이것이었습니다. '인간의 절대 고독을 어떻게 건강하게 만들 것인가?' 반면 똑같은 실존주의 철학자였지만 니체는 같은 고민을 하다가 정신이 붕괴되고 삶이 파괴되었습니다.

인격적 만남과 공동체

절대 고독 문제를 해결하는 키는 그 고독을 채워 주는 온전한 대상을 만나는 것입니다. 바로 관계성을 통한 문제 회복입니다. 그 관계성이란 첫째로, 하나님과의 관계를 말합니다. 야곱이 형 에서를 만나러 가는 절체절명의 위기의 순간에 얍복강가에서 그는 하나님을 대면합니다. 그는 아무도 해결해 줄 수 없는 절대 고독의 순간에 하나님과의 관계를 통해 인생의 위기를 극복하게 됩니다.

'인간은 생각하는 갈대'라는 유명한 말을 남긴 프랑스의 과학자이자 철학자이며 신학자인 파스칼은 31세에 하나님을 만났습니다. 그가 죽은 후에 그의 옷에서 발견된 짧은 글귀가 있습니다. "모든 사람의 마음에는 하나님이 만드신 하나의 공간, 즉 공백이 있다. 이것은 그 어떤 피조물로도 채울 수 없고 오직 예수 그리스도를 통하여 하나님만이 채워 줄 수 있는 공백이다." 그가 발견한 이 사실이 얼마나 중요했으면 자신의 옷 속에 넣어 항상 지니고 다녔을까요?

두 번째 관계성은 인간과의 만남입니다. 인간은 서로에게 상처를 주는 존재이지만 인격적인 만남을 통해서 그 상처가 치유되기도 합니다. 그러니까 만남이라는 것은 공동체에 대한 훈련입니다. 사람은 혼자서는 살 수 없는 존재입니다.

베스트셀러 작가인 존 오트버그는 이런 이야기를 했습니다. "모든 인간 속에 하나님 형상에 대한 공허감이 존재하는 것처럼 인간관계에 대한 그 내면의 욕구를 다른 어떤 대체물로도 인간 대신 채워 줄 수 없다."

인간만이 채울 수 있는 공간이 있다는 말입니다. 오트버그의 이 말은 굉장히 성경적인 것입니다. 삼위일체라는 공동체로서 존재하시는 하나님께서 최초의 인간인 아담을 창조하시고 그가 혼자 있는 것이 좋지 못하다고 말씀하셨습니다. 천지창조 후 처음으로 한 부정적인 말씀입니다. 그러나 이것은 하나님께서 천지창조에 실패하셨다는 의미가 아닙니다. 하나님은 애초부터 두 번째 인간을 계획하셨습니다. 그 두 번째 인간은 여자입니다. 여자는 남자의 갈비뼈를 통해 그와 동등하게 창조된 존재입니다. 최초의 인간인 아담이 하나님께서 만드신 여자를 보고 이런 고백을 합니다.

> 이는 내 뼈 중의 뼈요 살 중의 살이라 창 2:23

아담의 감탄에 찬 문장을 다시 한번 생각해 봅시다. 엄청난 친밀감이 묻어 나오는 고백입니다. 이것은 이 땅에 최초로 탄생한 공동체의 모습이 어떠하였는가를 보여 주는 성경의 힌트입니다. 또한 이것은 삼위일체 하나님의 계획이며 의도였습니다. 그분께서 이런 친밀감이 가득한 공동체를 원하셨던 거죠. 이렇게 공동체성을 이룬 인류 최초의 인간들에게 하나님께서는 생육하고 번성하라고 하셨습니다. 이는 인간 공동체에 대한 하나님의 축복의 극치입니다.

그렇게 하나님은 이 만남 공동체를 사랑하셨습니다. 그리고 그들이 죄를 짓기 전까지는 정말 서로가 거의 완전에 가까운 사랑을 하는 친밀한 가정 공동체였습니다. '뼈 중의 뼈요, 살 중의 살'이라는 아담의 고백은 자아를 뛰어넘는 타인에 대한 가슴 뛰는 사랑의 표현이었으니까요. 이 사랑은 '네 이웃을 내 몸과 같이 사랑하라'던 예수님의 명령에도 맞닿는 고백이라 할 수 있습니다. 인류 최초의 고백은 이렇게 위대한 것이었습니다.

죄, 공동체를 파괴하다

이런 완벽한 공동체를 '죄'가 파괴했습니다. 죄로 인해 모든 질서가 무너졌습니다. 이 질서는 '관계'를 뜻합니다. 죄는 하나님과 인간의 관계를 파괴했고 그렇게도 한 몸으로 친밀하던 부부의 관계를 파괴했습니다. 그들은 서로에게 책임을 전가했습니다. 그렇게 인간은 부모와 자녀 사이, 형제간, 나아가 자연 만물과의 관계에서마저 불신과 어려움을 겪게 되었습니다. 그리고 결국엔 서로에 대한 증오와 미움만이 남게 되었습니다.

파괴된 공동체의 아이러니

근현대 인류 역사의 한 축은 공산주의입니다. 공산주의는 영어로 'communism'인데 이것은 공동체를 뜻하는 커뮤니티와 어원이 같습니다. 그런데 공산주의는 인간 개개인의 존엄성을 말살하고 공동체 혁명을 위해서는 개인을 하나의 도구로 여기며 그들을 죽음으로 몰아넣는 죄를 범하고 있습니다. 공산주의는 사람을 불행하게 만드는 파멸의 공동체입니다.

반면 민주주의는 완전하지는 않지만 그래도 이 땅에서 기독교를 담아내는 데 근접한 정치 체제입니다. 적어도 공동의 법을 지키는 개인에게는 종교의 자유가 주어지기 때문이죠. 하지만 죄성을 가진 인간은 자유시장 경제 체제에서 얻은 개인의 부를 나누는 일에는 실패를 거듭하고 있습니다. 이것은 인간에게 어떤 시스템이 주어지더라도 인간 죄의 문제가 드러날 수밖에 없음을 나타냅니다.

분배의 문제는 인간이 가지고 있는 탐욕을 증거합니다. 부의 축적이라는 축복이 자신으로부터 시작된 것이라고 여기며 모든 영광을 자기 자신에게 돌리고 있습니다. 이러한 문제는 코로나 전에도 존재했지만, 코로나 팬데믹을 지나면서 더욱 또렷하게 그 민낯을 드러내고 있습니다. 더욱이 방종과 함께 추구해 온 개인주의 사상은 포스트모더니즘이라는 사자와 맞물려서 모든 공동체에 흠집을 내고 있습니다. 인간의 본질은 가정과 학교, 회사 등 공동체 속에서 친밀감을 통해 삶의 기쁨을 느끼는 데 있는데 방종에 입각한 개인주의가 사람을 독선에 이르게 합니다. 그리고 그 독선으로 인하여 인간의 삶은 고독하고 비참해지고 있습니다.

우리는 지금 전대미문의 전염병 시대를 살아가고 있습니다. 제1차 세계대전이 스페인 독감이라는 전염병으로 마무리된 이후로 100년 만의 일입니다. 여기에는 분명히 하나님께서 우리에게 주시고자 하는 메시지가 있습니다.

미국 서던복음주의신학교 총장 리처드 랜드(Richard Land) 박사는 이런 이야기를 했습니다. "코로나19 팬데믹이 미친 영향으로 모든 것이 바뀌어 결국 사람들은 새로운 사회·경제적인 균형에 도달할 것이지만, 뉴노멀은 이전과는 매우 다를 것이다. 다가올 혁명적 전화(轉化)는 미국 사회의 다른 모든 부분과 함께 그리스도인과 교회에도 엄청난 기회와 함께 놀라운 도전 과제를 제시할 것이다. 코로나19 팬데믹은 매우 짧은 시간에 전 세계를 아날로그에서 디지털 세계로 전환시켰고 이러한 전환은 기하급수적인 가속을 보여 주고 있다. 팬데믹 이전에도 사람들은 인터넷 혁명으로 인한 사회적 혼란과 그것이 사회에 미치는 부정적인 영향을 인식하고 있었다. 특히 밀레니얼 세대인 Y세대는 인터넷과 소셜 미디어를 더 많이 소비함에 따라서 외로움과 고립, 소외감, 우울증을 호소하고 있다."

그의 말처럼 공동체성의 파괴는 절대 고독으로 인한 개인의 파괴를 가속화시키고 있습니다. 그런데 아이러니하게도 이런 개인의 파괴는 다시 공동체를 그리워하는 현상을 낳았습니다. 전염병 시대는 이렇게 개인주의와 공동체 추구라는 양가감정이 드러나는 시기입니다.

데이비드 브룩스는 그의 베스트셀러《두 번째 산》을 통해 전염병 시대를 살아가는 우리에게 중요한 메시지를 던집니다. "우리가 초개인주의 사회에서 추구하는 것들이 오히려 우리를 불행하게 만들어 가고 있다"라고 말이죠. 그는 "사람은 인생에서 큰 산을 두 번 오른다"라면서 "그 두 번째 산은 우리가 사람들 사이에서 회복해야 할 사랑, 가정, 소명, 공동체"라고 말합니다. 저자는 이 책에서 자신이 그리스도인임을 고백합니다. 그리고 책 중간쯤에 기독교 사상을 비그리스도인이 눈치채지 못하도록 저변에 깔아 놓고 이야기합니다. 위기의 시대, 우리가 진정으로 놓치고 있는 것은 하나님과 그분이 만드신 공동체라고 말이죠.

팬데믹 시대를 살아가고 있는 개인은 다 두렵습니다. 그리고 절대적, 상대적 고독감에 시달리고 있습니다. 마스크 착용 이슈로 인한 싸움도 빈번하게 일어납니다. 가상공간에서의 만남과 이와 관련된 기술이 날로 발전하고 있지만 그럴수록 사람들은 허전함에 신음하고 있습니다. 그러면서 공동체를 통한 교제의 필요성을 자각하고 있습니다. 그러므로 지금이 복음을 전할 수 있는 엄청난 기회입니다. 그렇다면 어떻게 이 기회를 효과적으로 사용할 수 있을까요?

예수님께서 이 땅에 오셔서 열두 명을 불러 제자로 삼으셨습니다. 거기에 우리가 찾고 있는 신비한 치유의 능력, 신비한 회복의 능력, 게다가 오늘의 문제들에 대한 해답이 담겨 있습니다.

코로나가 가져온 시대적 요구 앞에 선 교회는 공동체에 관한 성경적 정체성과 그 당위성을 정립해 포스트 코로나 시대의 대안으로 제시할 수 있어야 합니다. 이에 지구촌교회의 목장 모임, 즉 셀그룹을 중심으로 우리가 올라가야 할 두 번째 산의 열두 봉우리 특성을 살펴보고자 합니다.

셀 교회의 12가지 특성

셀 교회는 예수님이 보여 주신 12제자 비전이다

모든 교회에는 소그룹이 존재합니다. 지구촌교회는 이것을 목장 교회라고 지칭합니다만 각 교회는 각각의 특징을 살려 소그룹을 지칭하는 단어를 가지고 있습니다. 그러나 이 모든 형태의 근원은 단 하나입니다. 바로 예수님이 보여 주신 열두 제자 비전이라는 것입니다.

지구촌교회가 셀 교회를 지향하는 이유는 여러 가지가 있습니다. 솔직히 처음에는 교회를 조직화하여 잘 관리할 수 있을 것 같다는 불순한 의도도 있었던 것 같습니다. 그러나 20년 이상 목회 현장에서 담임목사이자 한 사람의 성도로서 신앙생활을 하면서 셀 교회의 본질을 깨닫게 되었습니다.

셀 교회에 있어 잊지 말아야 할 본질은 예수님이 열두 명의 제자를 부르신 뒤 3년 동안 그들과 교제하고 양육하셨다는 사실입니다. 이것이 예수님이 우리에게 보여 주신 소그룹, 즉 셀 교회의 모범입니다. 이 본질은 아무리 시대가 변해도 불변하는 진리이자 우리가 붙들어야 할 확신입니다. 특별히 외로움과 고독, 고립이 심화되고 있는 코로나 시대에서는 더욱 그렇습니다.

셀 교회는 예수님이 시작하신 최초의 교회 모형이다

예수님은 이 땅에 오셔서 직접 교회를 세우지 않았습니다. 대신 하나님 나라를 선포하시고 그 나라의 능력을 보여 주는 데 주력하셨습니다. 마가복음 1장 1절은 이렇게 시작합니다. "하나님의 아들 예수 그리스도의 복음의 시작이라." 이처럼 예수님은 스스로가 움직이는 하나님의 나라, 움직이는 교회였습니다. 이와 같은 예수님의 사역을 마가복음은 이렇게 설명합니다.

> 요한이 잡힌 후 예수께서 갈릴리에 오셔서 하나님의 복음을 전파하여 이르시되 때가 찼고 하나님의 나라가 가까이 왔으니 회개하고 복음을 믿으라 하시더라 막1:14-15

이 말씀을 통해 알 수 있는 것이 무엇입니까? 예수님이 이 땅에 교회를 세우기 위해서 먼저 선포하며 보여 주시고자 한 것은 바로 하나님 나라였다는 것입니다. 그러니까 앞으로 세워질 모든 교회는 하나님 나라에 속해 있다는 것이죠. 이렇게 하나님 나라의 속성, 즉 공동체의 정체성을 선포하신 후에 예수님은 열두 명을 부르셨습니다. 그 거대한 하나님 나라를 이루기 위해서 가장 필요한 최소한의 공동체가 무엇인가를 삶으로 보여 주기 위해 열두 명의 겨자씨를 부르신 것이죠.

예수님은 공생애를 시작할 때 40일 동안 금식기도를 하고 사탄의 시험을 거치셨습니다. 그 후 곧바로 사역을 시작하면서 하나님 나라의 능력을 가르치고 실제로 그 나라의 능력을 보여 주셨습니다. 제자들을 부르시는 사건은 바로 하나님 나라의 선포와 교회 탄생 사이에 발생했습니다. 예수님의 목적은 분명했습니다. 3년간 제자들에게 하나님 나라의 비밀과 능력이 무엇인지, 그리고 그 나라의 비전을 이 땅에 어떻게 실현할 것인지를 분명하고 실제적으로 가르치기 위함이었습니다.

마가복음 3장에서 예수님이 제자를 부르십니다.

> 또 산에 오르사 자기가 원하는 자들을 부르시니 나아온지라 이에 열둘을 세우셨으니 이는 자기와 함께 있게 하시고 또 보내사 전도도 하며 귀신을 내쫓는 권능도 가지게 하려 하심이러라 막 3:13-15

이 짧은 구절에서 우리는 예수님이 이들에게 행하신 일을 알 수 있습니다. 먼저 그들을 택하셨습니다. 그리고 '자기와 함께 있게 하심'으로 자신의 삶으로 제자훈련을 시키고 재생산이 가능하도록 하셨습니다. 다음은 '보내사 전도'하게 하셨습니다. 전도를 통해 어떻게 하나님 나라가 확장될 수 있는가를 훈련한 것입니다. 마지막으로는 '귀신을 내쫓는 권능'도 가지게 하셨습니다. 즉 실제적인 하나님 나라의 능력을 맛보게 한 것입니다. 단순히 이론이나 지식이 아닌 그 나라의 실제적 능력을 가르치고 보여 주고 경험하게 하신 것입니다.

이후 고난을 받고 부활 후 승천하시면서 제자들을 한 곳에 불러 모아 성령을 기다리라고 말씀하셨습니다. 실제로 마가의 다락방에서 120명의 공동체가 한마음이 되어 전심으로 기도하자 주님께서 약속하신 성령의 역사가 그들에게 임했습니다. 그리고 폭발적인 부흥을 경험했습니다. 베드로의 첫 설교를 통해 3천 명이 예수를 영접했고 이는 약 1만 명의 예루살렘 공동체가 형성되는 단초가 되었습니다.

그런데 그들은 어디서 모여서 교제하고 예배를 드렸을까요? 어디서 어떻게 모일 것인가는 초대 교회의 문제가 아니었습니다. 그들의 시작은 건물이 아니었기 때문이죠. 예수님은 예배당을 지으신 후에 제자를 부르시지 않았습니다. 사람을 부르시고 그들을 교회로 삼으셨습니다.

성경 말씀으로 미루어 볼 때, 초대 교회는 가정에서 모이는 오이코스 공동체였습니다. 이 작은 공동체가 조금씩 대그룹으로 성장해 나간 것이죠. 사도행전 2장에서는 그 놀라운 변화를 이렇게 고백합니다.

> 날마다 마음을 같이하여 성전에 모이기를 힘쓰고 집에서 떡을 떼며 기쁨과 순전한 마음으로 음식을 먹고 하나님을 찬미하며 행 2:46-47

여기서 '집'은 헬라어로 '오이코스'입니다. 그런데 이것은 단순히 건축물인 집을 의미하지 않습니다. 가정, 가계, 확장된 가족 친교 단체를 뜻합니다. 그렇다면 이 말씀이 의미하는 것이 무엇일까요? 최초의 예수 마을 공동체는 한 번도 한자리에 대그룹으로 모이지 않았다는 것입니다. 다만 가정에서 소그룹으로 모여 친교하고 주의 만찬을 나눴습니다.

후에 사도 바울이 전도 여행 중에 교회를 세웠을 때도 이 전통은 계속됐습니다. 로마 교회는 브리스길라와 아굴라의 집에서 모였습니다(행 18장). 예루살렘 교회는 마리아의 집에서, 빌립보 교회는 루디아의 집에서, 골로새 교회는 빌레몬의 집에서 모임을 가졌습니다. 이 모든 셀 교회의 모형은 바로 예수님이 시작하신 12제자 비전으로부터 시작되었습니다. 그래서 초대 교회는 핍박이나 기근과 같은 상황에서도 셀그룹으로 모여 모임을 지속할 수 있었습니다. 이 연약해 보이는 소그룹이 가장 강력한 공동체의 기초가 된 것입니다. 이처럼 하나님 나라를 세우는 교회의 모형과 원동력은 12제자 비전 셀그룹에 있습니다.

셀 교회는 영혼 치유에 가장 효과적이다

영적 성숙의 척도에는 여러 가지가 있습니다. 그중에서 두 가지를 말씀드리면, 첫째는 다른 사람의 아픔을 공감하는 능력입니다. 그리스도인의 성숙도는 공감 능력에 의해 좌우됩니다. 죄로 인해 신음하는 인간을 위해 아들을 보내신 하나님, 그리고 죽기까지 순종하신 예수님에게서 공감 능력이 발견되기 때문입니다. 그러므로 그리스도인들도 공감 능력이 뛰어나야 합니다. 세상의 아픔에 귀 기울이고 형제자매의 울부짖는 소리에 민감하게 반응해야 하는 것입니다. 영적 성숙의 척도 두 번째는 다른 사람과 어울리는 능력입니다. 이것은 교제,

치유, 화해라는 영적 은사로 나타납니다.

성경은 이런 영적 은사가 단순한 능력이 아니라 우리의 직책이며 하나님께서 우리에게 명하신 사명이라고 말씀합니다. 한 예로서, 성경은 하나님께서 화목하게 하는 능력을 주셨다고 이야기합니다.

> 모든 것이 하나님께로서 났으며 그가 그리스도로 말미암아 우리를 자기와 화목하게 하시고 또 우리에게 화목하게 하는 직분을 주셨으니 곧 하나님께서 그리스도 안에 계시사 세상을 자기와 화목하게 하시며 그들의 죄를 그들에게 돌리지 아니하시고 화목하게 하는 말씀을 우리에게 부탁하셨느니라 고후 5:18-19

이처럼 하나님께서는 우리에게 화목하게 하는 직분을 주셨고, 화목하게 하는 말씀을 우리에게 부탁하셨습니다.

이러한 영적 성숙도를 가늠할 수 있는 곳이 바로 소그룹입니다. 공감 능력과 어울리는 능력은 사람과의 관계를 통해서만 증명되는 것이니까요. 그러므로 우리는 다시 12제자를 부르신 예수님의 의도에 주목해야 합니다.

창세기와 사복음서, 사도행전의 공통점이 있습니다. 그것은 모든 사건이 굉장히 개인적인 만남과 소그룹적인 만남을 통해 일어난다는 것입니다. 창세기는 아브라함과 이삭과 야곱, 그리고 요셉의 이야기이고 사복음서에서는 예수님이 한 영혼에게 초점을 맞추는 사역을 펼쳐 보입니다. 사도행전의 이야기들도 마찬가지입니다. 수많은 개인적이고 가정적이고 공동체적인 사건 속에서 만남과 치유의 역사를 다루고 있습니다. 예수님은 성전 미문에 앉아 있던 한 사람을 고치시고 베드로에게 이방인 고넬료를 만나게 하시며 바울에게는 도망간 노예인 오네시모를 만나게 하십니다. 이처럼 한 사람으로부터 시작된 공감과 교제가 교회를 세우고 세상을 바꿨습니다. 소그룹, 즉 셀 교회로부터 시작한 역사인 것입니다.

《나와 너》라는 책을 쓴 마르틴 부버(Martin Buber)라는 유대교 종교철학자는 만남과 대화에 몰두하면서 살았습니다. 그런 그가 평생 외친 명제가 있습니다. 그것은 '진정한 하나님과의 만남과 사람들과의 대화 속에서 치유가 이루어진다'입니다. 그는 세 살 때 어머니에게 버림을 받았으나 하나님과 예수님께서 보내 주신 사람들을 통해 그 상처를 치유받았습니다. 그는 인간에게 있어 '존재한다'는 것은 자기 외에 어떤 대상과의 관계 속에서만 가능한 것이라고 전제합니다. 즉 하나님께서 말씀하셨듯이, 독처하는 것이 좋지 않다는 것이죠. 진정한 대화를 통해 이루어지는 '나와 너'의 만남, 그 작은 공동체를 통해서 진정한 치유가 이루어진다는 것입니다.

교회 공동체에는 저마다 삶의 가슴 아픈 사연들을 품고 있는 사람들로 가득 차 있습니다. 그 각자의 사연은 코로나로 인해 조금 더 극대화되었습니다. 그 상처, 그 아픔은 진정한 하나님과의 만남과 사람과의 대화를 통해 치유되는데, 그것이 가능한 공간이 바로 교회 공동체입니다. 그중에서도 세밀하고 긴밀하게 서로를 보듬을 수 있는 소그룹이 이 시대의 대안입니다.

에베소서 4장 31-32절은 이렇게 이야기합니다.

너희는 모든 악독과 노함과 분냄과 떠드는 것과 비방하는 것을 모든 악의와 함께 버리고 서로 친절하게 하며 불쌍히 여기며 서로 용서하

기를 하나님이 그리스도 안에서 너희를 용서하심과 같이 하라 엡
4:31-32

내가 너희를 용서한 것같이 너희도 다른 형제를 용납해야 한다는
이 하나님의 명령 앞에 무슨 할 말이 더 있을까요? 작은 그룹으로 모
여 서로를 용납할 때 영혼의 치유가 일어납니다.

셀 교회는 복음 증거에 가장 효과적이다

비그리스도인이 교회 안 대그룹에 속하게 되기까지는 여러 과정이
필요합니다. 단번에 용감하게 대예배에 참석하는 사람은 많지 않습니
다. 이것이 영혼에 대한 사랑과 눈물의 중보기도가 필요한 이유입니
다. 지구촌교회의 각 목장은 새신자인 VIP가 용기를 낼 수 있도록 기
도합니다. 그들의 이름을 부르며 기도하고 그 사람이 교회에 오는 것
을 믿음의 눈으로 보며 그 사람이 앉을 빈 방석, 혹은 빈 의자를 바라
보며 기도합니다.

11월에는 블레싱 전도집회를 통해 그들을 초청합니다. 또한 선물
을 건네거나 모바일로 안부를 묻는 등 그들이 용기를 낼 수 있도록
도와줍니다. 한 영혼의 구원을 위한 이와 같은 과정은 홀로 하는 것이
아닙니다. 목장 교회인 셀 교회가 함께하는 전도의 여정입니다. 이런
과정을 통해 목장 모임에 참석한 VIP는 이미 형성된 친밀감으로 인해
교제권 안으로 들어올 수 있습니다. 이처럼 셀 교회는 서로의 친밀감
을 통해서 영혼 구원 사역을 하는 데 최적화되어 있습니다. 셀 교회의
궁극적인 목적은 예수님의 지상명령에 근거해서 영혼들을 돌보고 구
원하는 것입니다(마 28:19-20, 행 1:8).

셀 교회 사역을 하면서 자주 받는 질문이 있습니다. "셀그룹이 뭐예요? 목장 공동체가 뭡니까?" 이러한 질문에 대한 효과적인 대답을 마가복음 1장 32-37절에서 발견할 수 있습니다. 셀그룹을 이끌어 가시는 예수님의 소그룹 목회에 모범 답안이 들어 있습니다. 바로 '돌보고, 나누고, 전도하고'가 셀 교회의 정체성입니다.

예수님은 첫째, 사람을 돌보셨습니다. 그의 온 생애를 사람을 돌보는 데 사용했다고 해도 과언이 아니지요. 육신을 입고 이 땅에 오신 하나님의 아들이 지친 몸을 이끌고 영혼을 돌보는 모범을 친히 보여 주셨습니다. '인생에서 가장 값어치 있는 일이 무엇일까?'라는 질문을 해 본 적이 있으신가요? 목장 교회, 즉 셀 교회는 이 질문에 가장 민감하게 반응할 수 있도록 구성된 최소 단위입니다. 함께 모여 사람을 돌보는 것. 이것이 합력해서 하나님의 사역을 감당하게 하신 하나님의 아이디어입니다.

둘째, 예수님은 나눔을 실천하셨습니다. 하나님과 나눔, 사람과 나눔입니다. 예수님은 새벽 미명에 하나님께로 나아가 재충전을 받음으로 사람과 나눌 수 있는 힘을 얻으셨습니다. 우리의 신앙도 이와 같습니다. 하나님과의 나눔을 통해 예배 가운데 은혜를 받고, 그 말씀을 바탕으로 나의 삶을 사람들과 함께 나누는 것입니다. 이렇게 두 가지 나눔이 균형 있게 공존할 때 건강한 신앙인으로 성장할 수 있습니다.

셋째, 예수님은 전도하셨습니다. 예수님은 공생애 동안 한 마을에 머무르지 않고 마을에서 마을로 다니며 가능한 많은 사람에게 복음을 증거하고자 애쓰셨습니다.

우리가 아는 것은 오직 영혼을 돌보고 말씀과 삶을 나누며 또 다른 영혼을 구원하는 것입니다. 그리고 이 세 가지를 함께 감당하는 공동체가 바로 셀그룹이고 목장 공동체입니다.

코로나가 한창일 무렵, 소수의 스태프만 나와서 예배를 드릴 때가 있었습니다. 그 와중에 규제가 조금 완화되었을 때 블레싱 전도집회를 하게 되었습니다. 이때 두려운 마음이 들더군요. 본 교회 성도들도 모이지 못하는 때에 어떻게 전도집회를 할 수 있을까 하는 두려움이었습니다. 그러나 결과는 놀라웠습니다. 온라인과 오프라인을 통해 약 1만 3,000여 명이 참석한 것입니다. 특히 장년부 VIP는 1,100명이 었는데 이중 약 37%에 달하는 400여 명이 예수 그리스도를 영접했습니다.

이를 통해 어느 시대에나 하나님께서는 복음을 증거하는 것을 기뻐하신다는 것과 어느 시대에나 사람들은 복음에 목말라하고 있다는 것을 깨달았습니다. 교인들도 성전에 나오는 것을 어려워하는 시기에 이처럼 많은 영혼이 예수님을 영접했다는 사실에서 시대와 환경을 초월하여 일하시는 하나님을 만날 수 있었습니다. 그리고 이 과정에서 셀 교회가 중추적인 역할을 했습니다. 전도의 패러다임을 바꿔서 온라인으로 VIP를 만나고 기도하던 이들의 수고 위에 하나님께서 함께하신 것입니다.

셀 교회는 사역을 통해 이웃을 섬긴다

셀 교회는 영적 훈련 공동체입니다. 그러므로 믿는 것을 실천하는 장소가 되어야 합니다. 셀 교회가 돌봄과 나눔, 전도를 통해서 어느 정도 활성화되면 다음 사역 단계로 반드시 넘어가야 합니다. 그렇지 않으면 더 이상 영적으로 성장하지 않습니다.

코로나 상황은 기독교 공동체에 있어 공적 영성 부분을 극대화시키고 있습니다. 하나님께서 그리스도인으로서 타인의 울부짖음에 민감해야 함을 지속적으로 말씀하시기 때문입니다. 세상은 보이는 복음을 원합니다. 우리는 듣고 보고 깨닫고 경험한 복음을 외치지만, 사람들은 이 복음의 신비를 알지 못하기에 복음의 능력을 우리를 통해서 보기 원합니다. 그래서 우리가 그 역할을 감당해야 합니다.

사도행전 2장에서 놀라운 성령의 역사를 경험한 이들은 재산과 소유를 팔아서 구제에 힘썼습니다. 사도행전 4장에서도 동일한 역사가 일어났고, 이어지는 5장과 6장에도 구제에 대한 이야기가 빠지지 않습니다. 특별히 6장에서는 예수님의 사랑을 통전적으로 실천하는 것이 얼마나 중요한 것인가를 엿볼 수 있습니다. 구제하는 것에 열중한 나머지 사도들이 말씀과 기도 사역을 하는 데 문제가 생길 정도였습니다. 이에 예루살렘 교회는 7명의 집사를 선출하여 리더십의 분산과 균형을 이뤘습니다.

지구촌교회의 각 목장은 특별하게 지정받은 선교지나 사역지가 있어 국내 미자립교회나 교회 내 사역팀을 지원합니다. 각 목장에서는 이렇게 달란트에 맞게 한 사람씩 작은 것이라도 사역을 감당합니다. 예를 들면 미혼모 시설을 섬기는 목장에서는 일정 시간 자녀를 돌봐줌으로 엄마가 잠시라도 쉴 수 있는 시간을 확보해 줍니다. 이렇듯 창조적인 접근으로 이웃의 필요에 응답합니다.

셀 교회의 이런 DNA가 코로나 팬데믹 상황에서 큰 위력을 발휘했습니다. 코로나 기간에는 지구촌교회의 M52 오병이어 구제 사역을 통해 1,500여 개 미자립교회들과 그 교회 내 취약 계층을 도왔고 교회 밖 이들도 지속해서 도왔습니다. 하지만 코로나가 장기화되면서 물질의 도움에 그치는 것이 아니라 이 교회들과 함께 목회할 수 있는 방법을 모색해야 한다고 생각해서 온라인 사역을 지원했습니다.

홈페이지를 제작해 100여 개 교회에 온라인 예배를 위한 제반 사항을 학습하도록 지원하였고, 300개 교회를 초청하여 코로나 중에도 전도할 수 있는 실제적인 방법들을 제시하는 일상 전도 세미나를 진행하였을뿐더러, 셀 컨퍼런스에 그 교회 목회자들을 초청하여 시대적 물음과 상황을 함께 진단하고 답을 찾는 시간을 가졌습니다. 한편, 코로나로 인한 헌혈 인구 급감 소식을 듣고 헌혈 캠페인 '대한민국 피로회복'을 진행했습니다. 지구촌교회 성도와 더불어 이 캠페인에 1만 6,000명이 헌혈에 동참하였습니다. 이렇듯 셀그룹과 셀 교회 사역은 서로의 필요를 공감하는 것으로부터 시작하여 한마음으로 구제하는 데까지 이어집니다.

셀 교회는 재난 시대에 최적화되어 있다

재난과 핍박에 가장 좋은 교회 구조는 셀 교회입니다. 실제로 핍박을 받고 있는 선교 지역에서는 셀그룹의 SNS 활동이 두드러집니다. 몇 년 전에는 터키 동부 국경과 인접한 국가의 사람들이 예수님을 알게 되어 침례받는 것을 SNS을 통해 목도했습니다.

셀 교회를 추구하는 지구촌교회는 격년으로 예배당이 아닌 가정에서 목장별로 모여서 예배를 드립니다. 이렇게 한 이유는 세 가지입니다. 첫째는 교회에 갈 수 없는 유사시를 대비해 훈련하기 위해서입니다. 둘째는 셀그룹의 리더인 목자들이 평신도 목회자로서 자리매김하는 훈련의 기회로 삼고자 함입니다. 셋째는 그동안 참석하지 못했던 성도를 목장으로 인도하기 위함입니다. 이런 과정이 있었기에 코로나 초기에 지구촌교회는 자신 있게 온라인 예배로 빠르게 전환할 수 있었습니다. 고난과 핍박에 강한 셀 교회의 위력을 확인한 셈이죠.

예루살렘 교회는 계속되는 핍박과 기근에도 생명력을 유지했을 뿐만 아니라 복음을 증거하며 더 부흥했습니다. 그들은 비록 핍박으로 인하여 흩어져야 했지만 불평하지 않고 두루 다니며 복음을 전했습니다(행 8:4).

중국은 1998년에 기독교 인구를 조사했는데, 약 9천만 명의 기독교인이 있다는 걸 밝혔습니다. 중국 정부의 핍박으로 인해 지하로 스며들어 소그룹으로 모인 가정 교회의 성도가 1억 명에 가깝다는 것입니다. 하나님은 선교사들이 추방당하고 신학교도 교회 건물도 없는 상황에서 이런 일을 행하셨습니다. 이는 또한 그들이 예수 그리스도의 12제자의 비전, 즉 소그룹으로 모여 그 정체성을 붙들었기에 가능한 일이었습니다.

셀 교회는 all lines(online&offline) 사역에 최적화되어 있다

뉴노멀 시대를 따라 재편된 사회는 만남의 장을 확장시켰습니다. 대면과 비대면 만남을 함께하는 사회가 된 것입니다. 교회 역시 예외가 아닙니다. 교회의 사역도 이제 대면과 비대면 사역으로 확장해야 합니다. 솔직히 교회는 지금까지 가상공간에 관심이 별로 없었습니다. 오랫동안 가상공간을 어둠의 세력에게 빼앗겼습니다. 코로나를 겪으며 그리스도인과 교회는 비로소 온라인 플랫폼 영역에 관심을 갖기 시작했습니다. 특수한 상황 때문에 교회에 나올 수 없는 이들에 대한 관심이 상대적으로 적었다는 것도 알게 되었습니다. 공예배 참석은 어렵지만 소그룹 활동을 통해 영적인 성장을 위해 노력하는 분들이 많다는 소식도 들었습니다. 코로나로 인해 교회는 온라인 예배의 필요성을 다시 한번 새길 수 있었습니다.

지구촌교회는 코로나 이후 6개월 이상의 준비 과정을 거쳐 모든 셀 교회 목장 모임을 줌을 이용한 비대면 모임으로 전환했습니다. 이때 우리는 가상공간 활용과 관련해 생각의 폭을 넓힐 수 있었습니다. 젊은이 목장의 경우 85% 이상이 온라인으로 목장 모임에 참여하였습니다. 이 비대면 모임은 직장 문제로 참석이 어려웠던 이들이 참여할 수 있는 문이 되었고, 비대면 심방과 상담은 매주 성도들과 만날 수 있는 창이 되어 주었습니다. 오히려 대면 예배 때보다 더 많은 성도가 가상공간으로 출석하기도 했습니다. 또한 출석 통계를 점검해 보니 꾸준히 새로운 성도들이 대면과 비대면 예배에 참석하고 있었습니다.

이런 객관적인 통계들이 증명하는 것이 무엇입니까? 곤고하고 외로운 영혼들이 인생에 대해 깊이 생각하고 창조주를 기억한다는 것입니다. 이런 분들과 함께 호흡하며 예수의 제자로 양성하는 기쁨은 가상공간을 통한 제자훈련으로도 이어지고 있습니다.

지구촌교회가 뉴노멀 시대를 맞아 이렇게 가상공간에서도 효과적으로 사역할 수 있는 까닭은 그동안 추구해 온 셀 교회의 정체성 때문입니다. 크지만 작은 목장 교회로 든든히 묶여 있기에 코로나 팬데믹 시대에도 신앙과 사역을 잘 감당할 수 있었습니다. 전염병 시대나 재난 상황에서 비대면으로 모이고 온라인을 효과적으로 사용하려면 먼저 셀 교회에 관해 가르치고 강화해야 합니다. 셀 교회의 DNA 없이는 새로운 패러다임에 피로감을 느낄 수 있기 때문입니다. 또한 돌봄과 나눔, 전도 사역도 제대로 일어나지 않을 것입니다. 예수님과의 친밀감 그리고 셀 교회 안에서의 친밀감이 형성되었을 때 온라인 사역의 시너지를 확인할 수 있을 것입니다.

셀 교회는 동질성의 그룹(homeogenous unit)과 비동질성의 그룹 (heterogeneous unit) 모두를 만족시킬 수 있다

유대인의 공동체였던 예루살렘 교회와 이방인의 공동체였던 안디옥 교회 모델의 특성을 파악함으로써 현대 셀 교회의 하나 됨을 모색해 보도록 하겠습니다.

• 예루살렘 교회 모델

성령의 역사하심으로 아름답게 탄생한 예루살렘 교회의 문제점은 동질성 그룹이라는 것이었습니다. 유대인의 DNA를 갖고 있었던 겁니다. 이는 이방인이 들어가기 어려운 구조였고, 어떤 면에서는 하나님이 원하시는 교회의 모습이 아니었습니다. 이에 하나님께서는 예루살렘 교회가 건강하게 성장할 무렵 핍박이 일어나게 하셨습니다(행 8장). 그리고 그들을 흩으셨습니다. 그러자 그들은 비로소 구브로와 베니게, 안디옥까지 이르러서 복음의 증인이 되었습니다. 영적 뉴노멀 시대가 열리자 그에 따른 선교 사역을 하게 된 것입니다.

• 안디옥 교회 모델

예루살렘 교회의 흩어짐으로 인해 탄생한 교회가 안디옥 교회입니다. 이 교회에는 다양한 계층이 모였습니다(행 13장). 이 교회를 통해 우리는 인종과 신분이 다르지만 복음으로 하나 되어 가는 놀라운 모습을 엿볼 수 있습니다. 지구촌의 목장 교회 중에는 서로 비슷한 연령

대나 비슷한 지역 출신으로 연결되어 공감할 수 있고 위로와 치유, 도전을 받는 목장 그룹이 있습니다. 반면 그와는 다르게 다양한 연령과 삶의 배경을 가지고 있는 목장들도 있지요. 그러나 안디옥 교회처럼 복음 안에서 하나가 되는 모습을 보게 됩니다.

· 셀 교회의 실제

지구촌교회의 셀그룹에도 예루살렘 교회와 같이 동질성을 가지는 그룹이 있고, 안디옥 교회처럼 다양한 사람들이 모인 그룹이 있습니다. 하나님께서는 참으로 신비롭게도 이 두 모델을 하나님의 방법대로 각각 이끌어 가셨습니다.

선교학자 도널드 맥가브란(Donald Anderson McGavran)은 그의 저서 《The bridges of God》에서 이런 주장을 합니다. "사람들은 동질성 그룹으로 함께 있어야 복음도 쉽게 받아들이고 교회도 성장한다." 이것은 일정 부분은 맞지만 그렇지 않은 것도 있습니다. 안디옥 교회처럼 비동질성 그룹도 존재하기 때문이죠. 특별히 현대의 선교적 교회들은 대도시 속에서 안디옥 교회처럼 다민족 교회로 모이고 있습니다. 민족이 같지 않아도 함께 모일 수 있는 교회들이 점점 증가하고 있습니다. 이건 옳고 그름의 문제가 아니라 사역 방향에 대한 선택의 문제입니다. 하지만 한 가지 분명하게 확신할 수 있는 것은 예수님이 인간이 되어 이 땅에 오심으로 하나님과의 동질성을 회복시켜 주셨다는 사실입니다. 여기서 우리의 선교적 의미를 찾을 때 비동질성 때문에 가지 못하는 곳은 없습니다.

예수님의 열두 제자는 각기 다른 성격과 특성을 가진 사람들이었습니다. 그런 만큼 그들 사이에서 다툼도 있었고 갈등도 있었습니다.

그러나 성령 충만함을 받은 후 그들은 예수님 안에서 하나가 되었습니다. 동질성만으로 복음을 증거하고 동질성만으로 하나님 나라가 이루어진다면 선교사들이 어떻게 문화와 언어가 다른 세계로 흩어져서 복음의 놀라운 역사를 이끌어 갈 수 있겠습니까? 셀 교회는 각기 다른 부류의 사람들이 모인다는 면에서 비동질성 그룹입니다. 그러나 동시에 그리스도를 닮아 가는 공동체라는 측면에서 동질성 그룹입니다. 셀 교회는 이 두 가지를 다 수용해도 성령의 역사를 통해서 충분히 하나 될 수 있는 영적 공동체입니다.

셀 교회는 모든 교회, 모든 세대에 적용할 수 있다

예수님은 열두 명의 제자들과 함께 셀 교회를 시작했습니다. 그리고 베드로 역시 그의 설교를 듣고 회심한 3천 명의 사람들과 함께 오이코스 셀 교회인 예루살렘 교회를 시작했습니다. 제가 오래전에 개척했던 교회도 셀 교회였습니다. 그때 외로운 사람들이 함께 모여서 경험했던 위로 공동체로서의 셀 교회 경험은 아직도 잊을 수 없습니다. 함께 모여 말씀 가운데 친밀함과 치유를 경험했던 그 가슴 뛰는 기억은 아직도 생생합니다. 저는 그 개척 교회와 지구촌교회 공동체를 경험하면서 교회의 규모와 관계없이 소그룹 셀 교회가 예수님이 보이신 12제자의 비전을 실현하는 것임을 확신할 수 있었습니다.

지구촌교회는 다음 세대를 위한 교육 목장을 운영하고 있습니다. 아이들은 이 셀그룹 안에서 예수 그리스도를 믿는 자녀로서의 동질성을 회복하고 그들의 고민과 아픔을 나누고 있습니다. 청년들도 마찬가지입니다. 셀그룹을 통해 동질성을 회복한 청년들의 전도로 청년 VIP들이 늘어나고 있습니다. 시니어 그룹도 그렇습니다. '시니어가 청년이 되게 하라'는 슬로건 아래 만 65세부터 79세인 성도들이 목장 공동체 안에서 친밀함 가운데 신앙생활을 하고 있습니다. 이처럼 셀 그룹은 모든 세대에 적용할 수 있습니다. 더불어 모든 교회, 모든 세대에 적용할 수 있습니다. 이것은 예수님이 보여 주신 12제자 비전을 따르는 것이기 때문입니다. 예수님이 보여 주신 이 모범에 능력이 있습니다.

셀 교회는 평신도를 만인 제사장이 되게 하는 비전을 추구한다

한국교회의 70% 이상이 출석 교인이 500명 이하라고 합니다. 또한 한국교회의 20~30%가 농어촌 교회입니다. 이들은 대개 재정적으로 어려움을 겪고 있으며 그로 인하여 부교역자를 청빙할 수 없는 형편이라고 합니다. 건강한 평신도 리더가 교회를 이끌어 가야 하는 이유가 여기에 있습니다. 목회 현장의 현실적 어려움을 예수님이 모범으로 보여 주신 12제자 비전으로 잘 훈련받은 평신도가 해결할 수 있습니다. 교회는 목회자와 함께 목양하는 평신도 리더를 반드시 훈련해야 합니다.

지구촌교회의 소그룹인 목장 모임에는 평신도 사역자인 목자가 있습니다. 한편으로 예비 목자를 양육하는 훈련이 진행됩니다. 목회자의 사명 중 하나는 영적 코치로서 성도의 달란트를 발굴하고 그것이 쓰임 받을 수 있도록 그들을 세우고 격려하며 그 발전을 위해 훈련하는 것입니다. 셀 교회 시스템은 평신도 리더들이 목회자처럼 성도를 섬기고 교회를 세우는 가장 좋은 플랫폼입니다. 지구촌교회 셀그룹의 슬로건 중 하나는 '평신도가 사역의 스타가 되게 하라'입니다. 이로써 신약의 비전이자 선언인 만인 제사장을 실현하게 됩니다.

지구촌교회에는 이런 말도 존재합니다. '지구촌교회는 현재 목자와 미래의 목자만 존재합니다.' 모든 성도가 목자로 존재하는 교회, 이것이 한국교회의 현실을 타개하는 방안이 될 것입니다.

셀 교회는 가정을 든든히 세운다

코로나 상황은 대면 예배를 불가능하게 함으로 교회의 문을 닫게 했지만, 가정의 문은 활짝 열었습니다. 코로나로 인해 열린 뉴노멀 시대의 새로운 트렌드는 '홈'입니다. 집에서 머무는 시간이 현저하게 늘어나면서 가정에 대한 인식이 변화되고 있습니다. 이런 변화에 발맞추어 지구촌교회는 저녁 9시에 비대면 NCC(for Nation, for Church, for Corona)기도회를 열어 나라와 민족과 교회와 국가를 위해 기도했습니다. 이때 가족이 함께 기도하면서 가정예배가 정착되었다는 소식을 들을 수 있었습니다. 셀 교회가 가정으로 스며들게 된 것이죠.

한번은 부흥회를 하면서 세족식을 거행한 적이 있습니다. 이때 목회자들은 각자의 가정에서 아내와 자녀들의 발을 닦아 주었습니다. 바쁜 사역 일정으로 인해 가족을 위한 세족식은 처음이라는 교역자들의 고백이 줄을 이었습니다. 비대면 환경 가운데 가정에서 성찬도 함께 나누었습니다. 그렇게 조금씩 셀 교회가 가정에 스며들며 가정에 예배를 세워 가는 것을 경험했습니다. 이처럼 가정예배의 회복은 가정의 회복으로 이어져 셀 교회의 최소 단위인 가정을 든든히 세웁니다.

셀 교회는 예수님을 사랑한다면 시작할 수 있다

부활하신 예수님은 디베랴 호수로 제자들을 찾아가셨습니다. 그리고 그의 사랑하시는 제자 베드로에게 물으십니다. "네가 나를 사랑하느냐?" 거듭되는 예수님의 질문에 근심하던 베드로는 "그렇습니다. 내가 주님을 사랑하는 줄 주님께서 아십니다"라고 대답합니다. 그러자 예수님은 베드로에게 새로운 사명을 주십니다. "내 양을 먹이라."

우리는 요한복음 21장의 서사를 통해 예수님이 주신 사명을 감당할 수 있는 단 하나의 조건을 터득하게 됩니다. 바로 사랑입니다. 사랑을 확인한 예수님은 성령을 주셨고 그 성령의 충만함으로 인해 교회가 세워졌습니다. 셀 교회의 조건도 이와 같습니다. 예수님의 사랑을 경험한 사람이라면 누구나 셀 교회를 시작할 수 있습니다.

스리랑카 출신의 감리교 목회자인 D. T. 나일스(Niles) 목사는 "우리 모두는 자기가 빵을 얻은 장소를 다른 거지에게 가르쳐 주는 거지와 같다"고 말했습니다. 이런 열정으로 셀 교회를 시작하고 예수님의 사랑을 전해야 합니다. 이미 그 사랑을 맛보았기 때문입니다.

포스트 코로나, 사명의 완주를 위한 4가지 과제

예수님의 사랑을 이미 맛본 그리스도인은 그 사랑의 맛을 아직 알지 못하는 이들에게 예수님을 자랑하는 사명을 끝까지 붙잡아야 합니다. 포스트 코로나 시대에 이 사명의 완주를 위해서는 몇 가지 점검해야 할 것이 있습니다.

포스트 코로나 시대에도 대면 사역은 중요하다

코로나가 우리에게 던져 준 교훈처럼 온라인을 이용한 비대면 예배 및 교제는 앞으로도 계속될 것입니다. 그러나 이것이 완벽하게 대면 사역을 대체할 수는 없습니다. 사회 전면에서 언택트의 편리함과 동시에 부작용을 호소하는 것처럼 교회 안에도 반드시 대면해야 효과적인 사역이 있습니다. 이에 시대적 변화에 발맞추어 하나의 대안으로서 온라인 교회에 정당성을 부여하는 데 그치지 말고 온라인 교회에 대한 신학적·성경적 정립을 위한 토론과 연구가 필요합니다.

셀 교회의 목적을 점검해야 한다

교회가 하나 되고 좋은 공동체를 구성한 후 무엇을 할 것인가라는 뚜렷한 목적을 점검해야 합니다. 셀 교회의 지향점은 교회 성장이나 교회 관리가 아닙니다. 예수님이 우리에게 보여 주신 12제자 비전 공동체의 실현, 이것이 목표점이 되어야 합니다. 한 사람을 세워 그리스도의 사랑으로 교회가 되게 하는 예수님의 비전이 순수하고 순전하게 우리 가운데 있어야 합니다.

사람을 위한 공동체가 되어서는 안 된다

처음에는 그리스도를 향한 사랑으로 가득했지만 시간이 지나고 나면 셀그룹이 게토화되는 현상을 보게 됩니다. 그러므로 예수님이 함께하시는 공동체인가, 사람의 친밀감으로 구성된 공동체인가를 점검해야 합니다. 몇 년이 지나도 단 한 사람의 새로운 영적 자녀를 낳지 못하는 셀그룹이 있다면 그 부르심의 소명을 다시 한번 점검해야 합니다.

셀 교회의 건강성을 점검해야 한다

건강한 셀 교회로 변화되는 시대를 대비하고 사회에 영향력을 미치고 있나요? 예수님의 12제자 비전은 예루살렘 교회를 세우고 엄청난 영향력을 미쳤습니다. 이와 같이 셀 교회는 시스템이 아니라 생명력입니다. 이 생명력은 성령의 능력을 증거하는 영향력의 근원이자 우리에게 주신 선물입니다.

포스트 코로나 시대의 교회에 대한 전문가의 의견에 귀를 기울여야 합니다. 건강한 셀그룹을 비전으로 삼는 교회는 사도행전적 사명을 수행하며 부흥할 것이지만 그렇지 않은 교회들은 많은 어려움을 당하게 될 것이라는 전망입니다. 또한 주일 공예배만 강조하던 교회들도 시대적 어려움에 직면하게 될 것이라는 보고를 접하게 됩니다. 대면 예배가 활성화되더라도 다시 교회로 돌아오지 않겠다는 성도가 30% 이상이라는 설문조사 결과도 앞으로 다가올 교회의 현주소를 가늠하게 합니다. 우리는 대면 예배가 활성화되기 전에 교회의 건강성을 점검하여 가슴 뛰는 예배를 기대할 수 있도록 준비해야 합니다. 이를 위해 하나님께서 미리 알게 하신 12제자 비전을 붙들고 온라인 예배에 익숙해진 이들의 영혼을 흔들어 깨워야 합니다.

교회의 현주소

미국 복음주의위원회(Evangelical Council for Financial Accountability, ECFA)가 하트포드 종교연구소(Hartford Institute for Religion Research)와 공동으로 실시한 '메가처치 2020' 설문조사의 결과는 오늘날 교회가 처한 현실을 확인시켜 줍니다.

'메가처치 2020' 조사는 미국 대형교회 트렌드에 대해 연구하는 국가적인 연구입니다. 이 조사에는 2천 명 이상의 출석 교인을 보유한 582개 교회가 참여했습니다. 많은 영역의 결과가 도출되었지만, 소그룹에 대한 몇 가지 결론을 말씀드리고자 합니다.

먼저 질문의 카테고리는 '소그룹이 기독교적 양육과 영적 성장 전략에 있어 중심인가'였습니다. 그리고 실제적인 질문은 '성도님의 영적 삶에 있어 가장 중요한 요소가 무엇입니까'였습니다. 10년 전만 해도 목사님의 설교를 첫 번째로 꼽았습니다. 그런데 5년 전부터 이것이 바뀌기 시작했습니다. 그리고 코로나를 지나며 훨씬 더 많이 바뀌었습니다. 90% 이상의 사람들이 영적 성장에 가장 도움을 주는 것은 '소그룹'이라고 답변했습니다. 우리는 대예배 가운데 하나님의 엄청난 위엄과 존재하심을 체험합니다. 그리고 이 체험과 말씀을 바탕으로 소그룹에서 삶을 나눌 때 신앙의 실제적인 변화가 일어나고 성장한다는 사실을 많은 이들이 고백하고 있습니다.

또한 미국의 600여 개 교회를 대상으로 한 설문조사에서 소그룹에서 활발하게 활동하는 교인의 비율이 높은 교회일수록 새신자 등록이 많다는 것을 밝혀 냈습니다.

포스트 코로나 시대가 도래하면 소그룹을 잘 운영하는 교회와 그렇지 않은 교회로 그 영향력이 달라질 것입니다. 그러므로 소그룹 셀 교회는 이제 선택의 문제가 아닙니다. 2천 년 전에 예수님이 우리에게 이미 보여 주신 비전이자 우리가 나아가야 할 방향입니다.

결론은 '12제자 비전'

마태복음 4장 18절에서 22절 말씀에서 우리는 4가지 단어를 통해 인사이트를 얻을 수 있습니다.

갈릴리 해변에 다니시다가 두 형제 곧 베드로라 하는 시몬과 그의 형제 안드레가 바다에 그물 던지는 것을 보시니 그들은 어부라 말씀하시되 나를 따라오라 내가 너희를 사람을 낚는 어부가 되게 하리라 하시니 그들이 곧 그물을 버려 두고 예수를 따르니라 거기서 더 가시다가 다른 두 형제 곧 세베대의 아들 야고보와 그의 형제 요한이 그의 아버지 세베대와 함께 배에서 그물 깁는 것을 보시고 부르시니 그들이 곧 배와 아버지를 버려 두고 예수를 따르니라 마 4:18-22

첫 번째 단어는 '보셨다'입니다(18절). 이것은 공감을 뜻합니다. 예수님은 세상에서 소외된 보잘것없는 제자들을 주목하여 보셨습니다. 그들이 처한 상황과 환경에 공감하셨다는 의미입니다. 예수님은 우리의 모든 것을 아시고 공감하시며 꿰뚫어 보시는 분입니다. 우리의 과거와 연약함, 모든 죄성을 다 아시고 나의 미래까지 예측하십니다.

두 번째 단어는 '부르시고'입니다(21절). 예수님은 우리를 불러 주셨습니다. 이 부르심은 예수님의 초청입니다. 아무 데도 갈 곳 없는 우리를 불러 그의 공동체에 속하게 하여 예수님의 제자가 되게 하셨습니다. '고아와 같이 버려두지 않겠다'는 약속을 이행하신 것입니다 (요 14:18).

세 번째 단어는 '나를 따르라'입니다(19절). 이 말씀으로 우리에게 존재감을 주셨습니다. 예수님을 따르는 사람이라는 존재감은 가장 큰 존재감입니다. 이것이 우리의 정체성입니다.

마지막 단어는 '만들리라'입니다(19절). '사람을 낚는 어부가 되게 하리라'는 이 말씀으로 우리에게 사명감을 부여하셨습니다. 이 선언은 하나님만 하실 수 있는 선언입니다. 우리는 그의 피조물이자 그의 사랑을 받는 존재입니다. 그러므로 기독교 공동체는 그 사랑을 전파하는 사명을 가진 공동체입니다.

많은 사람이 소그룹을 택하면서 이런 질문을 던집니다. '나는 여기에 속해 있는가? 나는 여기서 어떤 존재인가? 나는 여기서 무엇을 하는가?' 이 질문들을 통해 소속감, 존재감, 사명감을 확인할 수 있기 때문입니다. 많은 외롭고 고독한 이들이 자신을 받아 줄 곳을 찾아 유랑하는 시대입니다. 이 외로운 시대에 12제자 비전이 답이 되고 있습니다.

어디에도 속할 수 없던 제자들을 부르신 예수님, 그 사랑으로 변화된 제자 공동체. 이것이 포스트 코로나 시대를 살아갈 교회를 향한 대답입니다.

다시, 소그룹!
소그룹, 모든 위기를 타개할 한국교회 생태계

지구촌교회의 핵심 사역은 소그룹, 즉 목장 교회(Cell)입니다. 목장 교회를 통해 교회의 주요 사명인 복음 전도와 이웃 사랑이 실현되기를 희망하고 있습니다. 이를 위해 장년 목장 센터에서는 목장 교회의 리더인 목자들을 훈련하고 양육하는 것을 사역의 가장 중요한 가치로 붙들고 있습니다. 왜냐하면 이들이 바로 '민족 치유'와 '세상 변화'라는 지구촌교회의 비전을 세상에 실현할 평신도 선교사들이기 때문입니다.

지구촌교회에서는 이와 같은 셀 사역의 중요성을 알리기 위해 지난 2004년부터 셀컨퍼런스를 개최하고 있습니다. 제14회를 맞은 지난해(2021년) 셀컨퍼런스까지 총 4만 129명이 등록하여 목장 교회의 DNA를 공부했습니다. 특별히 2021 셀컨퍼런스는 코로나19 방역 지침에 따른 인원 제한으로 여러 어려움이 예상되었지만, '하이브리드 컨퍼런스'로 개최하여 환경과 시대적 제한을 뛰어넘어 역대 두 번째로 많은 인원이 참여하였습니다. 이로써 팬데믹 상황이 소그룹에 대한 한국교회의 열망과 관심을 확대시켰음을 확인할 수 있었습니다. 또한 소그룹 사역이 한 시대를 풍미하는 목회 유행이나 교회를 유지하기 위한 단순한 프로그램이 아니며 교회 존재 자체요, 예수님의 핵심 사역이었음을 재확인할 수 있었습니다. 지구촌교회는 목장 교회라는 지구촌의 핵심 사역에 더욱 확신을 가지고 적극적인 소그룹 활동을 통해 팬데믹 상황에서도 교회의 건강성을 유지할 수 있었습니다.

먼저 주일 강단에서 소그룹에 관한 시리즈 설교를 진행했습니다. 소그룹에 관한 중요성을 재인식한 시간이었습니다. 또한 공예배가 제한되는 사회적 환경에서도 두 번의 가을 전도 집회(블레싱)를 열었고, 목장 교회의 저력을 목회 현장에서 다시금 확인할 수 있었습니다. 코로나 첫해인 2020년에는 9,333명의 VIP를 작정하여 그중 1,080명이 블레싱 집회에 참석하였고 405명이 결신했습니다. 코로나 두번 째 해인 2021년에는 1만 103명의 VIP를 작정하여 그중 887명이 블레싱 집회에 참석하였고 454명이 결신하였습니다(코로나19 방역 수칙에 따른 제한된 좌석 허용). 이렇게 많은 이들이 믿음의 결단을 할 수 있었던 이유는 모든 모임과 전도 행사가 철저하게 목장 중심으로 이루어졌기 때문입니다.

지구촌교회는 팬데믹으로 인해 경제적 어려움을 겪는 교회 내 성도는 물론 교회 밖 소상공인을 돕는 구제 사역을 적극적으로 감당했습니다. 이 또한 평소에 서로의 상황을 나누고 함께 기도한 목장 교회의 순기능이라고 할 수 있습니다. 이 기간 동안 헌금이 줄지 않고 오히려 늘어나면서 필요한 사역을 더욱 풍성히 감당할 수 있는 은혜를 누린 것도 서로의 필요와 상황을 잘 알고 있는 소그룹의 친밀함 덕분이라고 생각합니다.

하지만 한계도 분명히 존재합니다. 소그룹 사역의 중요성도 알고 그 영향이 크다는 것도 알겠는데, 구체적으로 실제적인 수치를 확인할 수는 없었습니다. 그래서 지구촌교회와 목회데이터연구소, 한국소그룹목회연구원이 지난해(2021년)에 '한국교회 소그룹 실태조사'를 공동으로 조사했습니다. 이 조사를 통해 지구촌교회는 소그룹 공동체라는 우리의 핵심 사역을 다시 한번 확신할 수 있었습니다. 여기에 '한국교회 소그룹 실태조사' 결과와 함께 지구촌교회의 소그룹 활동의 실재를 소개하고자 합니다.

1) '개인·관계적 측면'에서 소그룹의 유익함
: 유대감 강화와 영성 유지에 도움

'코로나 상황에서 소그룹 모임이 주는 유익한 점'을 묻는 질문에 '소그룹 식구들과 삶을 나누며 유대감이 강해짐'이 29%, '코로나19로 저하되기 쉬운 영성을 유지하는 데 도움이 됨'이 22%로 두 항목에 답한 비율이 50% 이상을 차지했습니다. 이는 소그룹 모임이 코로나19로 위축되는 환경에서 구성원 간 유대감 강화와 영성 유지에 도움이 되었음을 보여 줍니다.

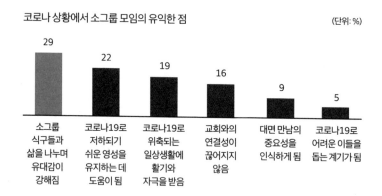

코로나 상황에서 소그룹 모임의 유익한 점　　　　　　　　(단위: %)

*자료 출처: 한국기독교목회자협의회, '한국기독교 분석 리포트', 2018년 7월 2일
(전국 개신교인 1,000명을 대상으로 온라인 조사, 2017년 10~12월)

코로나19 상황에서 성도들은 소그룹을 통해 유대감 강화와 영성 유지에 도움을 받았습니다. 대면 예배가 금지되면서 자칫 신앙이 저하되거나 신앙의 위기를 겪을 수 있는 상황에서 영성을 유지하는 데 소그룹이 도움이 되었다는 결과도 얻을 수 있었습니다. 소그룹이 일상생활에 활기와 자극이 되었다는 결과도 얻었는데, 이는 소그룹이 성도의 영성을 넘어 일상에도 도움이 되었다는 것을 확인해 주는 내용입니다. 이처럼 소그룹은 성도의 영과 육에 유익이 되며 흔들리지 않는 신앙생활을 할 수 있는 밑거름이 되고 있습니다.

2) '개인 신앙'에 있어 소그룹의 유익함
: 소그룹 활동자가 비활동자보다 기본 신앙 지표가 월등히 높음

이번 조사 결과, 교회 생활과 신앙생활에 있어 소그룹 활동자와 비활동자 간에 큰 차이가 있다는 것을 확인할 수 있었습니다. 먼저 개인 신앙생활에서 지난 일주일간의 신앙 활동이 소그룹 활동자가 비활동자에 비해 모든 항목에서 2~4배가량 높았습니다.

지난 일주간 신앙 활동 내용 (중복 응답, 단위: %)

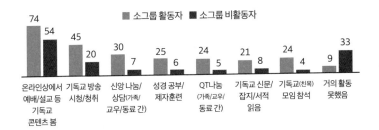

*자료 출처: 지구촌교회·한국소그룹목회연구원·목회데이터연구소, 2021년 11월 2일, 한국교회 소그룹 실태 조사 결과 보고서(만 19세 이상 교회 출석 개신교인을 대상으로 온라인 조사, 2021년 9월 6~24일)

개인 신앙에 있어 소그룹 활동자가 비활동자보다 기본 신앙 지표가 월등히 높습니다. 여기서 신앙 지표라 함은 신앙생활과 관련된 일련의 활동들로 말씀 묵상에서부터 기독교 방송 청취, 성경 공부나 기독교 콘텐츠 소비 등을 의미합니다. 설문조사 결과, 코로나로 인해 공예배가 제한된 상황에서 소그룹에 참여하는 이들이 이와 같은 온라인 예배와 설교 방송, 기독교 콘텐츠에 접속하는 경우가 많았고, 신앙 및 큐티 나눔과 성경 공부 등에도 더 많은 관심과 열의를 보였음이 확인됐습니다. 이처럼 소그룹 모임은 성도가 주중에도 신앙생활을 잘 감당하도록 하는 데 유익과 도움을 줍니다.

3) '가정 신앙'에 있어 소그룹의 유익함
: 소그룹 활동, 가정 신앙 지표 상승으로 이어짐

지난 일주일간 가족 간에 신앙 활동 교류를 한 비율이 소그룹 활동자가 38%, 비활동자가 16%로, 소그룹 활동자가 비활동자보다 두 배 가까이 높게 나타났습니다. 소그룹 활동이 가정 신앙에도 영향을 미치고 있음을 보여 주는 지표입니다. 특히 가족 간 신앙 나눔은 두 그룹 간 2배 이상, QT나눔은 3배 이상 차이를 보이는데, 소그룹 활동자가 가족들과 서로를 돌아보는 시간을 더 많이 갖는 것으로 해석할 수 있으며, 이로써 가족 간 친밀도, 만족도가 비활동자보다 더 높다고 추정할 수 있습니다. 또한 고등학생 이하 자녀를 둔 교회 출석 부모를 대상으로 한 조사에서 모든 지표에서 소그룹 활동자가 비활동자보다 가정 신앙 지표가 높은 것으로 나타났습니다. 이는 소그룹 활동이 가정 신앙에 미친 영향이 크다는 것을 확인해 주고 있습니다.(〈넘버즈〉95호, 10p 참조)

지난 일주일간 가족 간 신앙적 교류 활동*　　　　　　　　　(중복 응답, %)

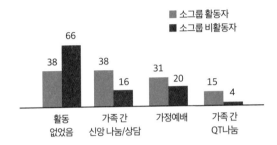

정기적인 소그룹 활동 여부에 따른 주요 가정 신앙 지표**　　(매우＋약간 그렇다 비율, %)

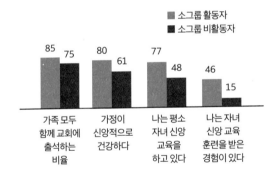

*자료 출처 : 지구촌교회·한국소그룹목회연구원·목회데이터연구소, 2021년 11월 2일, 한국교회 소그룹 실태 조사 결과 보고서(만 19세 이상 교회 출석 개신교인을 대상으로 온라인 조사, 2021년 9월 6~24일)

**자료 출처 : 한국IFCJ 가정의 힘, '가정신앙 및 자녀 신앙 교육에 관한 조사', 2021년 5월 6일(전국 5세~고등학생 자녀를 둔 교회 출석 개신교인 1,500명을 대상으로 온라인 조사, 지앤컴리서치, 2021년 4월 5~19일), 4점 척도 질문으로 설문

이 결과 소그룹 참여자들의 가정 신앙이 비참여자들과 질적인 차

이를 보이고 있음을 알려 줍니다. 소그룹 활동자들이 비활동자에 비해 가족 간 신앙 나눔이나 말씀 묵상 등 신앙적 교류 지수가 높고 자녀를 신앙으로 교육하고 훈련한 경험도 높다는 것을 알 수 있습니다. 즉 소그룹 활동자가 가족 간에 신앙과 말씀을 나누며 서로를 돌아보는 시간을 더 풍성하게 갖는다는 의미로 해석할 수 있습니다. 이처럼 소그룹 모임은 서로가 서로에게 교사가 되고, 거울이 되어 개인을 성장하게 합니다. 또한 이러한 성장으로 인하여 가족 간의 친밀도를 높여 건강한 신앙의 가정이 되게 합니다.

4) '교회 차원'에서 소그룹의 유익함
: 소그룹 활동자, 보다 더 교회 중심적! 적극적!

교회 생활과 관련, '교회 예배를 소중히 여김' '교인들을 통해 신앙 생활에 자극과 도움을 받음' '교회의 도움으로 성장함' 등 세 가지 측면 모두 소그룹 활동자가 비활동자에 비해 월등하게 높은 긍정률을 보였습니다. 또 신앙 성장을 위한 교회의 양육 프로그램에 참여하겠느냐는 질문에 소그룹 활동자의 그렇다가 훨씬 높게 나타났습니다. 이는 소그룹 활동자가 비활동자보다 좀 더 교회 중심적이고, 관계에 적극적임을 보여 주는 지표라 할 수 있습니다.

교회 생활에 대한 인식** (매우+약간 그렇다 비율, %)

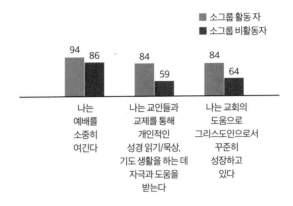

■ 소그룹 활동자
■ 소그룹 비활동자

| 94 | 86 | | 84 | 59 | | 84 | 64 |

나는
예배를
소중히
여긴다

나는 교인들과
교제를 통해
개인적인
성경 읽기/묵상,
기도 생활을 하는 데
자극과 도움을
받는다

나는 교회의
도움으로
그리스도인으로서
꾸준히
성장하고
있다

신앙 성장을 위한 교회의 양육 프로그램 참여 의향 (단위: %)

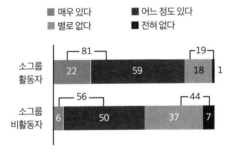

■ 매우 있다   ■ 어느 정도 있다
■ 별로 없다   ■ 전혀 없다

소그룹
활동자

┌─ 81 ─┐   ┌─ 19 ─┐
| 22 | 59 | 18 | 1

소그룹
비활동자

┌─ 56 ─┐   ┌─ 44 ─┐
| 6 | 50 | 37 | 7

*자료 출처 : 지구촌교회·한국소그룹목회연구원·목회데이터연구소, 2021년 11월 2일, 한국교회 소그룹 실태 조사 결과 보고서(만 19세 이상 교회 출석 개신교인을 대상으로 온라인 조사, 2021년 9월 6~24일)

**4점 척도 질문으로 설문

　　소그룹은 성도로 하여금 교회 생활에 더욱 적극적으로 참여하게 합니다. 이때 교회 생활이란 예배, 성도의 교제, 교회의 프로그램 등을 말합니다. 설문 조사 결과, 소그룹 활동자들은 그렇지 않은 성도들에 비해 예배를 소중히 여기고 성도 간의 교제와 기도, 묵상 등 개인 신앙생활에도 더욱 적극적인 것으로 나타났습니다. 특히 교회 내 양육 프로그램에 참여하는 비중이 훨씬 높았습니다.

문자적으로 소그룹과 대그룹은 상반된 개념처럼 보입니다. 그러나 교회(대그룹)와 가정(소그룹) 모임의 병행은 초대 교회 때부터 이어져 온 기독교 공동체의 특성입니다(행 2:46-47). 초대 교회의 폭발적인 성장 요인에는 대그룹과 소그룹, 교회와 가정에서의 신앙적 균형이 컸습니다. 지구촌교회가 오랜 기간 '크지만 작은 교회'를 추구한 것은 바로 이와 같은 성경적인 확신 때문이었습니다.

5) '전도'에 있어 소그룹의 유익함
: 코로나19 이후 전도 활동에서 두 그룹 간 가장 큰 차이를 보임

코로나19 이후 전도 대상자를 마음에 정했는지에 대해 소그룹 활동자 34%, 비활동자 14%가 그렇다라고 대답했습니다. 또한 그 전도 대상자를 교회로 초대한 비율은 활동자 50%, 비활동자 26%로 활동자가 더 많았습니다. 종합적으로 코로나19 이후 전도 대상자를 최종적으로 교회에 초대한 비율은 전체 응답자 기준 소그룹 활동자 17%, 비활동자 4%로 활동자가 비활동자 대비 무려 4배 넘게 전도한 것으로 나타났습니다.

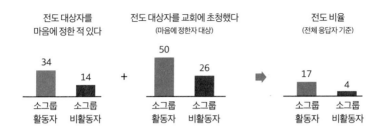

코로나19 이후 전도 실태   (단위 : %)

전도 대상자를   전도 대상자를 교회에 초청했다   전도 비율
마음에 정한 적 있다   (마음에 정한자 대상)   (전체 응답자 기준)

34   50   17
        14   26   4

소그룹   소그룹   +   소그룹   소그룹   소그룹   소그룹
활동자   비활동자   활동자   비활동자   활동자   비활동자

*자료 출처 : 지구촌교회·한국소그룹목회연구원·목회데이터연구소, 2021년 11월 2일, 한국교회
소그룹 실태 조사 결과 보고서(만 19세 이상 교회 출석 개신교인을 대상으로 온라인 조사, 2021년 9월 6~24일)

　　코로나19 한복판을 지나오며 소그룹의 유익에 있어 가장 큰 차이는 '전도'였습니다. 이번 조사에서 소그룹 참여자와 비참여자 간에 가장 큰 격차를 보인 대목이 바로 전도입니다. 즉 소그룹에 참여하는 사람들이 전도에 훨씬 적극적입니다. 코로나19 상황에서 전도한다는 것은 결코 쉽지 않습니다. 특히 한국교회는 오랜 기간 공예배를 제대로 드리지 못했습니다. 그런데 놀랍게도 소그룹에 참여하는 성도는 이 기간 중에도 전도에 열심을 내었습니다. 전도 대상자를 마음에 정하고 그들을 초청했으며 그들에게 복음을 전한 것이죠. 이것은 이미 지구촌교회의 전도집회(블레싱)를 통해 증명된 사실이기도 합니다. 현장 모임의 제약으로 인하여 코로나 이전보다 제한적 행사를 진행했음에도 불구하고 팬데믹 2년 동안 2만 명에 가까운 VIP(전도 대상자)를 만났고 그중 2,000명 이상의 사람들이 블레싱 집회에 참석했으며 900여 명이 결신을 했으니까요. 소그룹에 참여하는 성도들은 경우에 따라 혼자 전도하기도 하지만 팀을 이루어 함께 전도에 매진합니다. 이처럼 소그룹에서는 함께 마음을 모아 전도에 전념할 수 있습니다. 한

영혼을 위해 기도하는 믿음의 공동체가 있기에 더욱 적극적으로 전도에 참여하게 되는 것이죠. 또한 다른 성도가 전도하는 모습을 보고 자극을 받아 한 영혼을 주님께 인도하고픈 마음이 생기게 되는 것이 바로 소그룹의 순기능 중 하나일 것입니다.

6) '사회 인식과 참여'에 관한 유익함
: 소그룹 활동, 높은 사회문제 인식 및 참여율로 연결

교회의 사회문제에 대한 관여 인식, 기후환경 관심도 등에서 소그룹 활동자가 비활동자보다 문제 인식이 더 높았습니다. 또 참여적인 측면에서도 기부율, 교인을 위한 도움 제공, 사회봉사 활동 등의 참여율도 소그룹 활동자 그룹이 더 높았습니다. 소그룹 활동자의 경우 사회적 이슈에 대해 단순히 인식하는 수준에서 머무르지 않고 상대적으로 더 높은 사회 참여율을 보여 주고 있어, 보다 건강한 시민의식을 갖고 있다고 보아야 할 것입니다.

개신교인으로서 사회적 인식 및 역할 　　　　　　　　　　　　(매우+약간 그렇다 비율, %)

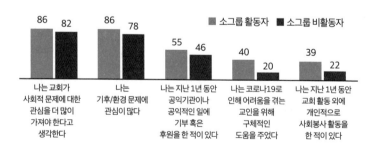

*자료 출처 : 지구촌교회·한국소그룹목회연구원·목회데이터연구소, 2021년 11월 2일, 한국교회 소그룹 실태 조사 결과 보고서(만 19세 이상 교회 출석 개신교인을 대상으로 온라인 조사, 2021년 9월 6~24일), 4 점 척도 질문으로 설문

    소그룹 참여자들은 그렇지 않은 그룹에 비해 사회 인식과 참여에 있어 적극적이었습니다. 이 결과는 일부 크리스천의 사회 참여에 대한 오해를 풀 수 있는 단초를 마련해 줍니다. 흔히 성도가 소그룹에 참여하게 되면 교회 안으로 내향화되어 모든 생활을 신앙의 영역으로 제한한다는 오해를 하곤 합니다. 하지만 이 설문조사는 소그룹에 참여하는 성도가 사회문제, 기후·환경 문제, 기부, 사회봉사 등에 훨씬 더 관심을 가질 뿐 아니라, 직접 참여하는 수치도 높다는 것을 증명하고 있습니다.

    이처럼 소그룹은 더 많이 돌보고, 더 많이 나누고, 더 많이 전하는 통로가 되며 어려움 가운데 있는 성도와 이웃을 돌보는 축복의 장입니다.

    지금까지 〈넘버스〉 127호에 게재된 소그룹 활동자와 비활동자의 교회 생활, 신앙생활, 신앙 인식 등의 조사 결과를 바탕으로 지구촌교회의 소그룹 실재를 살펴보았습니다. 이와 같이 수치화되고 객관화된 설문조사의 결과를 목회 현장에 접목하여 살펴본 까닭은 1천 개의 교회를 대상으로 한 설문조사의 결과에 무게감을 실어 주기 위함이 아닙니다. 또한 지구촌교회의 소그룹 공동체가 객관화된 수치에 걸맞은 사역을 하고 있음을 증명하기 위함도 아닙니다. 도표화되어 가시적인 데이터로 제시되었어도 목장 교회의 유익함에 대해 체감하지 못하거나 그저 단편적인 수치일 뿐이라고 여기며 소그룹 셀 교회로의 전환을 망설이고 있는 개교회에게 목회 현장의 소리를 들려주고 싶었습

니다. 물론 지구촌교회는 대형 교회이기에 이 모든 게 가능했을 거라 여기실 수도 있습니다. 그러나 서두에서 말씀드렸듯이, 지구촌 공동체도 말씀으로부터 시작했습니다. 그리고 함께 공부했고 동의했고 실행했습니다. 지구촌교회는 앞으로도 소그룹 셀 교회라는 핵심 사역을 붙잡고 모든 위기를 타개할 것이며, 예수 그리스도의 비전인 소그룹에 관해 연구하고 실행하여 보다 나은 한국교회 생태계를 위해 노력할 것입니다.